北京师范大学资源经济与政策研究中心
北京师范大学资源学院
研究系列

资源经

U0738703

榆林市区域经济

跨越式发展研究

YULINSHI QUYU JINGJI KUAYUESHI
FAZHAN YANJIU

刘学敏　敖华等编著

北京师范大学出版集团
BEIJING NORMAL UNIVERSITY PUBLISHING GROUP
北京师范大学出版社

图书在版编目(CIP) 数据

榆林市区域经济跨越式发展研究／刘学敏，敖华等编著．
—北京：北京师范大学出版社，2010.1
（资源经济与管理丛书）
ISBN 978-7-303-10638-7

Ⅰ．①榆…　Ⅱ．①刘…　②敖…　Ⅲ．①地区经济－经济
发展－研究－榆林市　Ⅳ．① F127.413

中国版本图书馆 CIP 数据核字(2009)第 198699 号

营 销 中 心 电 话　　010-58802181 58808006
北师大出版社高等教育分社网　http://gaojiao.bnup.com.cn
电 子 信 箱　　　　beishida168@126.com

出版发行：北京师范大学出版社 www.bnup.com.cn
　　　　　北京新街口外大街 19 号
　　　　　邮政编码：100875
印　　刷：北京京师印务有限公司
经　　销：全国新华书店
开　　本：184 mm × 260 mm
印　　张：12.5
字　　数：250 千字
版　　次：2010 年 1 月第 1 版
印　　次：2010 年 1 月第 1 次印刷
定　　价：28.00 元

策划编辑：胡廷兰　　　责任编辑：胡廷兰
美术编辑：高 霞　　　　装帧设计：高 霞
责任校对：李 菡　　　　责任印制：李 丽

前　　言

为促进区域协调发展，陕西省委、省政府提出了在"十一五"期间"关中率先发展"、"陕北跨越式发展"、"陕南突破式发展"的发展规划和思路。作为陕北重要组成部分的"榆林板块"如何实现"跨越式发展"，为各方所关注。基于此，北京师范大学资源经济与政策研究中心与政协陕西省榆林市委员会联合组成"榆林市区域经济跨越式发展研究"课题组，共同研究榆林市未来"跨越式发展"的思路和对策。

为了使研究走向深入，课题组五赴榆林，走访了榆林市相关部门和开发区，先后对榆阳区、神木县、府谷县、靖边县、米脂县、绥德县、清涧县等地的企业、政府部门、农村进行了调研，组织了十几场座谈会，现场考察了由于煤炭资源开发形成的塌陷区，也走访了神华神东煤炭公司并进行了座谈。为了了解周边地区的发展并借鉴其发展经验，课题组两赴内蒙古自治区的鄂尔多斯市，对那里的企业、城市发展、开发区建设、循环经济等进行了参观考察和座谈。在课题研究报告形成初稿以后，榆林市各个部门提出了许多有益的意见和建议。在广泛征求意见的基础上，课题组形成了报告的第二稿。针对第二稿，课题组组长、北京师范大学常务副校长、榆林市决策咨询特邀顾问史培军教授又先后在靖边县、榆林市、神木县举行了三场交流会，对报告中的许多观点作了进一步的阐释，为报告的完善奠定了基础。在此基础上，课题组形成了报告的最终稿。

报告认为，榆林"跨越式发展"的核心是观念、体制、科技和管理的创新，是技术跨越、产业升级、结构优化和经济运行质量提升，而不是简单的规模扩张。作为中西部欠发达地区、生态脆弱地区、资源富集地区，榆林要实现的"跨越式发展"，既是超常规的，又是可持续的；必须跨越过去那种先污染、后治理的传统发展路径，实现产业和城市化的跨越式发展。针对发展中存在的问题，课题组提出了相应的政策建议。

报告的最终稿形成于2007年。两年来，榆林市的经济社会发生了很大的变化，其中最重要的是榆林市委、市人民政府未雨绸缪，开始实施"科教引领、创新转型"战略，进行榆林市发展的长远谋划，这对于榆林市的"跨越式发展"具有深远意义。为此，课题组又对报告的最终稿进行了修改和补充。课题组执行组长、北京师范大学资源经济与政策研究中心主任、榆林市决策咨询特邀顾问刘学敏教授于2009年又两赴榆林进行了交流，使报告以更加完善的形式呈现出来。

课题组不带任何偏见，不受任何利益集团的驱使，以"第三只眼睛"客观地考察榆林市区域经济发展的现状、面临的问题、发展的具体路径和支持体系，为榆林市实现"跨越式发展"提供借鉴。

非常感谢榆林市各个部门、相关区县的领导和工作人员。他们为课题组调研提供了诸多方便。他们提供了大量的资料，弥足珍贵的是还把他们长期的思考和感受贡献给课题组。没有他们的支持，本课题的完成是不可想象的。

"榆林市区域经济跨越式发展研究"课题组

2009 年 8 月 30 日

"榆林市区域经济跨越式发展研究"课题组

课题组组长：

> 刘汉兴，政协陕西省榆林市委员会主席
>
> 史培军，北京师范大学常务副校长、教授

课题组执行组长：

> 刘学敏，北京师范大学资源经济与政策研究中心主任、教授
>
> 乔万荣，政协陕西省榆林市委员会副主席

课题报告撰稿人：

> 刘学敏　敖　华　李咏涛　乔万荣　马维骥　徐　蕾
>
> 刘　悦　王　双　张晓娟　柴自军

资料收集和整理：

> 梁佩韵　罗永剑　张　彬　王姗姗

目 录

第一章 引 言

　　榆林市位于陕西省北端，东与山西吕梁、忻州隔黄河相望，西连宁夏吴忠和甘肃庆阳，南接陕西延安，北靠内蒙古鄂尔多斯(图1-0-1)。全市辖区东西长348 km，南北长300 km，辖12个区县，222个乡镇，5 510个行政村，总面积43 578 km²，总人口353.41万，人口密度为81人/km²，境内有回、蒙古、藏、苗、满等9个少数民族。榆林地处毛乌素沙地南缘和黄土高原北沿，地势西高东低、北凹南斜。南北地貌特征迥异，分区明显：长城沿线以北为浩瀚无垠的大漠风沙滩塬区，面积占全市总面积的42%；长城沿线以南为黄土高原丘陵沟壑区，面积占58%。境内有大小53条河流汇入黄河，主要有"四河四川"(无定河、秃尾河、窟野河、佳芦河、皇甫川、孤山川、清水川、石马川)；北部沙区有200多个"海子"(湖泊)，其中最大的红碱淖总面积67 km²，总蓄水量10×10⁸ m³。

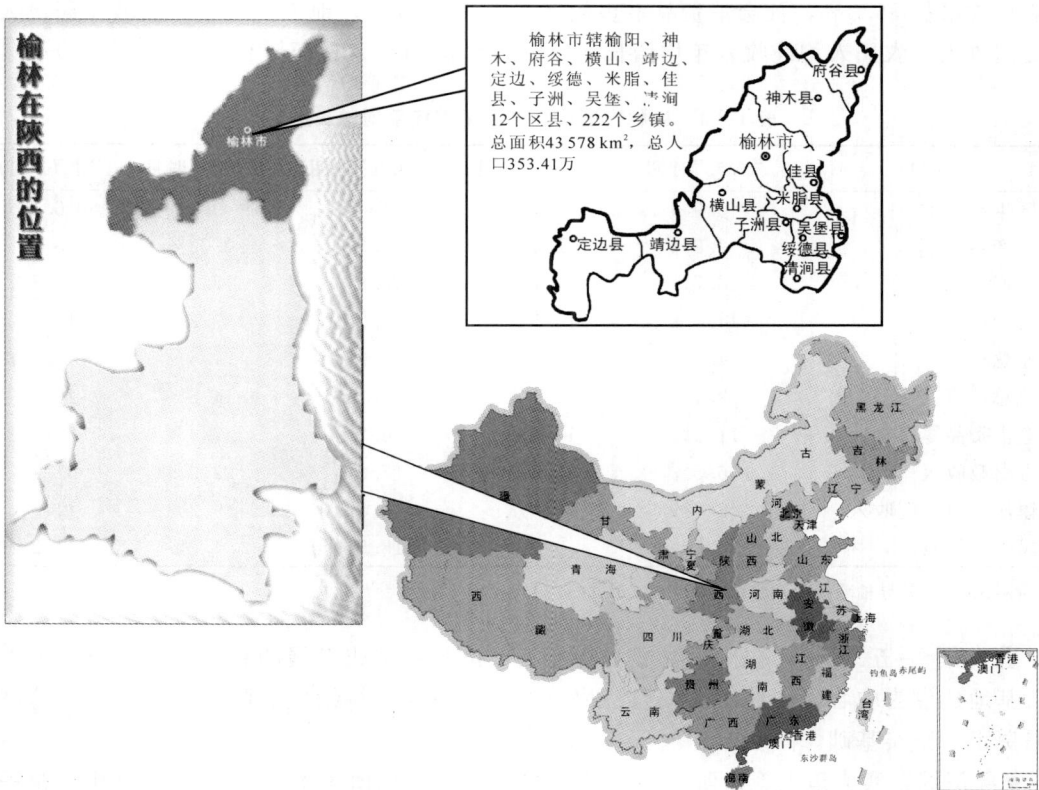

图1-0-1　榆林市的地理位置

　　榆林市地理坐标介于北纬36°57′～39°35′、东经107°15′～111°14′之间，属于干旱、半干旱大陆性季风气候，日照充足，四季分明。多年平均降水量405 mm，年平均气温

7.9～11.3℃，多年平均水面蒸发量 1 246 mm。榆林生态环境脆弱，十年九旱，水资源总量有限且时空分布不均；北部风沙灾害频繁，南部水土流失严重。

榆林市自然资源丰富，被誉为"中国的科威特"，是国内罕见、世界少有的能矿资源富集区，特别是煤、油、气、盐等资源非常丰富。目前已经发现 8 大类 48 种矿产资源。根据《各国矿产储量潜在价值》估算，榆林市矿产资源的潜在经济价值超过 45 万亿元，总量占全国的 1/3，每平方千米平均拥有 10 亿元的地下财富。

自 20 世纪 80 年代始，榆林市自然资源开始得到大规模开发。90 年代被批准为国家能源化工基地以来，资源开发的速度进一步加快，已经成为"西煤东运"、"西气东输"、"西电东送"的重要基地。特别是"十五"以来，榆林市委和市政府努力贯彻落实科学发展观，充分发挥资源优势，围绕建设西部经济强市、特色文化大市和绿色生态名市三大目标，着力打造能源经济、城市经济、生态经济和区域经济，使榆林市区域经济发展迅速进入快车道，使贫穷落后的榆林逐步成为国内外引人注目的投资热土，成为全省乃至整个西部地区新的经济增长区域。

"十五"期间是榆林区域经济发展最快、社会事业进步最大、人民群众得到实惠最多的时期。"十五"期间，地区生产总值年均增长 16.1％，农业总产值年均增长 13.0％，工业总产值年均增长 26.3％，社会消费品零售额年均增长 27.7％，地方财政收入、城镇居民人均可支配收入、农民人均纯收入年均增长率分别达到 31.1％、11.7％和 11.2％（表 1-0-1）。

表 1-0-1　榆林市区域经济主要指标平均增长速度

时期	"六五"时期	"七五"时期	"八五"时期	"九五"时期	"十五"时期
地区生产总值	10.9％	8.5％	11.6％	9.7％	16.1％
第一产业	9.3％	2.4％	0.3％	0.02％	8.6％
第二产业	10.7％	10.7％	23.8％	17.1％	19.7％
第三产业	14.7％	18.5％	13.2％	7.2％	10.0％
农业总产值	4.7％	3.9％	2.0％	1.8％	13.0％
工业总产值	9.1％	21.4％	18.1％	14.8％	26.3％
社会消费品零售额	11.0％	14.8％	16.2％	7.6％	27.7％
地方财政收入	6.5％	28.2％	7.8％	29.2％	31.1％
城镇居民可支配收入	8.7％	16.3％.	19.8％	9.2％	11.7％
农民人均纯收入	36.6％	9.5％	18.5％	4.9％	11.2％

资料来源：《领导袖珍统计手册》（2006 年），第 40 页。

进入"十一五"以来，在科学发展观指导下，按照跨越式发展的总体要求，以国家能源化工基地建设为中心，榆林市区域经济快速发展，呈现出持续发展的良好态势，为跨越式发展奠定了坚实基础。

● 经济综合实力迈上新台阶。2008 年，榆林市生产总值 1 008.26 亿元，其中，第一产业实现增加值 66.11 亿元，增长 8.3％；第二产业实现增加值 793.03 亿元，增长 25.5％；第三产业实现增加值 149.12 亿元，增长 18.9％。经济总量居全省第二位，增速连续七年居全省第一位。全市财政总收入 213.70 亿元，增长 36.7％；其中地方财政收入 70.01 亿元，增长 39.7％。

● 工业生产快速增长，能源化工基地生产建设步伐加快。抓住市场机遇，围绕提高工业经济效益，千方百计扩大产能建设，有力地促进了工业生产和效益的稳步提升。2008 年，榆林市实现工业总产值 1 280.24 亿元，同比增长 60.1%；规模以上工业企业实现工业总产值 1 229.34 亿元，增长 35.1%。煤炭开采和洗选业，石油和天然气开采业，石油加工和炼焦业，电力、热力生产和供应业这四大支柱行业实现工业产值 1 101 亿元，占全市规模以上工业总产值的 89.6%。主要能源化工产品产量平稳增长。2008 年，全市规模以上工业企业生产原煤 15 533×10⁴ t，同比增长 20.9%；原油 749×10⁴ t，增长 14.5%；天然气 87×10⁸ m³，增长 9.3%；原盐 41×10⁴ t，增长 26.0%；原油加工量 193×10⁴ t，增长 16.7%；发电量 238×10⁸ kW·h，增长 40.3%；焦炭 786×10⁴ t，增长 50.4%；精甲醇 82×10⁴ t，增长 14.6%。

● 固定资产投资高速增长，交通运输、邮电等基础设施建设不断加快。2008 年，榆林市完成全社会固定资产投资 600.52 亿元，同比增长 32.6%。其中，城镇投资 476.69 亿元，增长 46.2%；农村固定资产投资 20.34 亿元，增长 16.6%；跨区固定资产投资 103.49 亿元，下降 5.3%。重点项目投资力度加大。2008 年全市施工项目 725 个，增长 18.3%；新开工项目 533 个，增长 21.7%；投产项目 403 个，下降 4.0%。全市跨省重点投资项目累计完成投资 103.49 亿元，下降 5.3%。其中，长庆石油公司在榆林市完成投资 42.50 亿元；神木神华神东煤炭分公司完成投资 27.50 亿元；太中银铁路在榆林市完成投资 33.53 亿元。交通运输业快速发展。截至 2008 年年底，全市公路总里程达 27 256 km，其中高速公路 576 km，国道 673 km，省道 680 km，乡村公路 25 327 km。公路客运量达 2 010 万人次，旅客周转量 292 812 万人千米；公路货物周转量 297 469×10⁴ t·km；民航旅客吞吐量 238 301 人次，民航货物吞吐量 136 t。

● 邮电业稳步发展。2008 年末，榆林市邮电业务总收入 19.25 亿元。其中，邮政业务收入 1.28 亿元，电信业务收入 17.97 亿元。全市固定及移动电话用户总数达 275.92 万户，其中固定电话 41.07 万部，移动电话 234.85 万部。

● 投资环境明显改善，招商引资规模、质量和水平大幅提高。截至 2006 年年底，榆林市实际利用外资 5 149 万美元。引进国内资金实际到位 91.63 亿元，仅次于西安市。新引进外资企业 31 户，累计达到 199 户。在第十届东西部合作和投资贸易洽谈会上共签订招商引资项目 31 个，引进资金 300 亿元，签订贸易合同 15 个，合同金额 6.59 亿元，签订贸易协议 2 个，协议资金 1 250 万元。首次成功举办第四届西部国际煤炭及采矿业博览会和榆林招商引资及项目推荐会，共签订招商引资项目 90 个，投资总额 578.98 亿元。同时，对外经济贸易取得可喜成绩。2006 年对外贸易出口总值 7 088 万美元，比上年增长 16.1%。其中，农副土特产品及化工产品出口总值 4 100 万美元，增长 56%；煤炭出口总值 2 988 万美元，占出口总值的 42.2%。

● 城乡居民收入水平不断提高，生活水平显著改善。2008 年，榆林市城镇居民人均可支配收入为 12 197 元，同比增长 37.8%；居民家庭人均总收入为 12 392 元，增长 35.9%。其中，工资性收入为 8 359 元，增长 41.0%；经营性收入为 1 194 元，增长 39.2%；财产性收入为 734 元，增长 4.2%；转移性收入为 2 104 元，增长 28.0%。农民人均纯收入为 3 402 元，同比增加 781 元，增长 29.8%。其中，工资性收入 1 303 元，增长 29.3%；经营性收入 1 583 元，增长 21.3%；财产性收入 188 元，增长 34.6%；转移性收入 329 元，增长 95.4％。

● 教育、文化、卫生、社会保障等各项社会事业也有不同程度的发展，构建和谐榆林迈出了坚实步伐。根据《2008 年榆林市国民经济和社会发展统计公报》，截至 2008 年年底，全市拥有各级各类学校 1 702 所。其中，高等学校 2 所；中等专业学校 8 所；普通中学 252 所；职业中学 23 所；小学 1 163 所；幼儿园 247 所。全市各级各类学校累计招生 163 257 人，毕业 186 130 人，在校学生数达 688 809 人，其中，小学、初中和高中在校学生分别为 282 314 人、211 658 人和 94 656 人。各级各类学校拥有专任教师 40 166 人，代理教师 1 619 人。小学、初中入学率分别达 99.75％和 99.57％。全市城镇已参加社会保障人数为 73.60 万。其中，参加医疗保险 21.87 万人；参加养老保险 14.10 万人；参加失业保险 14.31 万；参加生育保险 12.33 万人；参加工伤保险 11 万人。农村已参加低保的人数为 33.15 万。2008 年年末，全市拥有福利企业 24 家，福利院 8 家，其中，儿童福利机构 2 家，社会福利机构 6 家。全年销售福利彩票总额达 1.41 亿元，体育彩票销售总额达 1.30 亿元。

但是，应该看到，在快速发展的同时，榆林市区域经济也存在一些应给予高度关注的结构性问题。比如，能源产业迅速发展了，但其他产业发展相对落后了；北部地区迅速发展了，但南部地区发展相对落后了；城市经济迅速发展了，但农村发展相对落后了；资源富集区迅速发展了，但非资源富集区发展相对落后了；等等。特别是，对于资源地区和部门的繁荣与部分农村地区出现的贫困现象、部分矿区生态环境的破坏之间所潜在的矛盾应给予更多地关注。尽管这些都是发展中的问题，是"成长中的烦恼"，但是这些问题已经对榆林区域经济跨越式发展形成重要制约，这就需要在科学发展观的指导下，用发展的办法解决前进中的问题。

第二章　榆林市区域经济发展的结构分析

进入"十五"以来，榆林市区域经济进入了持续快速的增长阶段，从 2003 年一季度开始已连续 24 个季度增长 15％以上，经济总量不断增大，各项经济指标得以改善。但榆林市的区域经济发展还存在一些问题，本部分将从产业结构、所有制结构、中央经济与地方经济结构、收入结构、人口与就业结构等方面，对榆林市经济结构进行系统梳理和分析。

一、产业结构

（一）三次产业结构

改革开放以来，榆林市区域经济快速发展。全市地区生产总值从 1990 年的 16.33 亿元增长到 2008 年的 1 008.26 亿元（图 2-1-1），人均地区生产总值从 1990 年的 568 元增长到 2008 年的 30 243 元（图 2-1-2）。

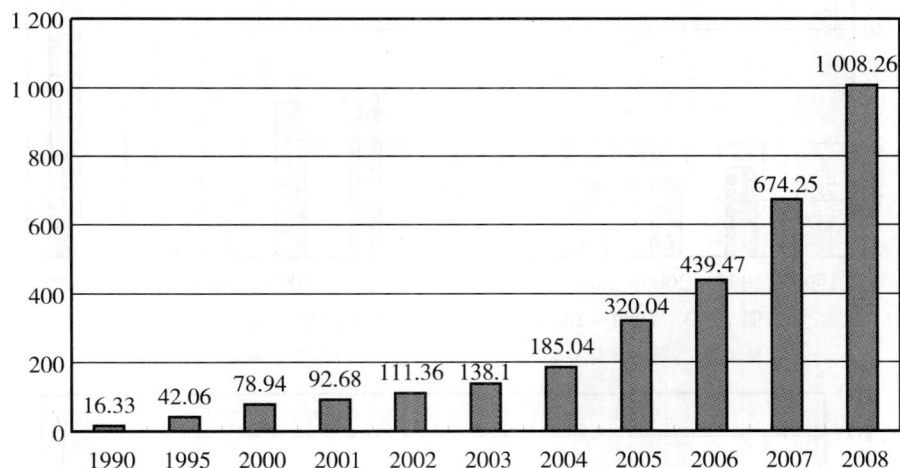

图 2-1-1　1990～2008 年榆林市地区生产总值（单位：亿元）

资料来源：《榆林统计年鉴》(1990～2007 年)；2008 年数据系调研所得。

其中，第一产业产值从 1990 年的 7.12 亿元增长到 2008 年的 66.11 亿元（图 2-1-3）；第二产业产值从 1990 年的 2.69 亿元增长到 2008 年的 793.03 亿元（图 2-1-4）；第三产业产值从 1990 年的 6.53 亿元增长到 2008 年的 149.12 亿元（图 2-1-5）。

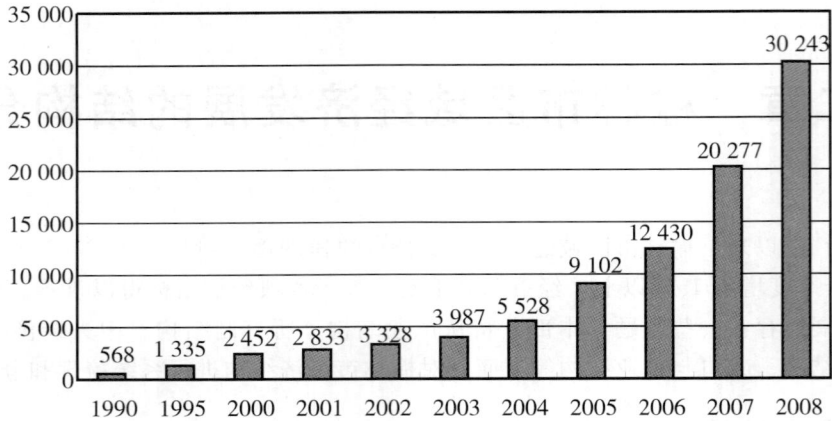

图 2-1-2　1990～2008 年榆林市人均地区生产总值（单位：元）

资料来源：《榆林统计年鉴》（1990～2007 年）；2008 年数据系调研所得。

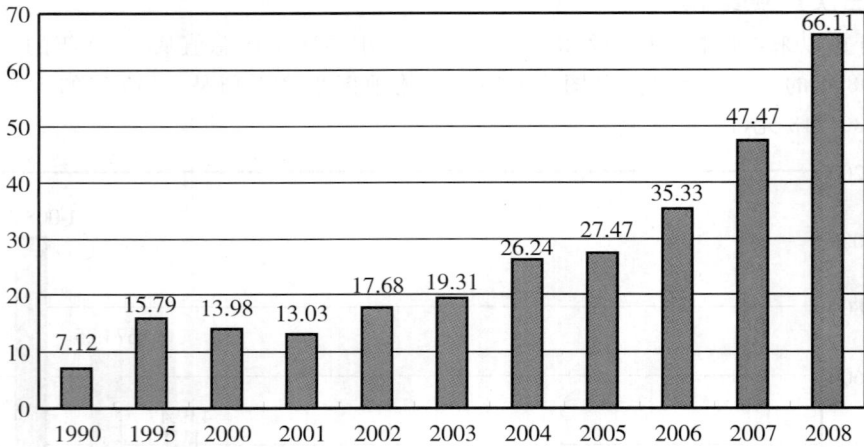

图 2-1-3　1990～2008 年榆林市第一产业产值（单位：亿元）

资料来源：《榆林统计年鉴》（1990～2007 年）；2008 年数据系调研所得。

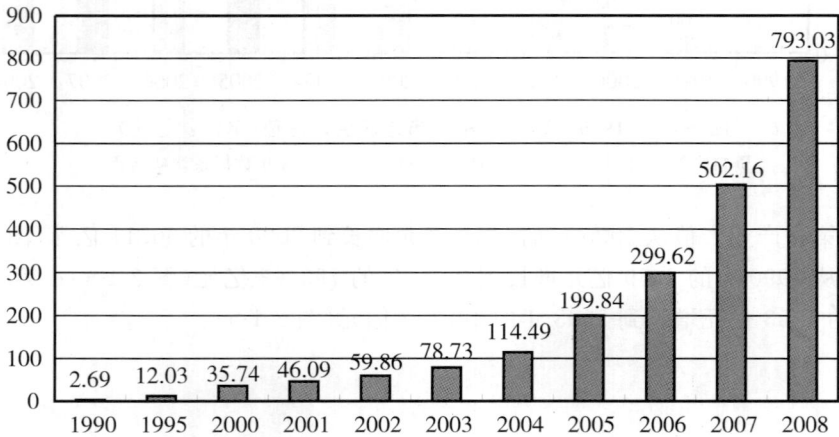

图 2-1-4　1990～2008 年榆林市第二产业产值（单位：亿元）

资料来源：《榆林统计年鉴》（1990～2007 年）；2008 年数据系调研所得。

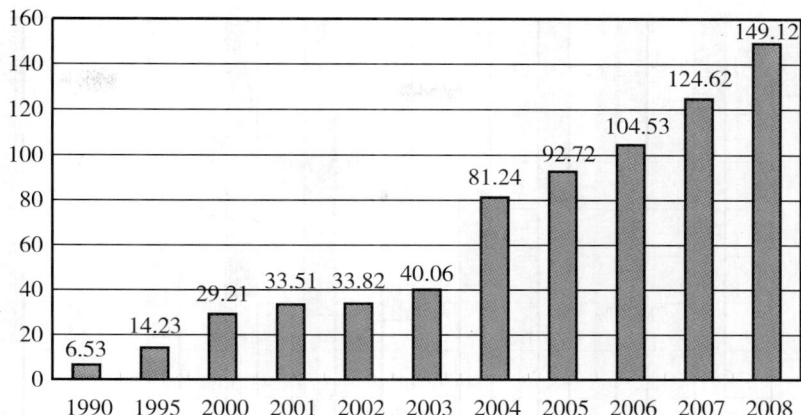

图 2-1-5 1990～2008 年榆林市第三产业产值（单位：亿元）

资料来源：《榆林统计年鉴》（1990～2007 年）；2008 年数据系调研所得。

1990～2008 年，榆林市一、二、三产业都得到较快的发展，相对来说，第二产业对榆林市经济的贡献份额最大，而第一产业的贡献份额最小（图 2-1-6）。这说明，改革开放以来，榆林市经济主要依靠第二产业的迅速成长来带动。按可比价格计算，2002 年全市产业增加值比 1978 年增长了 7.3 倍，其中第二产业增加值增长了 23.7 倍，第三产业增加值增长了 17.3 倍，而第一产业增加值仅增长了 86.4%。①

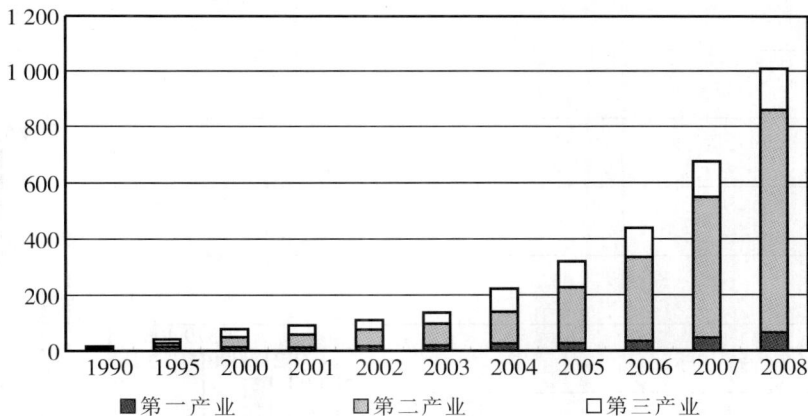

图 2-1-6 1990～2008 年榆林市一、二、三产业增加值概况（单位：亿元）

资料来源：《榆林统计年鉴》（1990～2007 年）；2008 年数据系调研所得。

从总体上看，榆林市经济增长主要是依靠投资来拉动的（图 2-1-7）。从 1978 年到 2006 年，全社会固定资产投资额从 0.52 亿元增加到 299.01 亿元（图 2-1-8），增加了 574.02 倍。从投资结构来看，大部分投资用于第二产业，用于第一产业特别是农业的投资相对较少（图 2-1-9）。

---

① 《榆林统计年鉴》（2002 年），第 11 页。

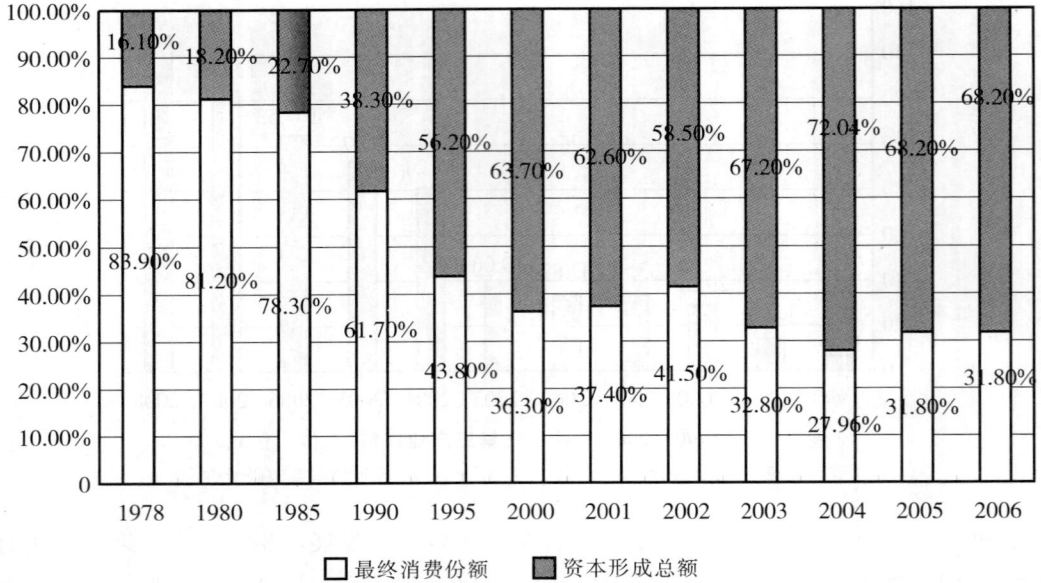

图 2-1-7　1978～2006 年榆林市国内支出总额比例

资料来源:《榆林统计年鉴》(1978～2006 年)。

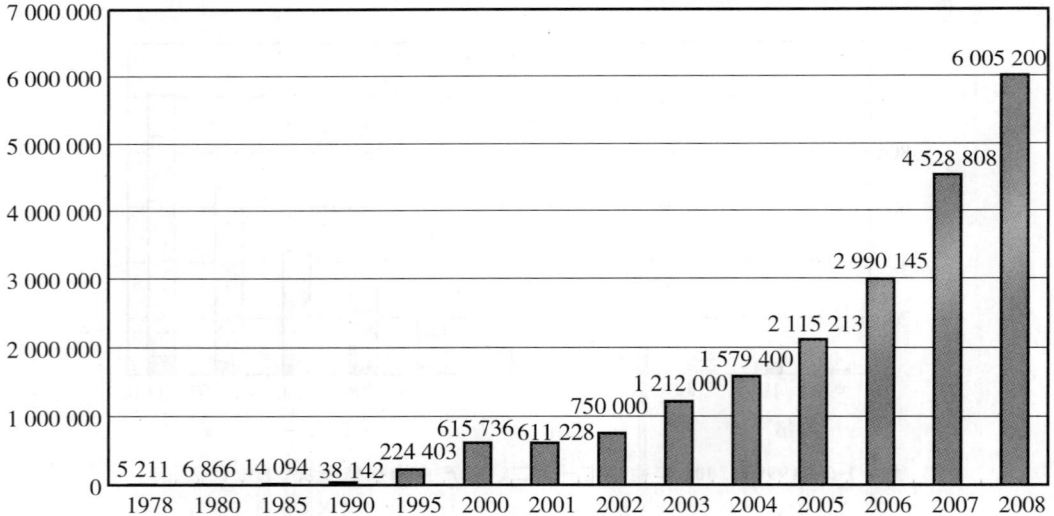

图 2-1-8　1978～2006 年榆林市全社会固定资产投资额(单位:万元)

资料来源:《榆林统计年鉴》(1978～2007 年);2008 年数据系调研所得。

随着经济总量的增长,区域经济结构发生了显著的变化。从 1978 年到 2008 年,第一产业产值占全市地区生产总值的比重从 58.70% 下降到 6.56%,第二产业产值占全市地区生产总值的比重从 20.00% 提高到 78.65%,第三次产业产值占全市地区生产总值的比重从 21.30% 下降到 14.79%(图 2-1-10)。

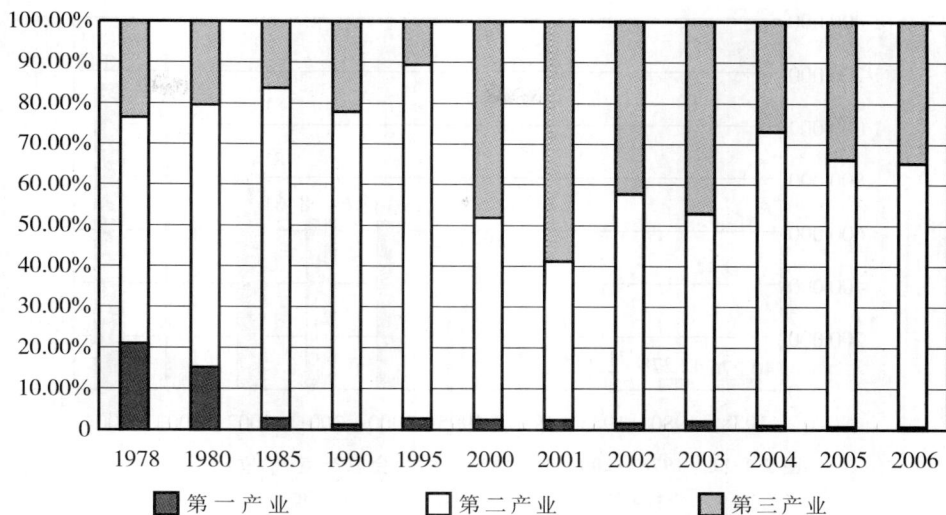

图 2-1-9　1978～2006 年榆林市全社会固定资产投资结构

资料来源:《榆林统计年鉴》(1978～2006 年)。

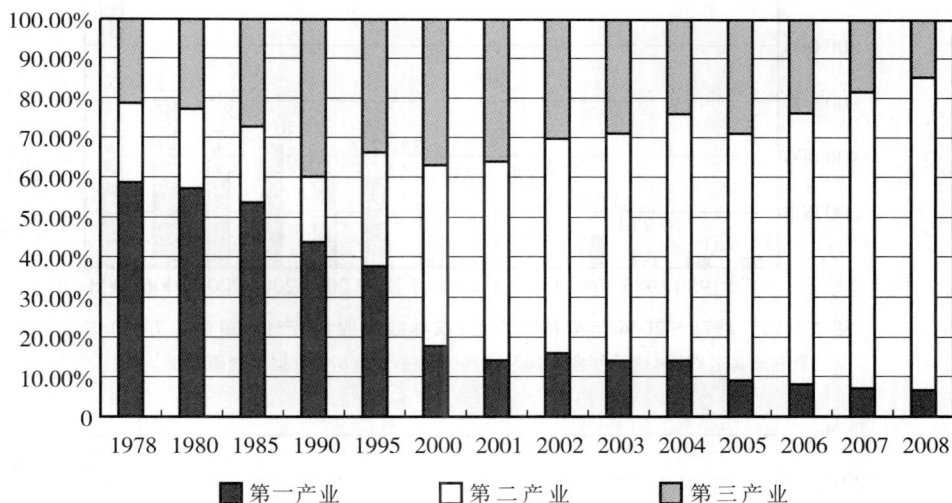

图 2-1-10　1978～2008 年榆林市三次产业的比重

资料来源:《榆林统计年鉴》(1978～2007 年);2008 年数据系调研所得。

(二)农业内部结构

自 1978 年以来,农业生产力不断提高,农村经济不断发展。从 1978 年到 2004 年,农村社会总产值从 4.03 亿元增加到 115.51 亿元(图 2-1-11)。其中,农业总产值从 3.40 亿元增加到 43.95 亿元(图 2-1-12);农村非农产业总产值从 0.63 亿元增加到 71.56 亿元(图 2-1-13)。

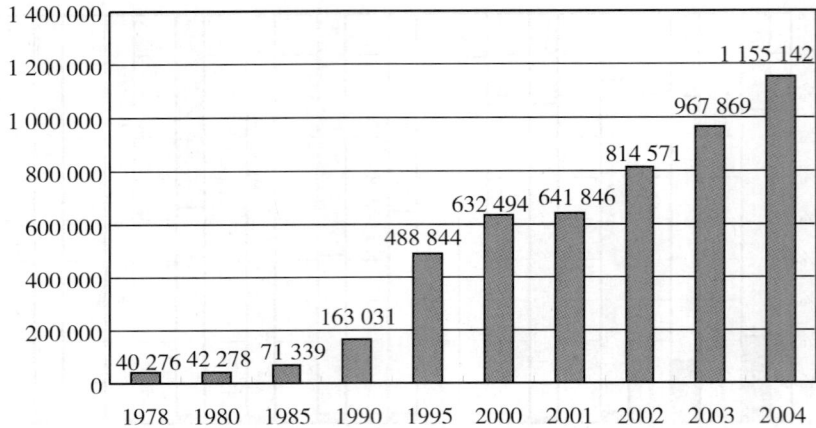

图 2-1-11　1978～2004 年榆林市农村社会总产值（单位：万元）

资料来源：《榆林统计年鉴》(1978～2004 年)。

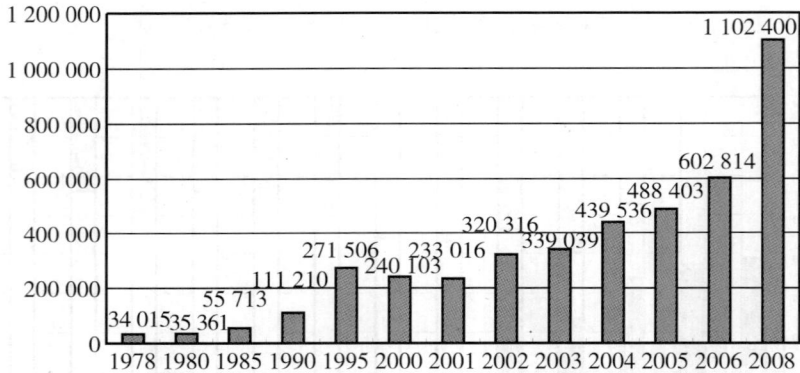

图 2-1-12　1978～2006 年榆林市农业(农林牧渔业)总产值（单位：万元）

资料来源：《榆林统计年鉴》(1978～2006 年)；2008 年数据系调研所得。

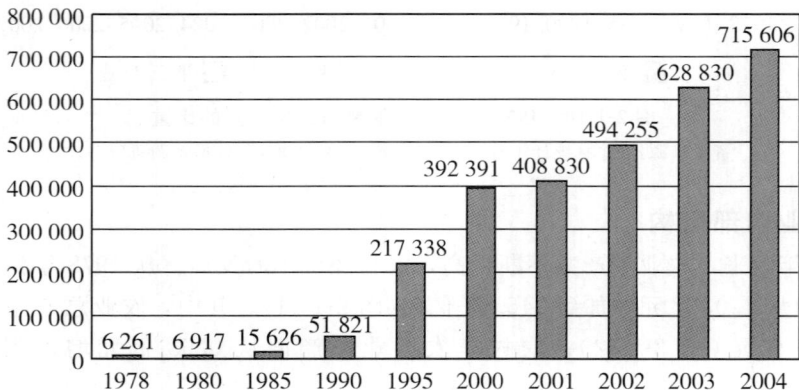

图 2-1-13　1978～2004 年榆林市农村非农产业总产值（单位：万元）

资料来源：《榆林统计年鉴》(1978～2004 年)。

农业与非农产业对农村经济社会发展的贡献份额也发生了变化，随着农村工业、农村建筑业、农村运输业以及农村商贸业和餐饮业的发展，非农产业在发展农村经济、繁荣和改善农村生活等方面发挥着越来越重要的作用(图 2-1-14)。

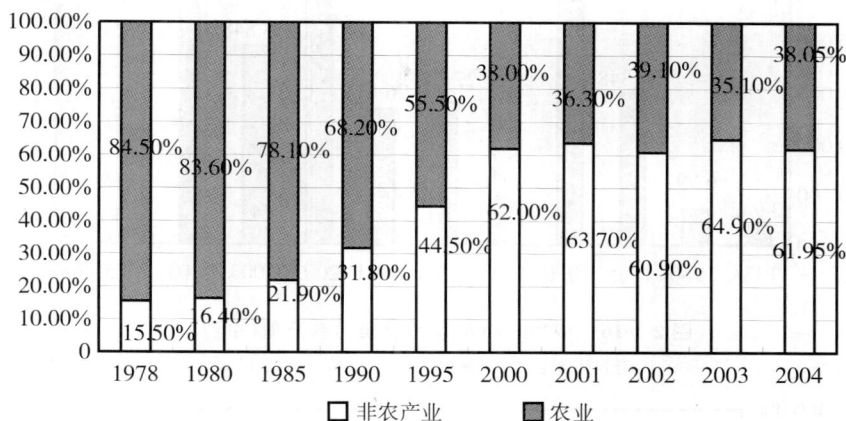

图 2-1-14　1978～2004 年榆林市农村经济结构的变化

资料来源：《榆林统计年鉴》(1978～2004 年)。

农产品产量稳定增长。从 1978 年到 2006 年，粮食产量从 61.47×10^4 t 增加到 105.38×10^4 t(图 2-1-15)；油料产量从 3 942 t 增加到 46 400 t(图 2-1-16)；水果产量从 1.54×10^4 t 增加到 34.31×10^4 t(图 2-1-17)；肉类产量从 1.30×10^4 t 增加到 16.10×10^4 t (图 2-1-18)；奶产量从 1 185 t(1980 年)增加到 5.38×10^4 t(图 2-1-19)；羊存栏数从 20.76 万只增加到 483.79 万只(图 2-1-20)。

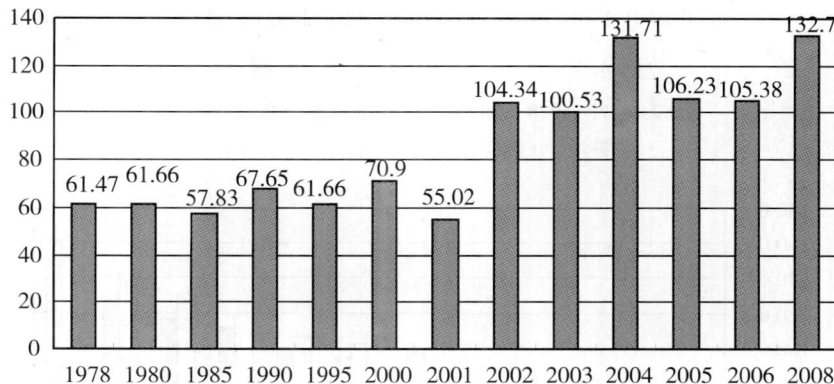

图 2-1-15　1978～2006 年榆林市粮食产量(单位：10^4 t)

资料来源：《榆林统计年鉴》(1978～2006 年)；2008 年数据系调研所得。

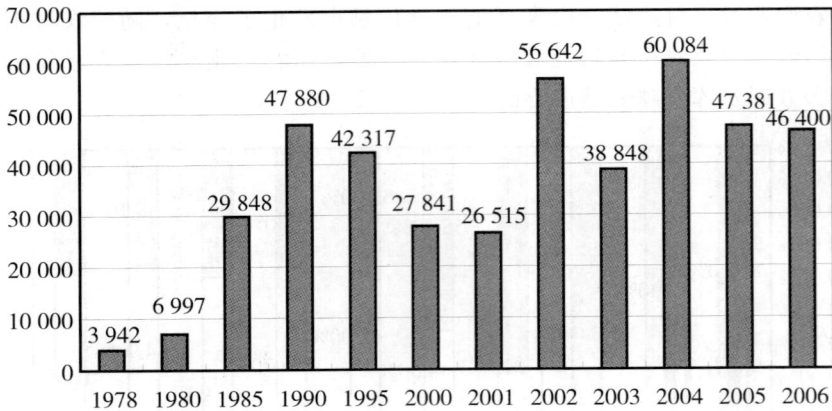

图 2-1-16　1978～2006 年榆林市油料产量(单位：t)

资料来源：《榆林统计年鉴》(1978～2006 年)。

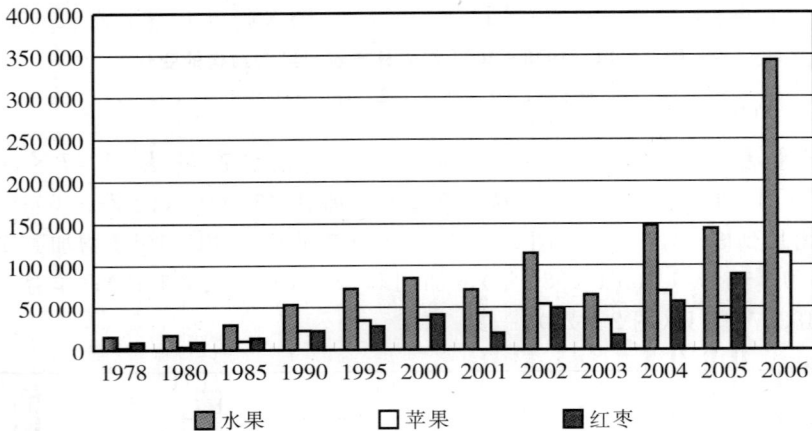

■ 水果　　□ 苹果　　■ 红枣

图 2-1-17　1978～2006 年榆林市水果产量(单位：t)

资料来源：《榆林统计年鉴》(1978～2006 年)。

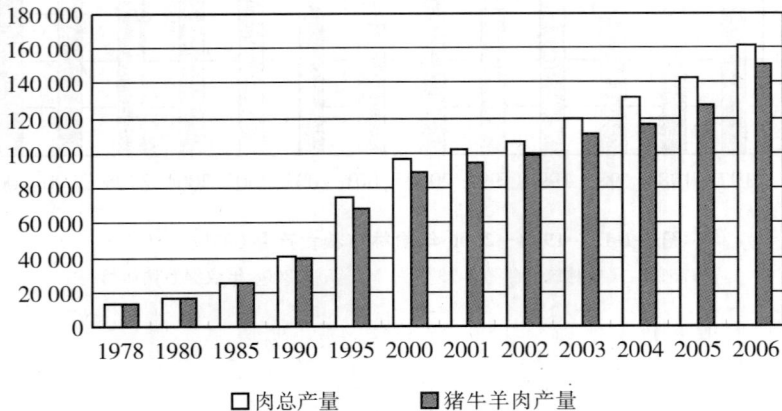

□ 肉总产量　　■ 猪牛羊肉产量

图 2-1-18　1978～2006 年榆林市肉类产量(单位：t)

资料来源：《榆林统计年鉴》(1978～2006 年)。

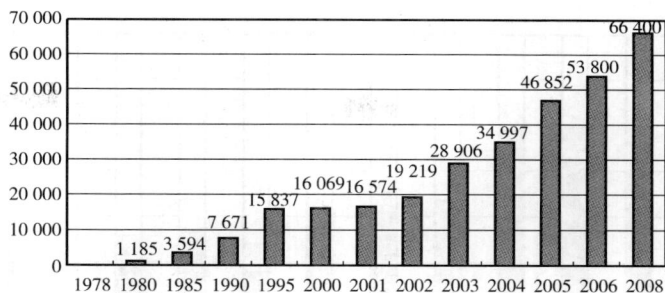

图 2-1-19 1978～2006 年榆林市奶产量（单位：t）

资料来源：《榆林统计年鉴》(1978～2006 年)；2008 年数据系调研所得。

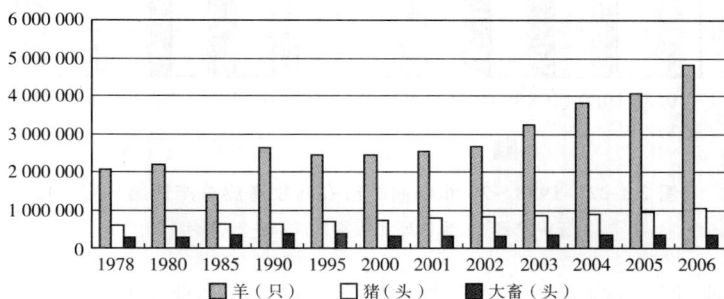

图 2-1-20 1978～2006 年榆林市羊、猪、大畜存栏数

资料来源：《榆林统计年鉴》(1978～2006 年)。

农村经济发展了，但农业效益总体上提高幅度不大。农业增加值从 1995 年的 15.80 亿元增加到 2006 年的 35.33 亿元(图 2-1-21)。农业增加值占农业总产值的比重提高到 2006 年的 58.62%。

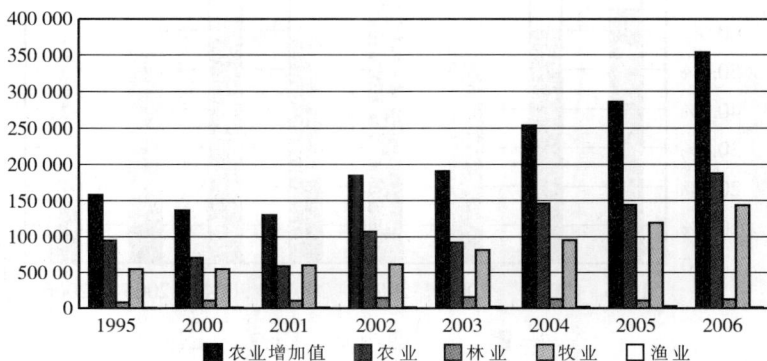

图 2-1-21 1995～2006 年榆林市农业(农林牧渔业)增加值（单位：万元）

资料来源：《榆林统计年鉴》(1995～2006 年)。

农业内部的经济结构随之发生了显著变化。从农林牧渔总产值构成来看，种植业产值的比重从 1978 年的 70% 下降到 2006 年的 51.06%，畜牧业产值的比重从 18.7% 上升到 2006 年的 45.50%，成为发展农村经济的重要力量(图 2-1-22)。

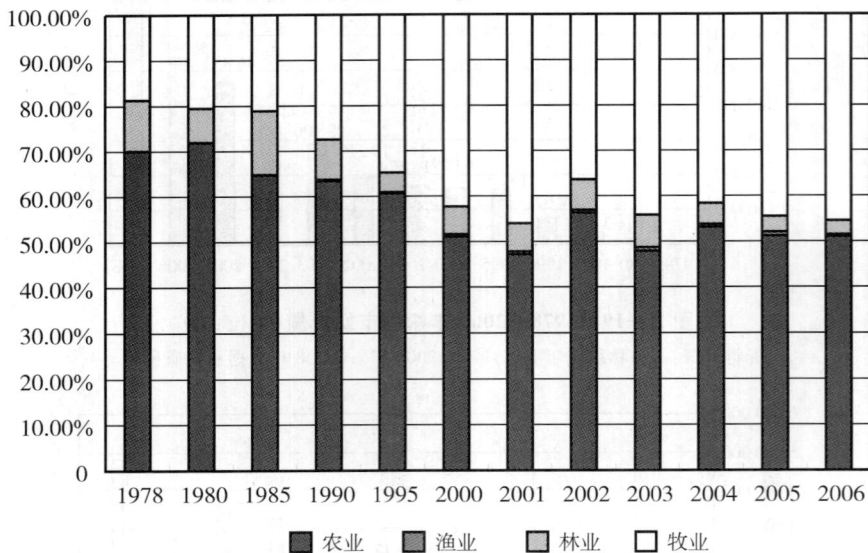

图 2-1-22   1978～2006 年榆林市农林牧渔业总产值结构变化

资料来源:《榆林统计年鉴》(1978～2006 年)。

从农林牧渔业增加值构成来看,农业增加值占农林牧渔业增加值总和的比例在 2006 年为 53.1%,而牧业增加值的比例增加到 2005 年的 43.0%(图 2-1-23)。农业总产值和农业增加值结构变动的总体趋势基本一致。

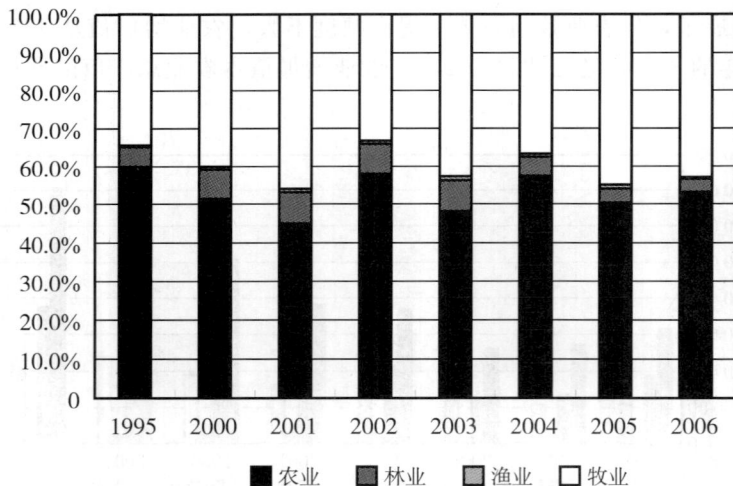

图 2-1-23   1995～2006 年榆林市农林牧渔业增加值结构变化

资料来源:《榆林统计年鉴》(1995～2006 年)。

从农作物播种面积来看,粮食作物、经济作物、蔬菜及其他经济作物的种植结构自 1978 年以来没有发生大的变化,农作物仍然以粮食为主(图 2-1-24)。农业种植结构调整缓慢,成为制约农业经济效益提高的基本原因之一。

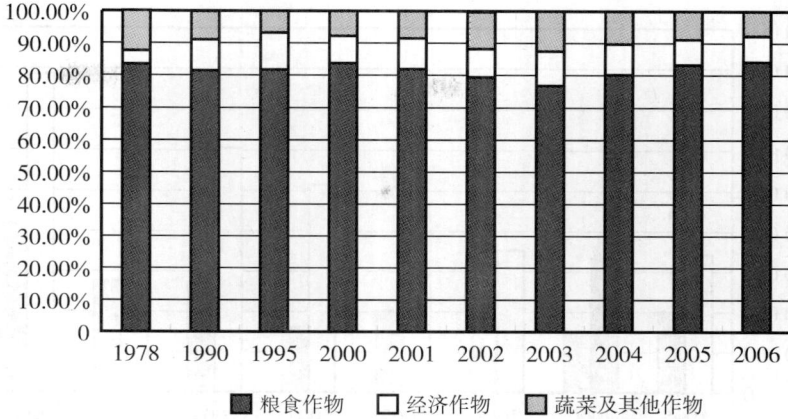

图 2-1-24 1978～2006 年榆林市农作物种植面积结构

资料来源：《榆林统计年鉴》(1978～2006 年)。

如图 2-1-24 所示，自 1978 年以来榆林市粮食种植面积一直居于支配性地位而且没有实质性变化。其结果是，粮食产值在农作物产值构成中也居于支配性地位(图 2-1-25)。

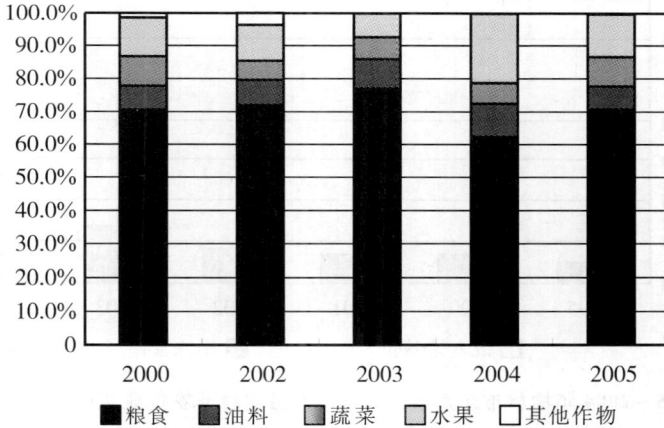

图 2-1-25 2000～2005 年榆林市种植业产值结构

资料来源：《榆林统计年鉴》(2000～2005 年)。

榆林市南北农业经济结构存在较大差异。从农业总产值看，北六县(区)①从 1995 年的 17.11 亿元增长到 2006 年的 39.29 亿元，南六县②从 10.04 亿元增长到 20.99 亿元(图 2-1-26)。从农村非农产业总产值来看，北六县(区)农村非农产业总产值从 1995 年的 16.38 亿元增长到 2004 年的 57.80 亿元，南六县从 5.17 亿元增长到 13.76 亿元(图 2-1-27)。

---

① 北六县(区)包括榆阳区和府谷、神木、定边、靖边、横山五县。
② 南六县包括米脂、绥德、子洲、佳县、吴堡、清涧六县。

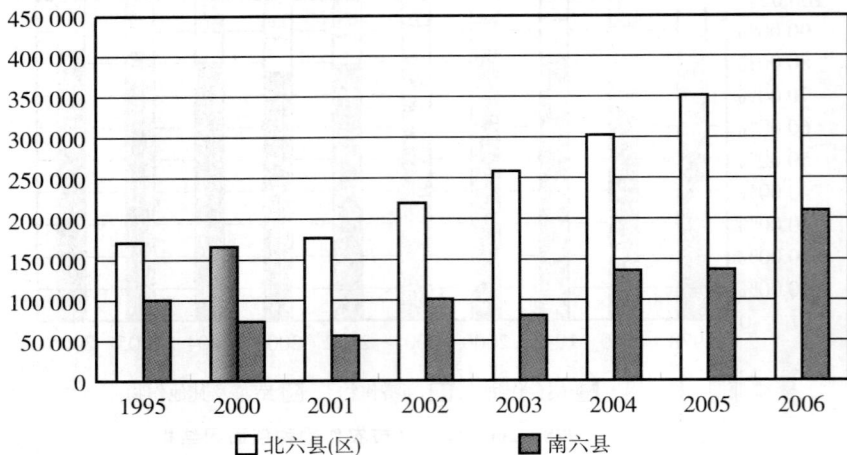

图 2-1-26　1995～2006 年榆林市北六县(区)与南六县农业总产值比较

资料来源:《榆林统计年鉴》(1995～2006 年)。

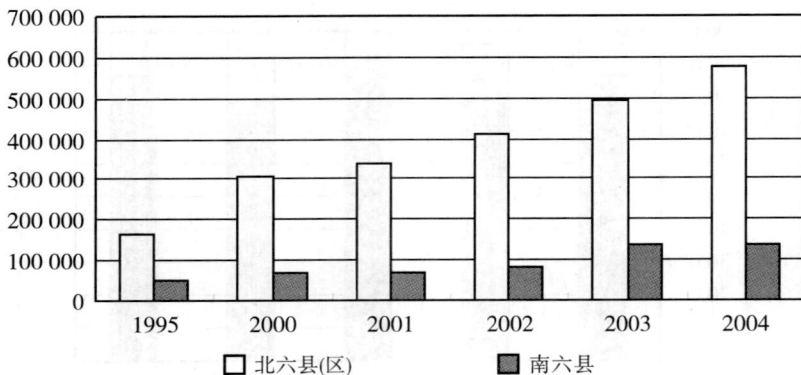

图 2-1-27　1995～2004 年榆林市北六县(区)与南六县农村非农行业总产值比较(单位:万元)

资料来源:《榆林统计年鉴》(1995～2004 年)。

　　从结构上看,北六县(区)农业总产值占全市农业产值的份额从 1985 年的 59.43% 提高到 2005 年的 71.92%,提高了 16 个百分点,而南六县农业产值的份额则从 40.55% 下降为 28.08%;北六县农村非农业产值的份额从 1985 年的 64.64% 上升到 2004 年的 80.78%,而南六县的非农产业产值份额则相应地从 35.36% 下降到 19.22%。由此可见,南北农村经济发展的差距具有明显扩大的趋势。

(三)工业内部结构

　　改革开放以来,榆林市工业经济迅速发展,工业总产值从 1978 年的 1.22 亿元增长到 2008 年的 1 280.24 亿元,增加了 1 048.38 倍(图 2-1-28)。其中北六县(区)是全市工业经济成长最主要的力量,工业总产值从 0.90 亿元增长到 2005 年的 391.55 亿元,增长了 435.05 倍。

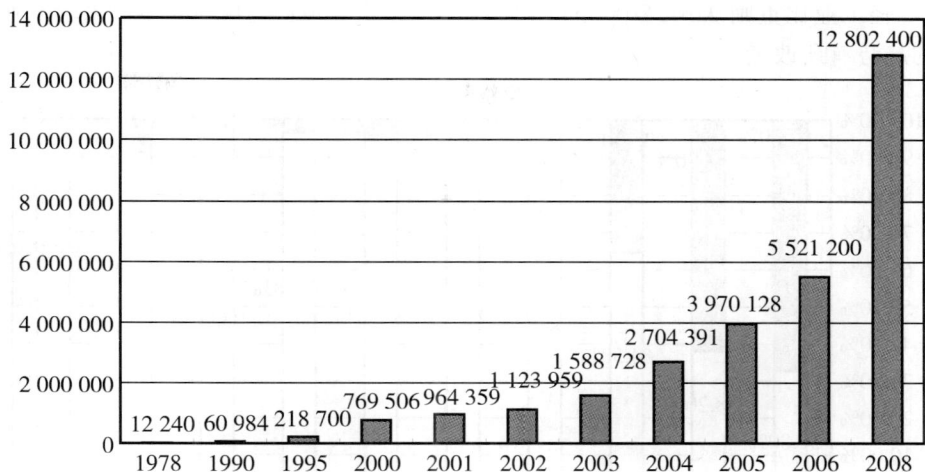

图 2-1-28 1978～2006 年榆林市工业总产值（单位：万元）

资料来源：《榆林统计年鉴》(1978～2006 年)。

随着工业经济特别是能源重化工工业的发展，榆林市工业产业结构发生了根本性的变化。从工业总产值的地区分布来看，北六县（区）的工业总产值远远超过南六县（图 2-1-29），北六县（区）工业总产值在全市工业总产值中的比重从 1978 年的 72.93％上升到 2005 年的 98.62％，而南六县则从 1978 年的 27.07％下降到 2005 年的 1.37％。南北地区工业发展相差悬殊。

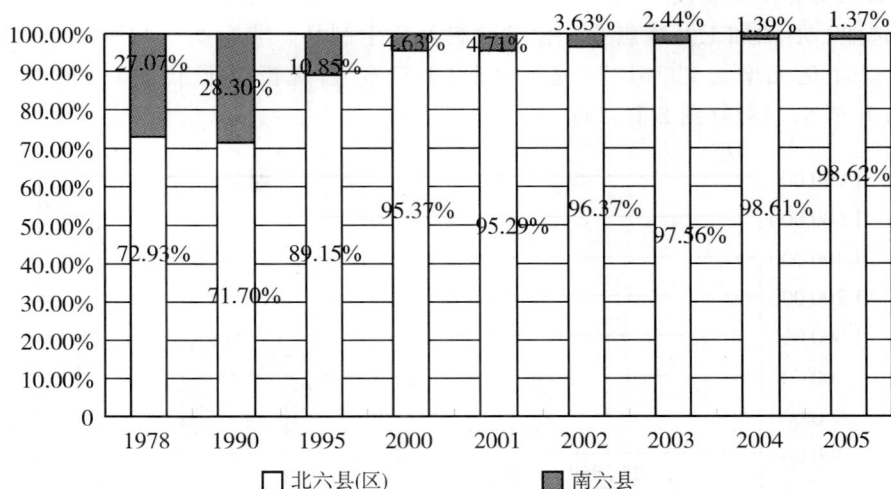

图 2-1-29 1978～2005 年榆林市工业总产值的区域分布结构

资料来源：《榆林统计年鉴》(1978～2005 年)。

从工业行业结构来看，重工业快速发展，而轻工业相对萎缩。从 1978 年到 2006 年，重工业总产值从 4 534 万元增加到 548.26 亿元，占全部工业总产值的比重从 32.8％上升到 99.3％；轻工业总产值从 9 293 万元增加到 2006 年的 38 648 万元，比重从 67.2％下降到 0.7％。全市规模以上工业总产值中，重工业比重从 1978 年的 32.80％上升到 2006 年的

98.35%，轻工业比重则从 67.20%下降到 1.65%（图 2-1-30）。但 2000 年以来轻工业比重迅速下降的趋势有所改变。

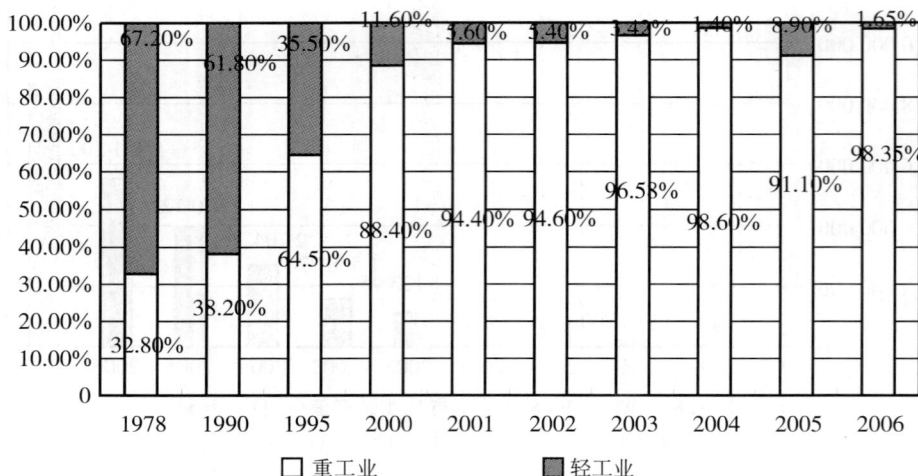

图 2-1-30　1978～2006 年榆林市（规模以上）工业总产值的行业分布

资料来源：《榆林统计年鉴》（1978～2006 年）。

在重工业中，煤炭采选业、石油天然气开采业、非金属矿采选业等采掘工业和石油加工及炼焦业、化学原料及化学制品业、非金属矿物制品业等原材料工业发展最快，而装备制造业等加工工业发展较慢。从 1995 年到 2005 年，煤炭采选业、石油天然气开采业、非金属矿采选业、石油加工及炼焦业、化学原料及化学制品、非金属矿物制品业六个行业的总产值从 6.64 亿元增长到 161.75 亿元（图 2-1-31），占规模以上工业企业产值的比重从 30.39%跃升至 81.48%（图 2-1-32）。

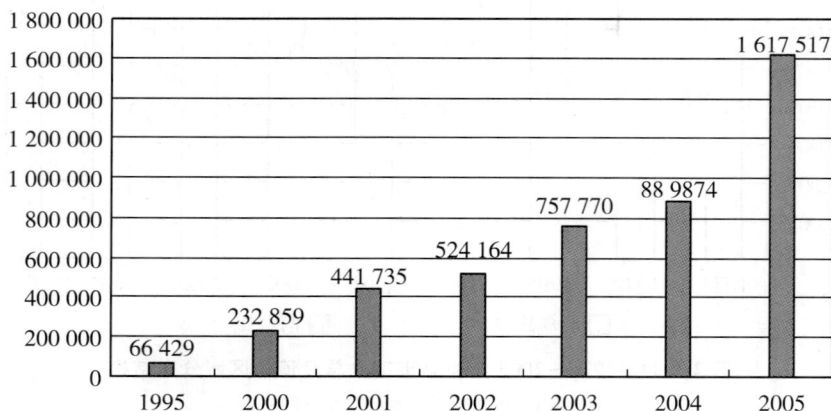

图 2-1-31　1995～2005 年榆林市煤炭等六行业的总产值（单位：万元）

资料来源：《榆林统计年鉴》（1995～2005 年）。

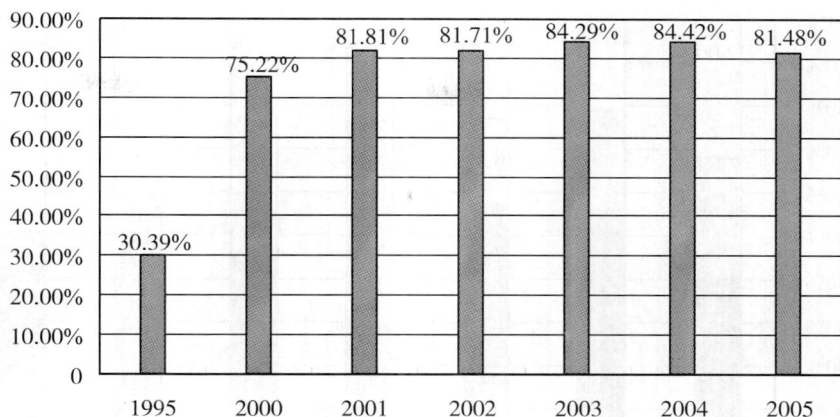

图 2-1-32 1995～2005 年榆林市煤炭等六行业总产值的比重

资料来源:《榆林统计年鉴》(1995～2005 年)。

从工业组织来看,规模以上工业企业总产值从 2000 年的 30.96 亿元增加到 2006 年的 236.95 亿元(不含长庆油田),规模以下工业企业总产值增加到 42.00 亿元(图 2-1-33);规模以上工业企业总产值的比重(不含长庆油田)从 2000 年的 40.23% 提高到 2006 年的 42.92%;规模以下工业总产值的比重从 2000 年的 27.77% 下降到 2006 年的 7.61% (图 2-1-34)。

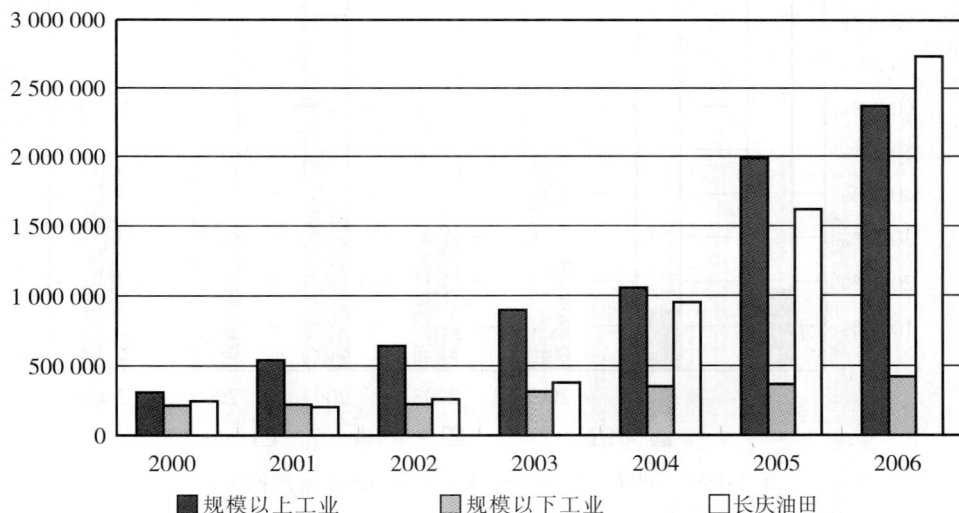

图 2-1-33 2000～2006 年榆林市全部工业总产值的构成(单位:万元)

资料来源:《榆林统计年鉴》(2000～2006 年)。

在规模以上工业企业中,2006 年大型企业和中型企业总产值达到 107.62 亿元,小型企业的总产值为 129.33 亿元;大中型企业总产值的比重达到 45.42%,小型企业总产值的比重为 54.58%(图 2-1-35)。

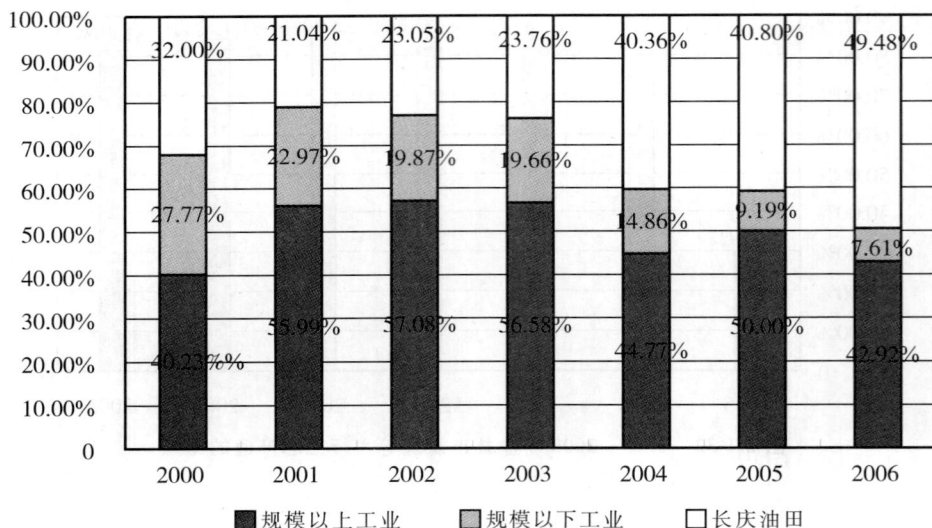

图 2-1-34　2000～2006 年榆林市不同规模工业的产值比重

资料来源:《榆林统计年鉴》(2000～2006 年)。

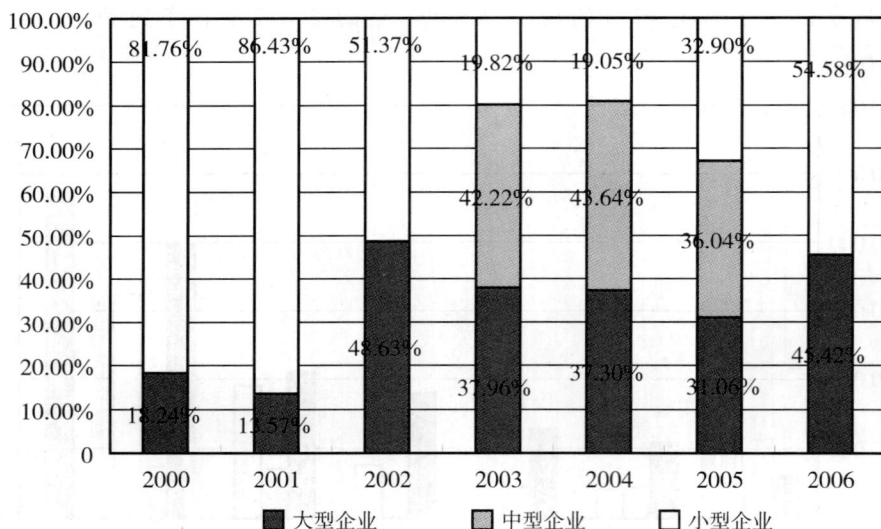

图 2-1-35　2000～2006 年榆林市大中小企业的产值比重

资料来源:《榆林统计年鉴》(2000～2006 年)。

从工业生产力行业布局来看,全市规模以上工业企业多数分布在重工业中,而在轻工业中较少;在重工业中,大多数企业分布在资源开采和原材料生产行业,而在加工工业和装备制造业中比较少。例如,2003 年全市规模以上工业企业 134 个,其中 91 个分布在重工业中,只有 43 个分布在轻工业。而在重工业中,煤炭采选企业 19 个,石油天然气开采企业 5 个,化学原料及化学制品企业 26 个,石油加工及炼焦企业 3 个,电力、蒸汽、热水的生产和供应企业 18 个,非金属矿物制品企业 13 个,这六个行业就有 84 个企业,而普通机械制造企业只有 3 个，专用设备制造企业只有 2 个。[1]

从工业生产力区域布局来看，尽管轻工业在榆林市南北地区分布比较均衡，但是重工业大多布局在北六县（区），而南六县相当少。这是导致南北地区经济发展差距扩大的重要原因之一。例如，2003 年全市规模以上轻工业企业有 43 家，其中北六县（区）27 家，南六县有 16 家；规模以上重工业企业有 83 家，其中北六县（区）77 家，而南六县仅有 6 家。[1]

从轻工业总产值的区域分布结构来看，北六县（区）与南六县轻工业总产值和比重比较接近。但是从重工业总产值的区域分布结构来看，北六县（区）与南六县总产值和比重非常悬殊。例如，2003 年南六县重工业总产值只有 0.51 亿元，仅占全市重工业产值的 0.59％；而北六县（区）重工业总产值高达 86.31 亿元，是南六县的 169.56 倍。

总体上，榆林市工业发展主要依靠重工业，重工业发展主要依靠煤炭、石油、天然气采掘业和原材料工业。资源消耗较高、环境代价较大、经济效益较低的状况亟须改变。

（四）第三产业内部结构

改革开放以来，特别是近 10 年，榆林市第三产业发展迅速，第三产业增加值从 1990 年的 6.53 亿元增长到 2006 年的 104.53 亿元（图 2-1-5），增长了 15 倍。2006 年，交通运输和邮电通信业完成增加值 23.49 亿元，批发零售餐饮业完成增加值 20.56 亿元，金融保险业完成增加值 5.77 亿元，房地产业完成增加值 4.82 亿元，其他服务业产值达到 50.48 亿元（图 2-1-36）。旅游业发展迅速，2005 年旅游业收入达到 6.18 亿元，占第三产业产值的 6.67％。从总体上看，榆林市第三产业规模比较小，特别是现代服务业，如金融业、信息服务业、旅游业、通信业等发展还不够快，规模还不够大，仍需要加快发展。

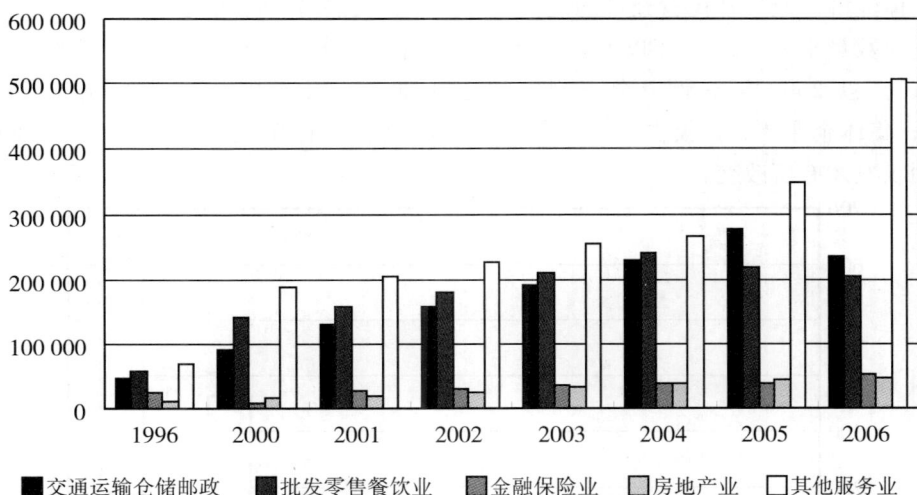

图 2-1-36　1996～2006 年榆林市第三产业总产值（单位：亿元）

资料来源：《榆林统计年鉴》（1996～2006 年）。

---

[1]　《榆林统计年鉴》（2003 年）第 187 页。

从第三产业内部结构来看（图 2-1-37），自 1996 年以来，交通运输仓储邮政、批发零售餐饮、金融保险、房地产等行业的份额变化不大，特别是金融、房地产等行业份额很小。

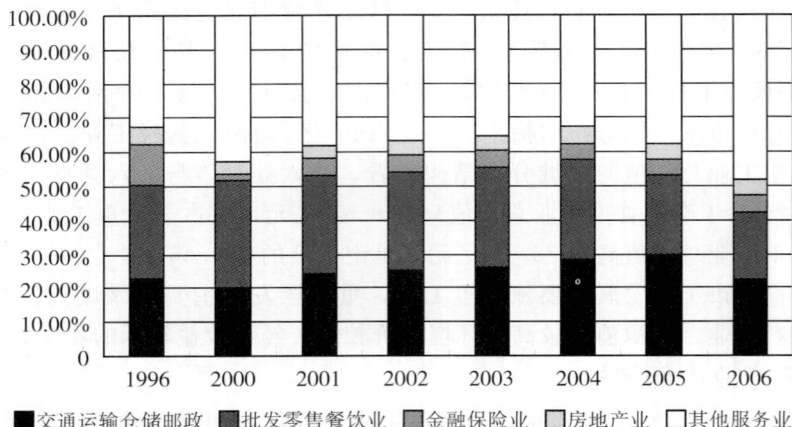

图 2-1-37   1996～2006 年榆林市第三产业结构（单位：万元）

资料来源：《榆林统计年鉴》（1996～2006 年）。

二、所有制结构

1. 工业经济

相对来说，在工业经济方面，榆林市国有经济的比重比较大，是区域经济发展的重要力量。集体经济以及其他民营经济的规模还比较小，发展潜力比较大。

从企业数量来看，2004 年以前，国有企业一直占据主要地位，集体所有制企业非常少（图 2-2-1）。以 2003 年为例，全市规模以上工业企业中，国有工业企业有 76 家，占 56.72%；集体企业 8 家，仅占 5.97%；其他所有制企业有 50 家，占 37.31%。2005 年以后，这种状况才有所改变。

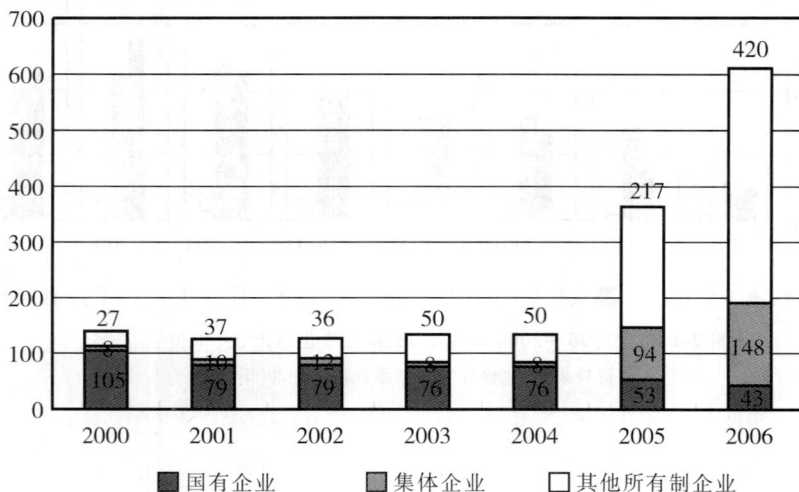

图 2-2-1   2000～2006 年榆林市规模以上工业企业所有制结构

资料来源：《榆林统计年鉴》（2000～2006 年）。

从规模以上工业企业总产值构成来看，国有企业总产值从 2000 年的 20.73 亿元增加到 2006 年的 33.74 亿元（不含长庆油田），集体企业产值从 1.31 亿元增加到 32.43 亿元，非公有制企业产值从 8.91 亿元增加到 2006 年的 170.78 亿元（图 2-2-2）；国有企业产值比重从 2000 年的 66.98％下降到 2006 年的 14.24％，集体企业产值比重从 4.23％增加到 13.69％，非公有制企业产值比重从 28.80％增加到 2006 年的 72.07％（图 2-2-3）。

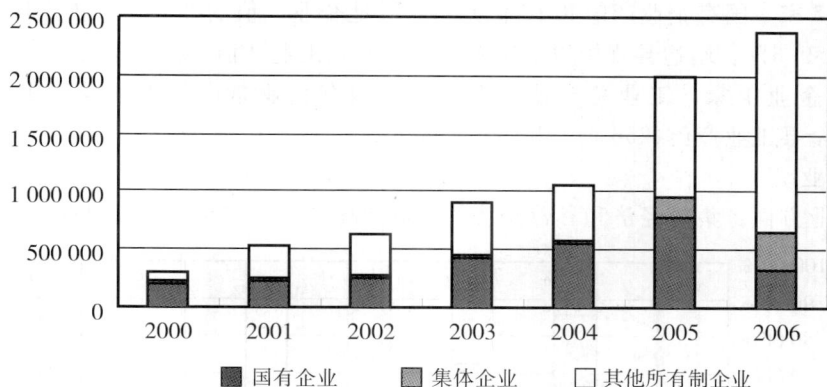

图 2-2-2 2000～2006 年榆林市规模以上工业企业所有制结构（工业总产值）（单位：万元）
资料来源：《榆林统计年鉴》（2000～2006 年）。

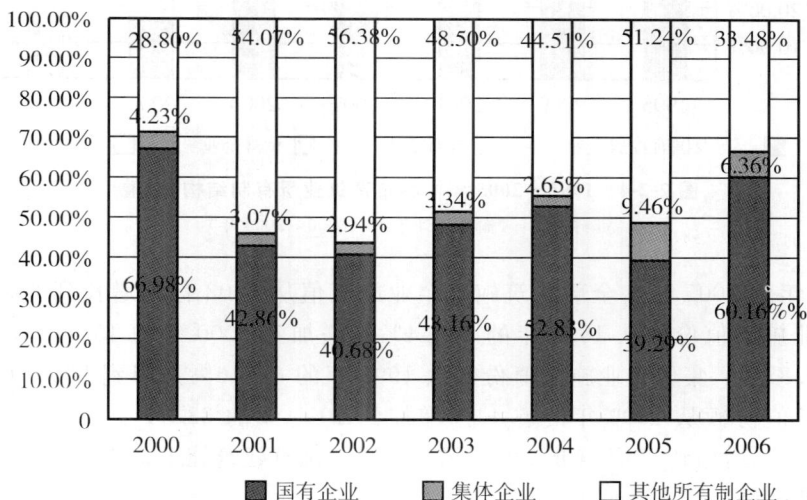

图 2-2-3 2000～2006 年榆林市规模以上工业企业所有制结构（比重）
资料来源：《榆林统计年鉴》（2000～2006 年）。

从区域分布来看，无论是国有企业，还是集体及其他所有制工业企业大多数分布在北六县（区），南六县较少。例如，2003 年规模以上工业企业中，国有企业 76 家，54 家在北六县（区），南六县只有 22 家；集体企业 8 家，全部在府谷县；其他所有制企业 50 家，北六县（区）有 42 家，南六县只有 8 家。

全市 12 个区县的差别比较大。从企业数量来看，总体上国有经济比重都比非国有制经济大。但府谷县是一个例外，该县非国有工业占绝对优势。2003 年，全县规模以上工业企业 26 家。其中，国有企业只有 2 家，集体企业 8 家，其他所有制企业 16 家；国有企业总产值只有 0.077 亿元，集体企业产值 2.999 亿元，其他企业产值 4.47 亿元，国有企业产值仅占全县规模以上工业企业总产值的 1.0%，而集体企业占 39.8%，其他企业占 59.2%。榆林市仅有的 8 家集体企业全部布局在府谷县。榆阳区国有企业 24 家，无集体企业，其他所有制企业 7 家。国有企业产值 8.17 亿元，是其他企业产值的 8.6 倍，占全区规模以上工业总产值的 89.6%。靖边县规模以上国有企业 4 家，工业产值 24.05 亿元(不含长庆油田)，其他所有制企业 1 家，工业总产值 845 万元；国有企业总产值占规模以上工业产值的 99.6%，占全县工业产值(256 914 万元)的 93.6%。

2. 建筑业

在建筑业方面，集体经济和私营经济的份额要比国有经济更大一些(图 2-2-4)。

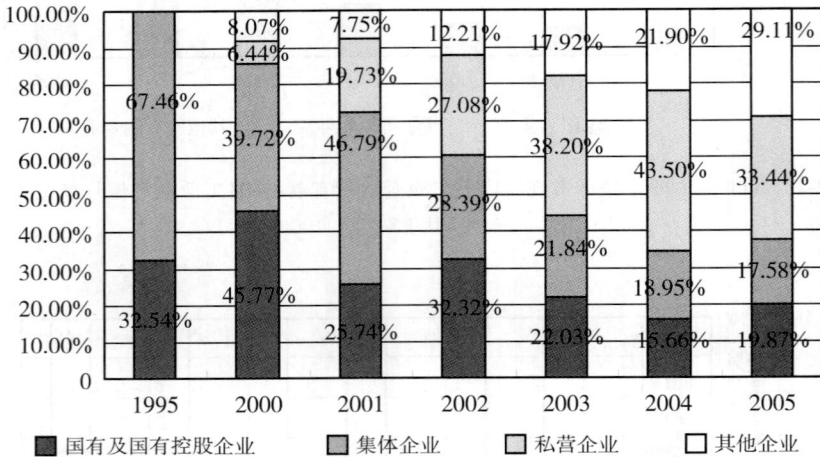

图 2-2-4　1995～2005 年榆林市建筑业所有制结构(比重)

资料来源：《榆林统计年鉴》(2000～2005 年)。

从 1995 年到 2005 年，全部建筑施工企业施工值从 2.03 亿元增长到 28.64 亿元。其中，国有企业施工值份额从 1995 年的 32.54% 先增加到 2000 年的 45.77%，后又减少到 2005 年的 19.87%；集体企业施工值份额从 1995 年的 67.46% 下降到 2005 年的 17.58%；私营企业施工值份额从 2000 年的 6.44% 增加到 2005 年的 33.44%；其他企业施工值从 2000 年的 8.07% 增加到 2005 年的 29.11%。但是，国有建筑施工企业全员劳动生产率要比非国有企业高一些。

3. 商贸餐饮服务业

在商贸餐饮服务业方面，在企业数量、增加值、从业人员数量等各方面，个体私营等非公有制经济均占绝对优势，但国有经济和集体经济仍然占有较大的份额，特别是在批发贸易领域(图 2-2-5、表 2-2-1、表 2-2-2)。

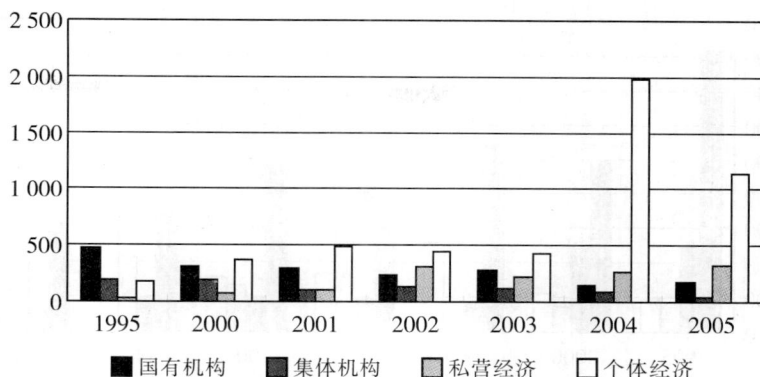

图 2-2-5　1995～2005 年榆林市批发贸易业所有制结构（单位：个）

资料来源：《榆林统计年鉴》(1995～2005 年)。

表 2-2-1　1995～2005 年榆林市批发贸易业所有制结构　　　　　（单位：个）

年份	国有	集体	私营经济	个体经济
1995	467	191	34	183
2000	305	188	81	371
2001	295	110	102	487
2002	242	137	307	440
2003	276	124	223	426
2004	149	82	270	1 981
2005	172	49	329	1 139

资料来源：《榆林统计年鉴》(1995～2005 年)。

表 2-2-2　1995～2005 年榆林市批发贸易业所有制结构（从业人员）　　　（单位：人）

年份	国有	集体	私营经济	个体经济
1995	8 172	2 439	388	950
2000	4 913	2 376	721	1 121
2001	5 504	881	837	2 565
2002	3 781	939	2 975	1 695
2003	4 783	1 024	1 338	1 571
2004	3 418	946	2 147	3 227
2005	3 087	562	2 611	2 764

资料来源：《榆林统计年鉴》(1995～2005 年)。

　　从批发贸易业来看，如表 2-2-1 和表 2-2-2 所示，国有批发贸易机构(网点)从 1995 年的 467 个减少到 2005 年的 172 个，从业人员从 8 172 人减少到 3 087 人；集体机构(网点)从 191 个减少到 49 个，从业人员从 2 439 人减少到 562 人；私营机构(网点)从 34 个(1997 年)增加到 329 个，从业人员从 388 人(1997 年)增加到 2 611 人；个体机构(网点)从 183 个增加到 1 139 个，从业人员从 950 人增加到 2 764 人(图 2-2-6)。

　　从零售贸易业来看，如表 2-2-3、图 2-2-7 和表 2-2-4、图 2-2-8 所示，国有零售贸易机

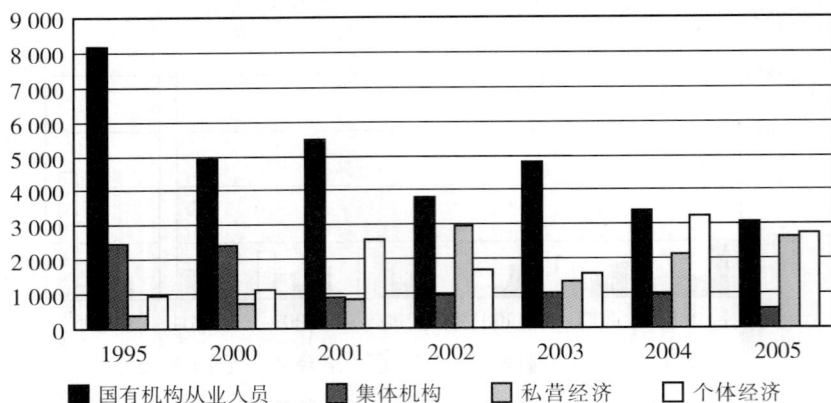

图 2-2-6   1995～2005 年榆林市批发贸易业所有制结构(从业人员)(单位：人)

资料来源：《榆林统计年鉴》(1995～2005 年)。

构(网点)从 1995 年的 994 个减少到 2005 年的 305 个，从业人员从 9 671 人减少到 6 036 人；
集体机构(网点)从 1 537 个减少到 402 个，从业人员从 7 695 人减少到 3 302 人；私营机构
(网点)从 24 个增加到 558 个，从业人员从 316 人增加到 5 056 人；个体机构(网点)从
13 320 个增加到 21 656 个，从业人员从 18 755 人增加到 32 343 人。

表 2-2-3   1995～2005 年榆林市零售贸易业所有制结构(机构)   (单位：个)

年份	国有机构	集体机构	私营经济	个体经济
1995	994	1 537	24	13 320
2000	663	810	346	17 004
2001	783	578	294	17 505
2002	662	678	442	16 051
2003	648	837	400	13 844
2004	306	255	495	21 420
2005	305	402	558	21 656

资料来源：《榆林统计年鉴》(1995～2005 年)。

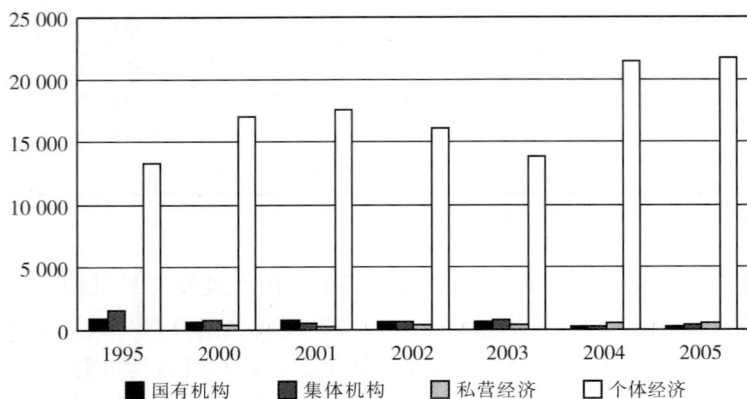

图 2-2-7   1995～2005 年零售贸易业所有制结构(机构)(单位：个)

资料来源：《榆林统计年鉴》(1995～2005 年)。

表 2-2-4　1995～2005 年榆林市零售贸易业所有制结构(从业人员)　　(单位：人)

年份	国有	集体	私营经济	个体经济
1995	9 671	7 695	316	18 755
2000	7 211	5 558	1 605	26 526
2001	7 304	4 941	1 658	27 318
2002	7 607	5 218	2 253	25 771
2003	6 574	4 775	2 081	24 099
2004	6 174	3 330	4 826	32 711
2005	6 036	3 302	5 056	32 343

资料来源：《榆林统计年鉴》(1995～2005 年)。

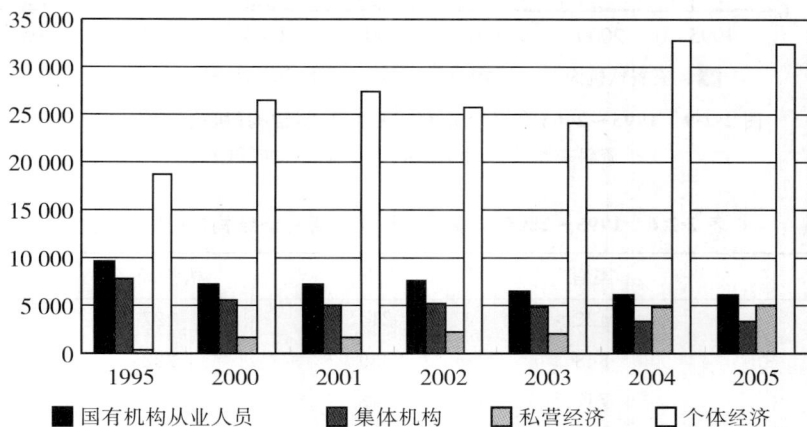

图 2-2-8　1995～2005 年榆林市零售贸易业所有制结构(从业人员)(单位：人)

资料来源：《榆林统计年鉴》(1995～2005 年)。

从餐饮业来看，如表 2-2-5、图 2-2-9 和表 2-2-6、图 2-2-10 所示，国有餐饮机构(网点)从 1995 年的 33 个减少到 2005 年的 11 个，从业人员从 422 人增加到 619 人；集体机构(网点)从 37 个锐减到 1 个，从业人员从 214 人减少到 36 人；私营机构(网点)从 11 个(1996 年)增加到 124 个，从业人员从 127 人增加到 2 804 人；个体机构(网点)从 4 299 个增加到 6 372 个，从业人员从 7 901 人增加到 17 256 人。

表 2-2-5　1995～2005 年榆林市餐饮业所有制结构(机构)　　(单位：个)

年份	国有	集体	私营经济	个体经济
1995	33	37	11	4 299
2000	32	27	112	7 617
2001	26	28	121	7 838
2002	24	30	131	7 065
2003	18	30	126	7 238
2004	18	1	114	6 362
2005	11	1	124	6 372

资料来源：《榆林统计年鉴》(1995～2005 年)。

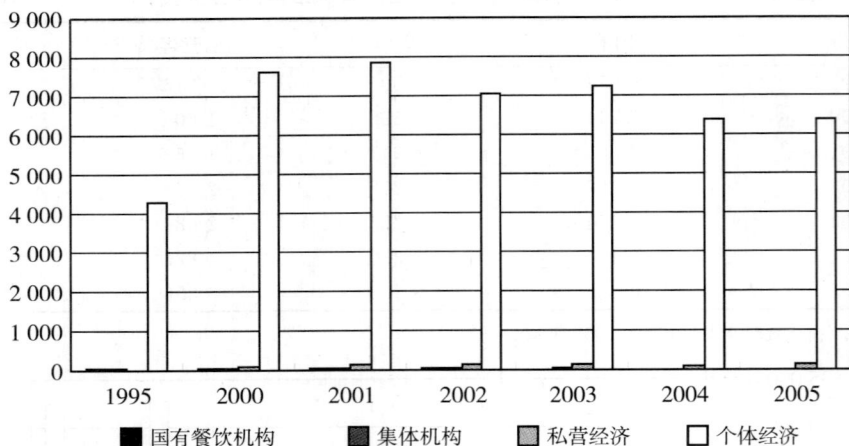

图 2-2-9　1995～2005 年榆林市餐饮业所有制结构(机构)(单位：个)

资料来源：《榆林统计年鉴》(1995～2005 年)。

表 2-2-6　1995～2005 年榆林市餐饮业所有制结构(从业人员)　　　(单位：人)

年份	国有	集体	私营经济	个体经济
1995	422	214	127	7 901
2000	848	339	1 222	16 367
2001	747	348	1 385	16 566
2002	695	363	1 381	15 693
2003	659	363	2 886	20 618
2004	744	35	2 800	18 146
2005	619	36	2 804	17 256

资料来源：《榆林统计年鉴》(1995～2005 年)。

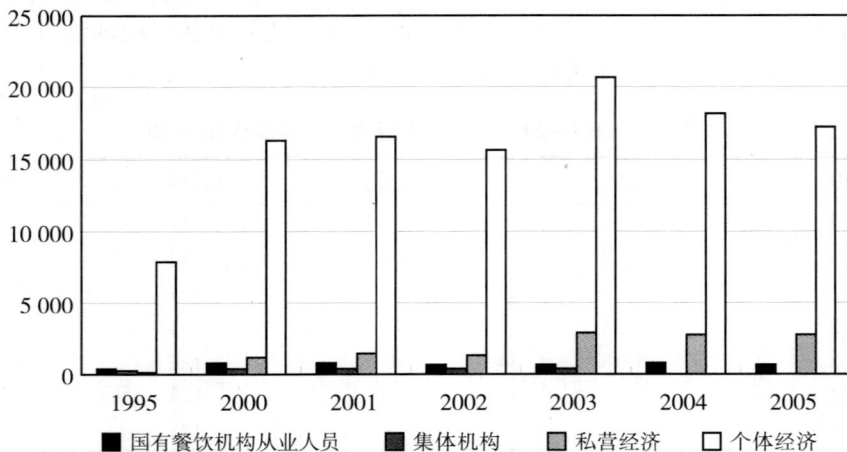

图 2-2-10　1995～2005 年榆林市餐饮业所有制结构(从业人员)(单位：人)

资料来源：《榆林统计年鉴》(1995～2005 年)。

从全市社会消费品零售总额来看，如表 2-2-7、图 2-2-11 和图 2-2-12 所示，国有机构零售额从 1990 年的 3.55 亿元增加到 2004 年的 8.71 亿元，占全社会零售总额的比重从 51.42％下降到 21.88％；集体企业零售额从 1.13 亿元增加到 2004 年的 1.49 亿元，占全社会零售总额的比重从 16.44％下降到 3.74％；个体私营企业从 1.43 亿元增加到 2004 年的 11.93 亿元，比重从 20.77％提高到 2004 年的 29.96％。

表 2-2-7　1990～2004 年榆林市不同所有制结构机构消费品销售额和比重

年份	全社会消费品零售总额/(亿元)	国有经济		集体经济		个体私营经济	
		销售额/(亿元)	比重/％	销售额/(亿元)	比重/％	销售额/(亿元)	比重/％
1990	0.07	3.55	51.42	1.13	16.44	14 332	20.78
1995	14.62	7.41	50.67	1.78	12.20	38 626	26.42
2000	21.06	5.93	28.15	1.55	7.38	112 361	53.35
2001	21.95	6.36	28.99	1.61	7.32	116 957	53.29
2002	23.16	5.82	25.12	1.51	6.50	122 328	52.83
2003	37.40	8.27	22.10	1.14	3.04	206 917	55.33
2004	39.82	8.71	21.88	1.49	3.74	119 295	29.96

资料来源：《榆林统计年鉴》(1990～2004 年)。

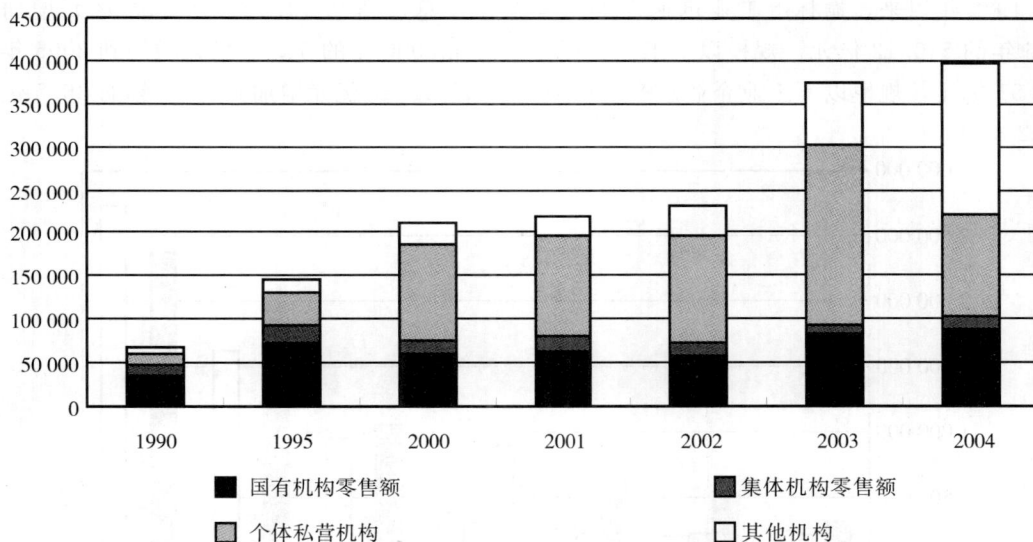

图 2-2-11　1990～2004 年榆林市不同所有制结构机构消费品销售额(单位：万元)

资料来源：《榆林统计年鉴》(1990～2004 年)。

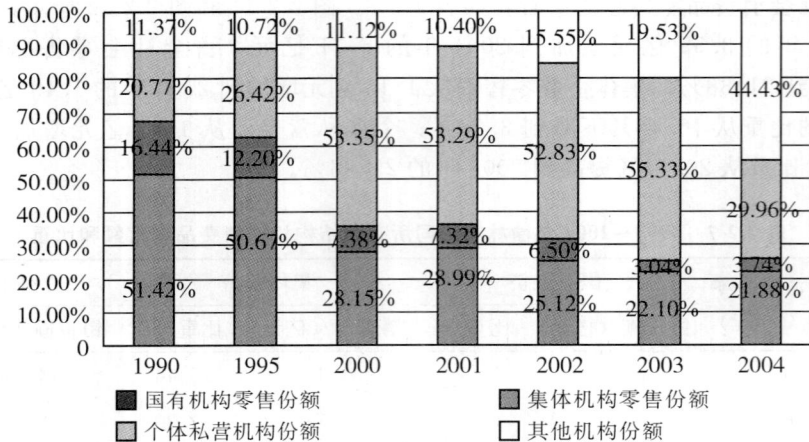

图 2-2-12   1990～2004 年榆林市不同所有制结构机构消费品销售份额

资料来源：《榆林统计年鉴》(1990～2004 年)。

三、中省经济与地方经济结构

20 世纪 80 年代以来，随着能矿资源的开发，中省经济①得到迅速发展，成为榆林市区域经济发展的重要力量。在建设国家能源化工基地的新时期，中省经济仍将在榆林市区域经济发展过程中扮演着不可或缺的角色。

1978 年以来，榆林市工业迅速发展。全部工业总产值从 1978 年的 1.38 亿元增加到 2006 年的 510.12 亿元。规模以上工业企业总产值从 2000 年的 55.58 亿元增加到 2005 年的 360.51 亿元，规模以下工业企业总产值从 2000 年的 21.37 亿元增加到 2005 年的 36.5 亿元 (图 2-3-1)。

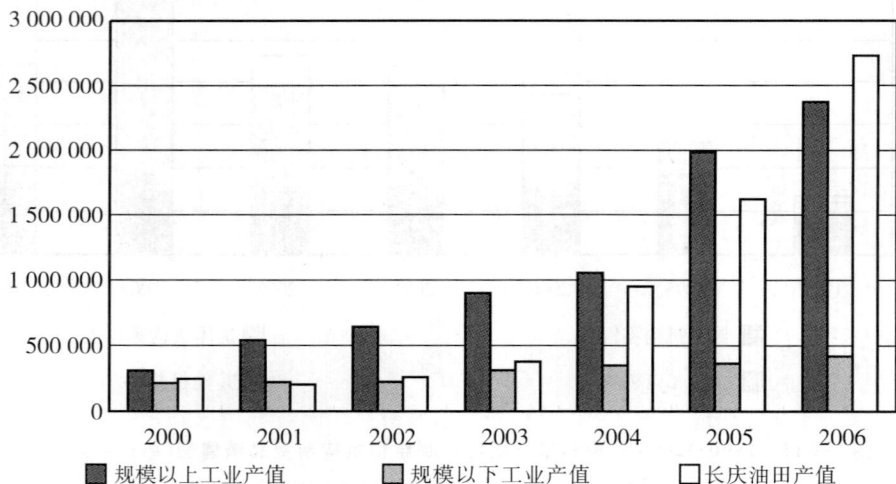

图 2-3-1   2000～2006 年榆林市工业总产值状况(单位：万元)

资料来源：《榆林统计年鉴》(2000～2006 年)。

①   中省经济指中央和省属经济，下同。

从规模以上工业企业来看，中省企业[①]增加值（含长庆）从 1990 年的 5 139 万元增加到 2006 年的 372.08 亿元，地方企业工业总产值从 1990 年的 7.86 亿元增加到 2006 年的 117.51 亿元。中省企业产值比重从 2000 年的 47.72% 上升到 2006 年的 72.94%，地方企业产值比重从 52.28% 下降到 27.06%（图 2-3-2）。

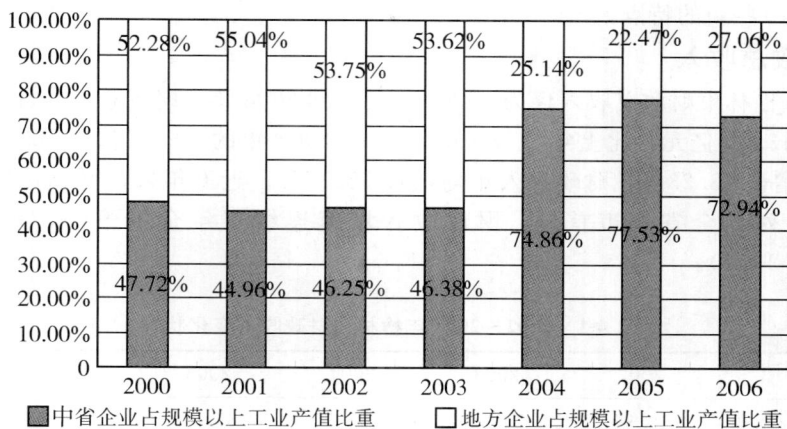

图 2-3-2 2000～2006 年榆林市中省企业和地方企业产值比重

资料来源：《榆林统计年鉴》（2000～2006 年）。

从全部工业来看，中省企业产值比重不断增加，地方企业产值比重有所下降（图 2-3-3）。

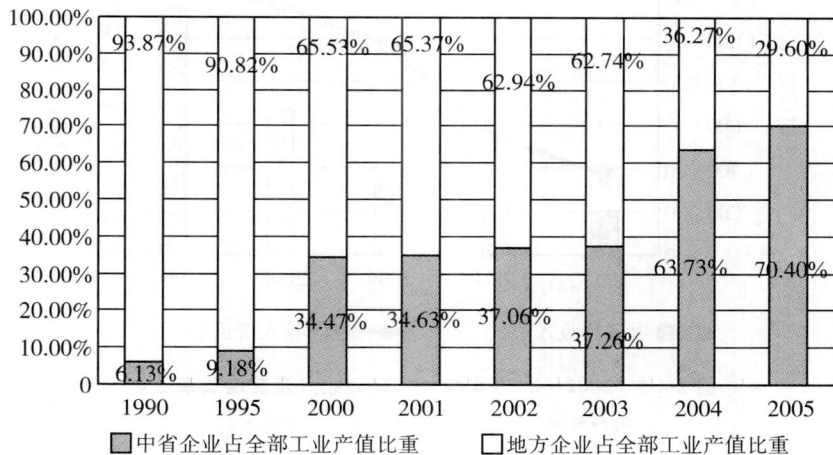

图 2-3-3 1990～2005 年榆林市中省企业和地方企业产值比重

资料来源：《榆林统计年鉴》（1990～2005 年）。

① 中省企业指中央和省属的国有企业。根据 2005 年统计数据，榆林市有中省企业 21 家。

四、财政收支结构

近年来，榆林市经济社会获得了较快发展，特别是国家能源化工基地的建设，促进了区域经济的快速增长。财政收入更是以前所未有的速度增长，增幅连续位居全省第一，财政收支呈现出一些新的特点。

(一)财政总收入

2002年，榆林市财政总收入仅为19.90亿元，到2008年，财政总收入首次突破百亿元大关，达到213.70亿元，比上年增长36.7%，是2002年的10.7倍；2002～2006年，全市GDP年均增长28.23%，财政收入年均增长55.10%。近五年来，财政总量跃居全省第三，增长速度列于全省地市首位，财政收入增速连续三年全省第一，并呈加速状态（表2-4-1、图2-4-1）。

表 2-4-1　2002～2008年榆林市财政收入变化状况

年份	2002	2003	2004	2005	2006	2008
财政总收入/(亿元)	19.90	26.00	40.32	67.02	115.07	213.70
财政收入增长率/%	21.39	30.69	55.05	66.24	71.69	36.70

资料来源：《榆林统计年鉴》(2002～2006年)；2008年数据系调研所得。

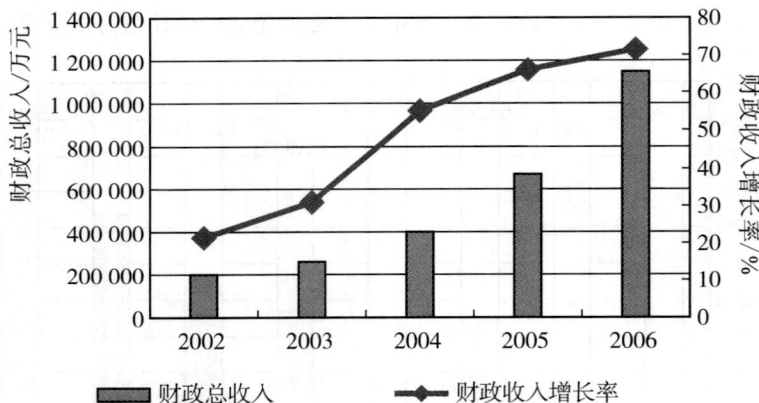

图 2-4-1　2002～2006年榆林市财政收入及其增长率变化

资料来源：《榆林统计年鉴》(2002～2006年)。

(二)地方财政收支

1. 地方财政收入

2002年，榆林市地方财政收入9.68亿元。2008年，榆林地方财政收入达70.01亿元，增长39.7%；2002～2006年，地方财政收入年均递增38.52%，增加了2.68倍，财政总量跃居全省第三，增长速度列于全省地市首位，地方财政收入上亿元的县由2个增加到5个，全市财政支出连续四年实现了收支平衡（表2-4-2、图2-4-2）。

表 2-4-2　2002～2008 年榆林市地方财政收入变化状况

年份	2002	2003	2004	2005	2006	2008
地方财政收入/（亿元）	9.68	12.35	20.77	23.84	35.66	70.01
地方财政收入增加率/％	22.96	27.54	68.20	14.77	49.57	39.70

资料来源：《榆林统计年鉴》（2002～2006 年）；2008 年数据系调研所得。

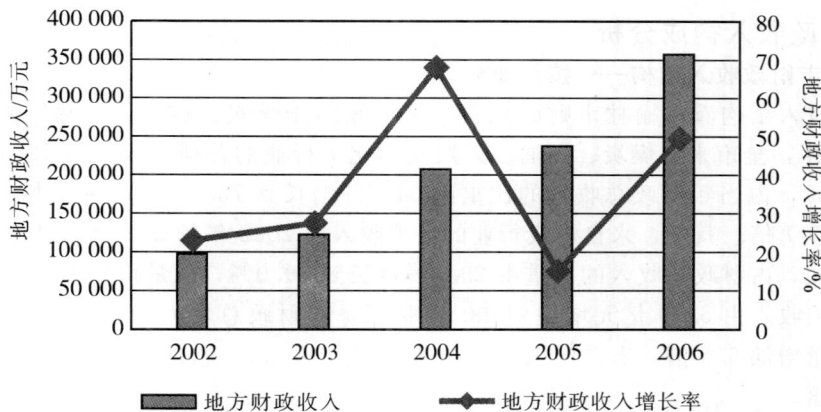

图 2-4-2　2002～2006 年榆林市地方财政收入及其增长率变化

资料来源：《榆林统计年鉴》（2002～2006 年）。

2. 财政支出

在财政收入增长的基础上，榆林市政府着力调整和优化支出结构，财政支出能力显著增强，支出效益不断提高。全市财政支出由 2000 年的 13.04 亿元增加到 2008 年的 123.18 亿元，比上年增长 27.3％，是 2000 年的 9.4 倍，平均增长速度达到 23.39％（图 2-4-3、表 2-4-3）。

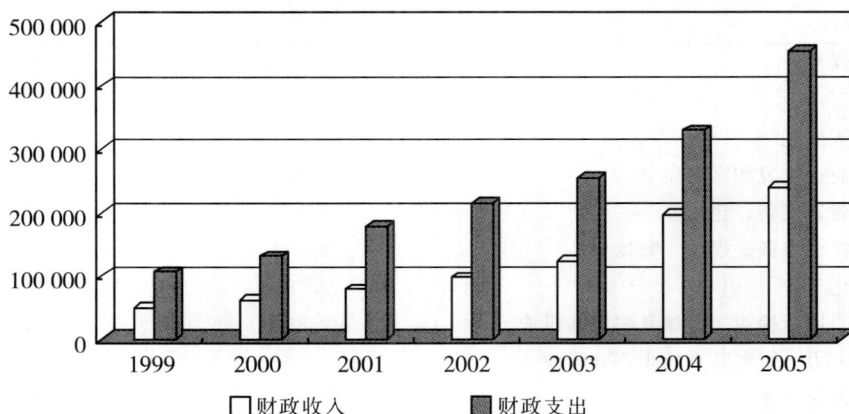

图 2-4-3　1999～2005 年榆林市财政收支变化（单位：万元）

资料来源：《榆林统计年鉴》（1999～2005 年）。

表 2-4-3　2000~2008 年榆林市地方财政支出变化状况

年份	2000	2001	2002	2003	2004	2005	2008
地方财政支出/(亿元)	13.04	17.85	21.39	25.55	33.01	45.50	123.18
地方财政支出增加率/%	22.76	36.88	19.81	19.48	29.17	37.55	27.3

资料来源:《榆林统计年鉴》(2000~2005 年);2008 年数据系调研所得。

(三)财政收入构成分析

1. 榆林市财政收入结构——按行业分

从财政收入结构看,榆林市财政总收入主要来源于煤炭、石油、天然气和化工行业。2002~2006 年,全市来自煤炭、石油、天然气和化工行业的各项收入,由 12.88 亿元增加到 86.55 亿元,占当年财政总收入的比重由 64.7% 增长到 75.2%,收入增加 73.67 亿元,绝对值增长 5.7 倍。其中,来自煤炭行业的各项收入由 2002 年的 5.89 亿元增加到 2006 年的 44.85 亿元,占财政总收入的比重由 29.6% 增长到 39.0%,总量增加了 6.6 倍;来自油气行业的各项收入由 5.19 亿元增加到 38.95 亿元,占财政总收入的比重由 26.1% 增长到 33.8%,总量增加 6.5 倍;来自化工行业的各项收入从 1.79 亿元增加到 2.76 亿元,总量增长了 0.5 倍。

从 2006 年行业税收构成来看,煤炭和石油两个行业占到了 67.7%,其他依次为:商业批发和零售贸易业占 5.4%,行政执罚收入和其他各项收入占 5.2%,天然气业占 5.1%,建筑安装、建材业占 4.5%,电力、煤气及水的生产和供应业占 3.1%,社会服务、娱乐、餐饮业占 2.5%,交通运输业、仓储及邮电通信业占 2.5%,呈明显的重化工经济特征(表 2-4-4)。

表 2-4-4　2006 年榆林市财政收入结构表——按行业分

行业		金额/(亿元)	占总收入百分比/%
收入总计		115.07	100.00
行业	煤炭	44.85	39.00
	石油	33.06	28.70
	天然气	5.89	5.10
	商业批发和零售贸易	6.22	5.40
	建筑安装、建材业	5.17	4.50
	社会服务、娱乐、餐饮业	2.82	2.50
	化工业	2.76	2.40
	交通运输业、仓储及邮电通讯业	2.86	2.50
	电力、煤气及水的生产和供应	3.60	3.10
	房地产业	0.71	0.60
	金融保险业	0.67	0.60
	农业	0.43	0.40
	行政执罚收入和其他各项收入	5.98	5.20

资料来源:《榆林统计年鉴》(2006 年)。

2. 榆林市财政收入结构——按产业分

从产业税收构成的时间值变化来看,第二产业是榆林市财政总收入的主要来源。从2002年到2006年,第一产业财政收入由0.59亿元减少到0.47亿元,总量下降19.6%,占财政总收入的比重由3%下降到0.4%;第二产业收入由13.97亿元增加到93.39亿元,占财政总收入的比重由70.2%增长到81.2%,总量增长了5.7倍;第三产业收入由1.75亿元增加到17.53亿元,其总量增长了9倍,占财政总收入的比重由8.8%增长到15.2%。

从产业税收构成的时点值来看,2006年第一产业占总产值的比重为0.4%,第二产业为81.2%,第三产业为15.2%,其他收入为3.2%,呈现第二产业比重过大、第三产业发育明显滞后的局面。

表 2-4-5　2002～2006 年榆林市财政收入结构表——按产业分　　（单位：亿元）

产业	2002	2003	2004	2005	2006
第一产业	0.59	0.50	0.55	0.34	0.47
第二产业	13.97	18.88	29.96	52.61	93.39
第三产业	3.60	6.628	7.34	11.15	17.53
其他收入	1.75		2.47	2.93	3.67

资料来源:《榆林统计年鉴》(2002～2006 年);其他收入系指行政执罚收入和其他各项收入。

3. 榆林市财政收入结构——按税种分

从2006年税种构成来看,增值税占财政总收入的58.40%,企业所得税占15.20%,营业税占8.00%,资源税占5.10%,城市维护建设税和消费税分别占2.90%和1.80%。

表 2-4-6　2006 年榆林市财政收入结构表——按税种分　　（单位：万元）

税种	金额 /（万元）	比重/%
增值税	672 522	58.40
企业所得税	174 727	15.20
营业税	92 534	8.00
资源税	59 040	5.10
个人所得税	45 900	4.00
城市维护建设税	33 942	2.90
消费税	20 276	1.80
城镇土地使用税	4 171	0.40
其他地方各税	8 203	0.70
农业各税	4 723	0.40
其他非税收入	34 614	3.00

资料来源:根据调研资料整理。

在榆林市的财政总收入中,增值税、所得税、营业税、资源税、城市维护建设税是主要税种。从2002年到2006年,主要税种收入由16.34亿元增加到107.87亿元,占当年财政总收入的比重由82%增长到93.70%,总量增加91.52亿元,五年增长了5.6倍。其中,增值税由11.59亿元增加到67.25亿元,绝对值增长了4.8倍,占财政总收入的比重由

58%增长到58.4%；企业所得税、个人所得税由1.30亿元增加到22.06亿元，总量增长了16倍，占财政总收入的比重由6.5%增长到19.2%；营业税由1.89亿元增加到9.25亿元，增长了3.9倍，但是占财政总收入的比重由9.5%下降到8%；资源税由1.05亿元增加到5.90亿元，增长了4.6倍，占财政总收入的比重却由5.3%下降到5.1%；城市维护建设税由0.55亿元增加到3.39亿元，增长了5.2倍，占财政总收入的比重由2.8%增长到2.9%。

4. 2006年榆林市财政收入结构——按地方/中省分

2002年，榆林市地方财政收入占财政总收入的48.7%，上划中省收入占财政总收入的51.3%；2005年在全省新财政体制运行后，当年榆林市财政总收入为67.02亿元，地方财政收入为23.84亿元，地方财政收入占财政总收入比重为35.6%，上划中省收入占财政总收入的比重上升为64.4%；从2006年全市财政总收入的115亿元来看，上划中省收入及出口退税额为79.41亿元，占69%（剔除免抵调减增值税），超过榆林市财政总收入的2/3；而地方财政收入为35.66亿元，仅占31%（表2-4-7）。地方财政收入比重明显偏低，说明了现行财政分配体制对榆林发展的制约，同时表明税源与资源开发的强相关性，以及当地行业发展不均衡、民营经济发展落后等问题。

表 2-4-7　2006年榆林市财政收入结构表——按地方/中省分

项目	金额/（万元）	比重/%
收入总计	1 150 652	100
上划中省收入及出口退税	794 067	69
地方财政收入	356 585	31

资料来源：根据榆林市调研资料整理。

5. 税收返还

2002年，全市上划中央"四税"（增值税、消费税、企业所得税、个人所得税）9.80亿元，中央税收返还2.09亿元，当年集中财力7.71亿元；2006年，全市上划中央"四税"67亿元，中央税收返还5.2亿元，当年集中财力61.8亿元。剔除中央对榆林市的各项转移支付后仍集中财力近50亿元。从2002年到2006年，上划中央收入增加57.2亿元，中央税收返还仅增加3.1亿元。

从税收返还的整体情况看，全市从2002年的2.09亿元增加到2006年的10.58亿元，环比增长率为14.72%、30.84%、204.71%和10.88%，增长4.06倍；而市级财政在连续增长后出现下滑，各县合计在2005年出现高峰后，2006年基本持平；从各县区的税收返还情况看，神木、靖边、府谷、定边、榆阳和横山的基数相对较大，而其余南六县的基数相对较小，从时间来看，数目波动较大。

（四）区县财政收入比较分析

从榆林市12个区、县财政收入情况比较分析来看，呈现两个特点（表2-4-8，表2-4-9）。

第一，各县"苦乐"不均，呈现较大差异，神木县一枝独秀，靖边、府谷、定边和榆阳稍好，而其余各县数据与上述各县（区）相差悬殊。

第二，南北差距过大并呈加剧之势。北六县（区）收入比重大，南六县收入比重小。

表 2-4-8 2003～2006 年榆林市税收返还环比比例

区域	环比比例/%			
	2003 年	2004 年	2005 年	2006 年
榆阳	8.34	−26.98	379.35	−6.78
神木	7.97	−18.29	1 222.45	−6.38
府谷	6.64	0.82	278.36	20.80
横山	6.29	21.47	360.14	−0.686
靖边	−2.39	79.91	419.02	0.571 2
定边	6.69	−18.35	851.68	−10.89
绥德	2.99	14.51	149.95	−18.03
米脂	5.26	12.08	193.31	89.10
佳县	6.25	9.69	149.21	−15.82
吴堡	2.17	19.68	275.56	0.11
清涧	4.67	5.80	152.32	−4.85
子洲	12.16	29.52	483.26	−29.35
县小计	7.46	3.27	533.35	−1.69
市本级	34.15	89.89	−178.08	−107.88
全市合计	14.72	30.84	204.71	10.88

资料来源：《榆林统计年鉴》(2003～2006 年)。

表 2-4-9 1999～2006 年榆林各区县地方财政收入比较 （单位：万元）

区域	1999 年	2000 年	2001 年	2002 年	2003 年	2004 年	2005 年	2006 年
全市合计	48 695	61 460	78 755	96 838	123 505	195 423	238 413	356 585
榆阳	7 500	7 573	5 687	5 681	7 537	14 073	17 100	26 022
神木	9 793	13 302	16 098	21 646	34 210	44 281	68 267	67 659
府谷	5 515	7 156	7 833	8 405	12 113	20 995	21 620	21 319
横山	1 980	2 763	3 192	9 581	3 881	4 987	5 694	3 520
靖边	5 197	7 265	9 728	10 497	14 953	28 769	29 504	25 550
定边	4 045	4 915	6 193	6 505	11 365	16 158	16 877	13 131
绥德	2 190	2 830	2 051	2 052	2 004	1 867	2 570	2 408
米脂	929	1 155	786	879	909	1 269	861	1 243
佳县	800	1 081	793	908	943	630	721	369
吴堡	525	670	558	691	711	584	835	700
清涧	901	1 230	942	1 071	1 181	835	1 009	704
子洲	686	1 084	1 101	1 066	1 120	1 406	1 605	1374

资料来源：《榆林统计年鉴》(1999～2006 年)。

2006 年，北六县（区）地方财政收入为 15.72 亿元，占县级财政收入的 95.8％，而南六县地方财政收入仅为 0.68 亿元，占 4.2％。虽然南部米脂、佳县等积极谋划发展方略和策划项目，财政收入以近一倍的速度增长，而在 2005 年，靖边、神木生产总值分别仅增长 22.6％和 20.3％，财政收入仅增长 67.2％和 35.1％，但由于基数太小，南北差距仍在不断加大。

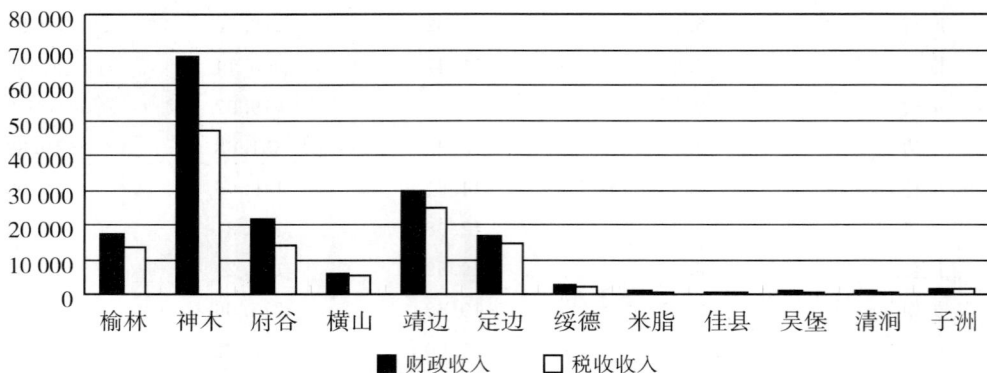

图 2-4-4　2005 年榆林市 12 个县（区）财政收入情况比较（单位：万元）

资料来源：《榆林统计年鉴》（2005 年）。

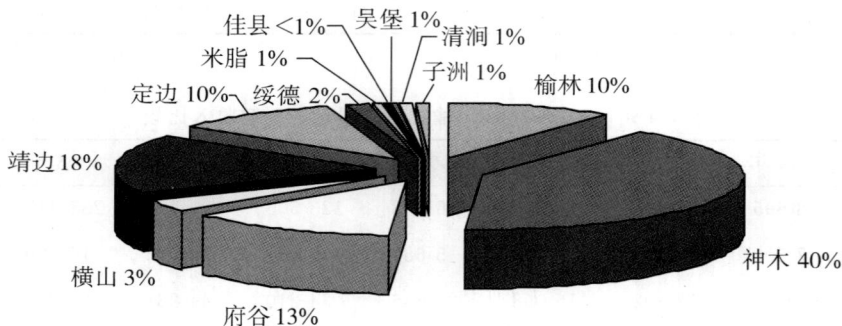

图 2-4-5　2005 年榆林市县（区）财政收入情况比例

资料来源：《榆林统计年鉴》（2005 年）。

表 2-4-10　1999～2005 年榆林市南北部地方财政收入差异　　（单位：亿元）

区域	1999 年	2000 年	2001 年	2002 年	2003 年	2004 年	2005 年
北六县（区）	3.40	4.30	4.87	6.23	8.41	12.93	15.91
南六县	0.60	0.81	0.62	0.67	0.69	0.66	0.76

资料来源：《榆林统计年鉴》（1999～2005 年）。

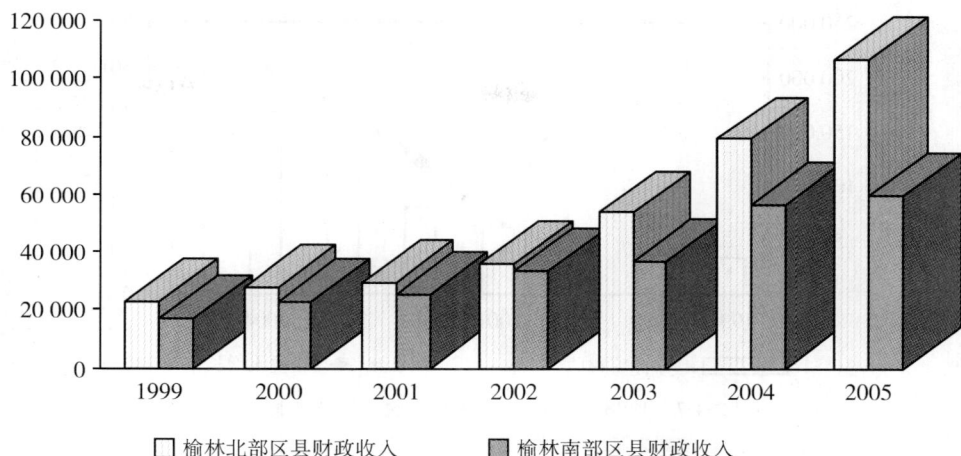

图 2-4-6 1999～2005 年榆林市县（区）财政收入南北差异比较分析（单位：万元）

资料来源：《榆林统计年鉴》(1999～2005 年)。

（五）财政收支特征分析

1. 财政收支实现"双跨越"

近年来，榆林市财政收入大幅度增长，创历史最高水平；财政支出能力显著增强，支出效益不断提高，特别是 2003 年以来，全市财政实现了当年收支平衡，改变了自 1985 年开始连续 19 年赤字的局面。

2. 财政收入基本结构特征

从 2002～2006 年榆林市财政收入的基本结构看，呈现出不均衡的特征。

● 资源性收入比重大，其他收入比重小。2006 年，煤炭、石油、天然气及化工行业的资源性收入占到总收入的 75.2%，其他行业占 24.8%。

● 北六县（区）收入比重大，南六县收入比重小。2006 年，北六县（区）地方财政收入 15.7 亿元，占县级财政收入的 95.8%，南六县收入 0.7 亿元，占 4.2%。

● 第二产业收入比重大，一、三产业收入比重小。在 2006 年财政总收入中，来自第二产业的收入占 81.2%，一、三产业占 19.8%。

● 中省企业收入比重大，地方企业收入比重小。2006 年，中省企业缴纳税 56 亿元，占财政总收入的 50.4%，地方企业及其他工商户缴纳税收占 47%。

● 上划中省收入比重大，留市县收入比重小。2006 年，上划中省收入 79.4 亿元，占财政总收入的 69%，留地方的收入 35.6 亿元，仅占 31%。

3. 财政收入结构变化趋势

从近年来财政收入结构变化情况看，主要趋势如下。

（1）主体税种收入比重逐年上升

从 2000 年到 2006 年，增值税、所得税、营业税、资源税、城市维护建设税五个税种，收入由 16.3 亿元增加到 107.8 亿元，占当年财政总收入的比重由 82% 上升到 93.7%。

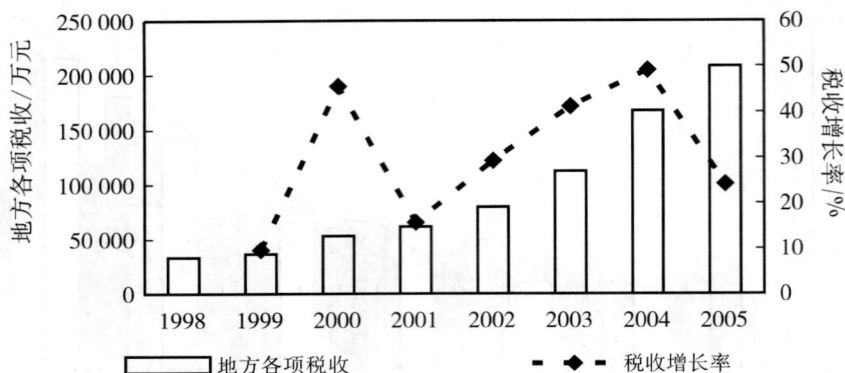

图 2-4-7　1998～2005 年榆林市税收及变化年际比较

资料来源：《榆林统计年鉴》(1998～2005 年)。

表 2-4-11　2002～2006 年榆林市各项税收年际变化情况　　　　　（单位：万元）

指标	2002 年	2003 年	2004 年	2005 年	2006 年
增值税	115 488	147 516	233 480	383 094	672 522
企业所得税及个人所得税	13 010	17 517	38 256	26 360	220 627
营业税	18 916	41 294	52 197	69 896	92 534
资源税	10 491	13 259	23 005	40 189	59 040
城市维护建设税	5 525	6 538	15 135	27 972	33 942
消费税	7 745	14 046	0	16 755	20 276
城镇土地使用税	1 853	1 448	4 033	3 864	4 171
其他地方各税	2 787	2 309	3 774	4 750	8 203
农业各税	5 865	4 981	5 458	3 382	4 723
其他非税收入	17 268	11 101	27 815	30 287	34 614

资料来源：《榆林统计年鉴》(2002～2006 年)。

(2)资源性收入比重逐年上升，财政收入对资源的依赖性过大

目前，资源性产业提供的收入占财政总收入的 82%，其他行业对财政贡献小。从 2002 年到 2006 年，全市来自煤炭、石油、天然气及化工行业的各项收入，由 12.9 亿元增加到 86.5 亿元，占当年财政总收入的比重由 64.7% 上升到 75.2%。从长远看，财政经济的风险和不安全性增大。

(3)产业结构严重失衡

近年来，榆林市经济增长速度稳居全省第一。2006 年，全市实现地区生产总值 436 亿元，增长 17%，比全省平均水平高 4.4 个百分点，其中，第一产业 34.50 亿元，增长 8.7%；第二产业 298 亿元，增长 20.7%；第三产业 103.5 亿元，增长 511.5%。三次产业之比由 2005 年的 9∶62∶29 变化为 8∶68∶24，按照产业演进规律来看，工业主导地位愈显突出，产业结构失衡严重。

产业结构失衡在财政收入上也体现明显，来源于三大产业的财政总收入之比由 2002 年的 3.0∶70.2∶18.1 变化为 2006 年的 0.4∶81∶15，第一产业比重下降 2.6 个百分点，第

二产业比重上升 10.8 个百分点，第三产业比重下降 3.1 个百分点，在三次产业中，第二产业的比例过大，发展过快，而第三产业收入增长较慢，比例严重失调。

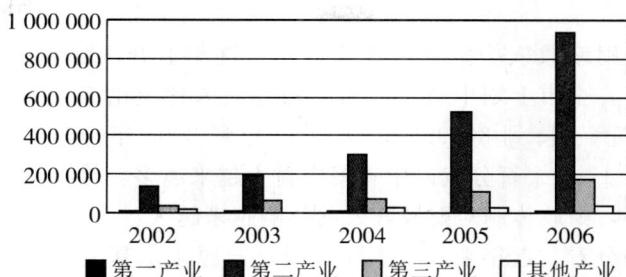

图 2-4-8　2002～2006 年榆林市各产业税种收入年际变化（单位：万元）

资料来源：《榆林统计年鉴》(2002～2006 年)。

同时，第二产业内部结构也存在严重的失衡。以 2006 年为例，轻重工业比值为 1∶99，而煤炭、石油、天然气等资源开采业产值又占到重工业产值的 65％；从财政收入结构来看，取消农业税后，第一产业收入有所下降，2002～2006 年，第一产业收入由 0.58 亿元下降到 0.47 亿元，占财政总收入的比重由 3％下降到 0.4％；第二产业收入由 13.96 亿元增加到 93.39 亿元，占财政总收入的比重由 70.2％上升到 81.2％；第三产业收入由 3.60 亿元增加到 17.53 亿元，占财政总收入的比重由 8.8％上升到 15.2％。

表 2-4-12　2002～2006 年榆林市各项税收年际变化情况　　　　（单位：万元）

产业	2002 年	2003 年	2004 年	2005 年	2006 年
第一产业	5 872	4 982	5 460	3 382	4 723
第二产业	139 651	188 788	299 582	526 103	933 881
第三产业	35 956	66 239	73 370	111 453	175 311
其他收入	17 469		24 741	29 251	36 737

资料来源：《榆林统计年鉴》(2002～2006 年)；"其他收入"系指行政执法罚没收入等。

(4) 南北县(区)经济发展严重失衡，南六县财政保障功能脆弱

以 2006 年为例，北六县(区)生产总值占全市的 93％，地方财政收入 15.72 亿元，占县级地方财政收入的 96.3％；南六县生产总值占全市的 7％，财政收入完成 0.68 亿元，占县级收入的 3.7％，较 2005 年下降了 0.6 个百分点。南六县财政普遍困难，财政保障功能脆弱，主要靠上级转移支付，财政经济协调发展任务十分艰巨。

从动态看，这种失衡不断加速，北六县(区)收入比重逐年上升，南六县收入比重逐年下降。从 2002 年到 2006 年，北六县(区)财政总收入占县级财政总收入比重由 93.2％上升到 96.3％，南六县收入比重由 6.8％下降到 3.7％。

(5) 中省、市县收入结构失衡突出

财政失衡还表现在中省、市县的收入结构方面。2002 年，全市地方财政收入占财政总收入的 48.7％，上划中省收入占财政总收入的 51.3％；2005 年全省运行新的财政体制后，榆林市财政总收入为 67.02 亿元，地方财政收入 23.84 亿元，地方财政收入占全市财政总

收入的35.6％，上划中省收入占财政总收入的64.4％；到2006年，全市地方财政收入仅占财政总收入的30.9％，不足1/3，上划中省收入（剔除免抵调减增值税）占财政总收入的69.01％，超过2/3。

从动态变化看，财政收入中上划中省收入比重逐年上升，留市县收入比重逐年下降。从2002年到2006年，全市上划中省收入占财政总收入比重由51.3％上升到69.01％，留市县收入比重由48.7％下降到30.99％；从2002年到2006年，全市上划中省收入占财政总收入的比重上升了17.8个百分点。中省集中财力越来越多，榆林市财政总收入中可用收入的总量仍然比较小，财政体制对财政收入的影响越来越大。

从增收部分的划分看，近年来，虽然随着国家能源化工基地的建设，榆林市财政收入增长较快，但增收的大头上划中省，留市县收入相对呈下降趋势。特别是中央的税收返还力度很小，对地方财力的集中越来越大，影响地方经济社会协调发展。地方财力规模小，使地方政府统筹协调经济社会发展的能力受到严重制约。

表 2-4-13　2002～2006 年榆林市地方财政与中省收入相对变化（增长率）

年份	2002	2003	2004	2005	2006
地方财政收入占总收入比率/％	48.68	47.50	51.53	35.57	30.99
上划中省收入占总收入比率/％	51.32	52.50	48.47	64.43	69.01

资料来源：《榆林统计年鉴》（2002～2006 年）。

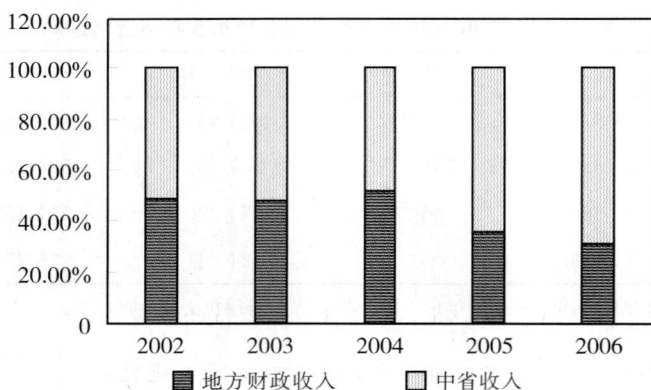

图 2-4-9　2002～2006 年榆林市地方财政与中省收入相对变化

资料来源：《榆林统计年鉴》（2002～2006 年）。

4. 财政支出结构特征

（1）财政支出基本结构仍然属于"吃饭型"财政

虽然2002～2008年榆林市财政收入增长了6倍多，但财政支出基本结构仍然属于"吃饭型"财政。以2006年为例：全市财政支出65.6亿元，其中人员经费35.2亿元，占53.6％，政府运转经费10.3亿元，占15.7％，而支持经济建设和社会事业发展等方面的资金20.1亿元，仅占30.7％。

尽管"保吃饭、保运转"的支出比重较高，但这种保障仍是低水平的，保的仅是国家规定的基本工资和政府机构运转必不可少的开支。如果按照收入分配制度改革后维持机构运转和提供公共服务最低资金需要，即人均年支出 3.8 万元水平测算，则年需财力 59 亿元，全市 12 个县（区）有 10 个县财政将出现缺口。

（2）着力于经济项目带动和结构调整

围绕榆林市羊、草、枣、薯四大农业主导产业和煤、油、电、化四大支柱产业，为支持城区广场、道路、供水、供气等基础设施和重点项目的建设，榆林五年间共调动市本级财力 2.7 亿元，累计向上争取各类项目资金和转移支付资金 60 多亿元；积极支持国有企业改组、改制与发展，市本级共筹集近亿元；同时，榆林政府狠抓政策性财源，积极向上争取提高煤炭、石油和天然气资源税税额，2003 年将石油资源税由每吨 8 元提高到 12 元，2004 年将煤炭资源税由每吨 1.5 元提高到 2.3 元；2005 年将天然气由每千立方米 10 元提高到 12 元，同时将石油资源税由每吨 12 元提高到 28 元；2006 年，再次将煤炭资源税由每吨 2.3 元提高到 3.2 元。五年来，因资源税提高累计增加地方财政收入 3.72 亿元。

（3）着力于社会各项事业发展

建立了各级财政保工资责任制，逐步建立了缓解县乡财政困难的机制，完善了市对县一般性转移支付办法。仅 2005 年、2006 年两年，在上级的大力支持下，市本级就安排配套资金 9 500 万元，消化全市以前年度拖欠工资 2.6 亿元；五年来，市对县的一般性转移支付总额达到 2.4 亿元。

大力支持解决"三农"问题，累计投入各类扶贫资金近 15 亿元，基本形成了以最低生活保障制度为基础的社会保障体系。到 2006 年年底，全市参加养老保险人员达到 9.6 万人，失业保险人员 12.5 万人，城镇登记失业率在 4% 以内，城市"低保"人口实现应保尽保。

大力支持教育事业发展。"十五"时期，全市各级财政累计拨付教育资金 37.2 亿元，是"九五"时期的 3.37 倍，年均递增 27.2%。

大力支持卫生事业发展。近年市本级累计投入资金 2 000 多万元，支持乡镇卫生院建设。

大力支持文化、体育事业。"十五"期间，财政拨付全市文体广播事业费 6.7 亿元，是"九五"时期的 1.23 倍。其中，投入 40 562 万元，重点支持了文化、旅游和文物事业发展；投入 5 292 万元，支持体育事业发展；投入 13 048 万元，保障广播电视事业发展；投入 2 568 万元，推动人口和计划生育事业发展。

大力支持科学事业发展。全市共安排科学支出和科技三项费 8 409 万元，是"九五"时期的 3.5 倍，支持了科技服务平台建设、科学知识普及等。这些投入集中体现了各级财政部门"以人为本"的理财理念。

（4）县域经济不强，财政面临的困难和问题非常突出

由于财政欠账多，县乡债务化解难，截至 2006 年年底，全市财政累计赤字 1.8 亿元，加上各类借款、挂账、欠账等政府性债务，总计欠账 20 亿元，这成为制约财政经济正常发展的阻滞因素；目前，政府债务进入还款高峰期，多方面风险向财政转移和聚集，防范和化解财政风险的任务非常艰巨。特别是在发展极不平衡的情况下，南部困难县保工资、保运转、保稳定的财力基础更加脆弱。

在财力紧缺的情况下，市县面对经济社会发展中的一些特殊矛盾力不从心，如对生态破坏的补偿、恢复和治理投入等。

五、居民收入构成

截至 2008 年，全市地区生产总值达到 1 008.26 亿元，实现财政总收入 213.70 亿元；城镇居民人均可支配收入达到 12 197 元，农民人均纯收入 3 402 元；经济总量跃升到全省第五位，财政收入跃升到全省第三位，全市综合经济实力进一步上升，居民收入也因此有了较大变化，解决了 32.9 万贫困人口的温饱问题，52.7 万贫困人口脱贫。

● 城镇居民可支配收入。城镇居民可支配收入增长幅度存在一定起伏，最高增长年份 2002 年为 23.35％，最低年份 2000 年为 3.18％，从 1998 年至 2006 年年均增长率为 9.66％，2006 年城镇居民人均可支配收入为 1998 年的 2.07 倍；农民人均纯收入的增长幅度也存在一定起伏，最高增长年份 2004 年为 14.88％，最低年份 1999 年减少了 9.18％，2006 年的农民人均纯收入为最低年 1999 年的 2.18 倍(表 2-5-1)。

表 2-5-1   1999～2008 年榆林市城乡居民收入比较   （单位：元）

年份	1999	2000	2001	2002	2003	2004	2005	2006	2008
城镇居民可支配收入/元	3 397	3 505	3 948	4 870	5 084	5 713	6 100	6 690	12 197
城镇居民可支配收入增长率/％	5.01	3.18	12.64	23.35	4.39	12.37	6.77	9.59	37.8
农民人均纯收入/元	960	1 062	1 071	1 328	1 438	1 652	1 803	2 094	3 402
农民人均纯收入增长率/％	−9.18	10.63	0.85	24.00	8.28	14.88	9.14	11.36	29.8

资料来源：《榆林统计年鉴》(1999～2006 年)；2008 年数据系调研所得。

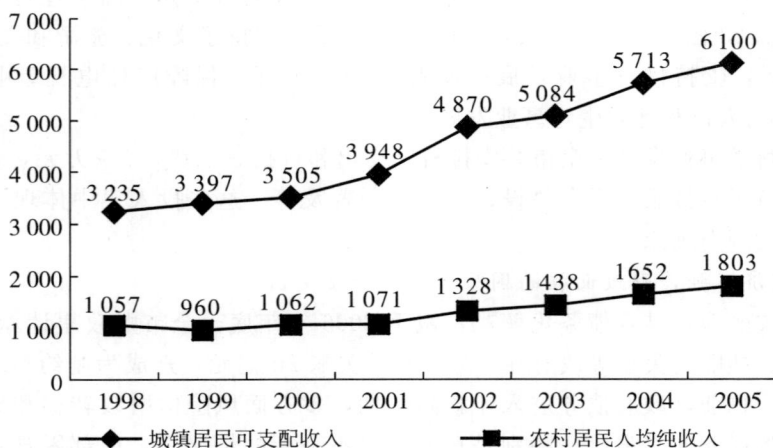

图 2-5-1   1998～2005 年榆林市居民收入比较(一)(单位：元)

资料来源：《榆林统计年鉴》(1998～2005 年)。

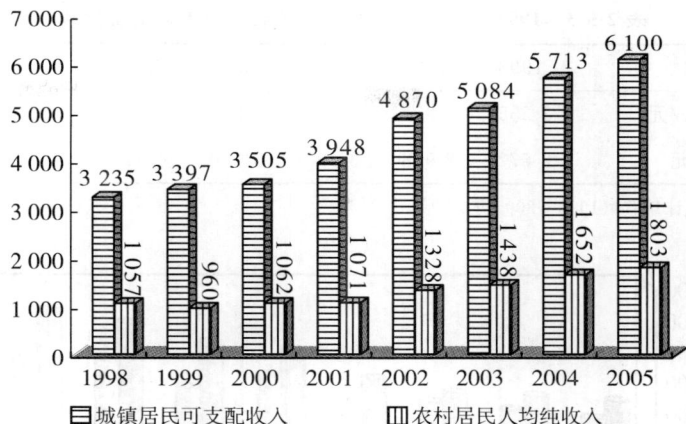

图 2-5-2　1998～2005 年榆林市居民收入比较(二)(单位：元)

资料来源：《榆林统计年鉴》(1998～2005 年)。

● 居民平均消费水平。如果单从统计数据来分析，榆林市居民平均消费水平增长情况呈现大起大落的态势(是统计口径问题还是政策问题有待进一步研究)，从 1998 年到 2004 年的增长率分别为－4.43％、7.09％、－1.41％、44.85％、－1.85％和 29.03％；但从整体增长看，2004 年榆林市居民平均消费水平为最低的 1999 年的 1.94 倍，比起财政收入、地方财政收入，增长水平明显偏低。

表 2-5-2　1998～2004 年榆林市居民平均消费水平情况

年份	1998	1999	2000	2001	2002	2003	2004
居民消费水平/元	1 107	1 058	1 133	1 117	1 618	1 588	2 049
居民消费水平增长率/%		－4.43	7.09	－1.41	44.85	－1.85	29.03

资料来源：《榆林统计年鉴》(1998～2004 年)。

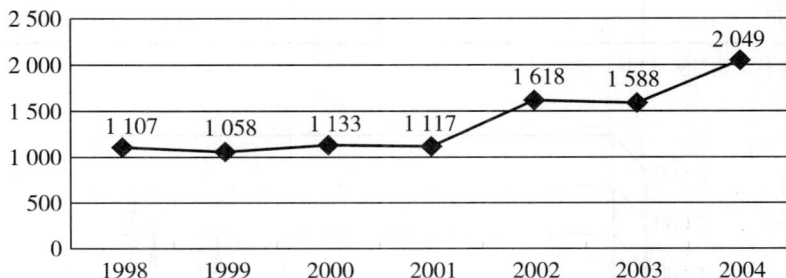

图 2-5-3　1998～2004 年榆林市居民消费水平变化(单位：元)

资料来源：《榆林统计年鉴》(1998～2004 年)。

● 城镇居民可支配收入、消费的比较。从城镇居民可支配收入、消费比较来看，城镇居民可支配收入的增长更快，其环比增长率分别为 5.00％、3.18％、12.64％，23.35％、3.67％、13.17％和 6.78％，2005 年城镇居民的可支配收入为 1998 年的 1.89 倍，而同期非农居民消费水平比为 1.76 倍。

表 2-5-3　1998～2005 年榆林市城镇居民收入与消费比较

年份	1998	1999	2000	2001	2002	2003	2004	2005
城镇居民可支配收入/元	3 235	3 397	3 505	3 948	4 870	5 084	5 713	6 100
非农居民消费水平/元	2 672	2 938	3 208	3 160	4 049	3 676	4 538	4 710

资料来源:《榆林统计年鉴》(1998～2005 年)。

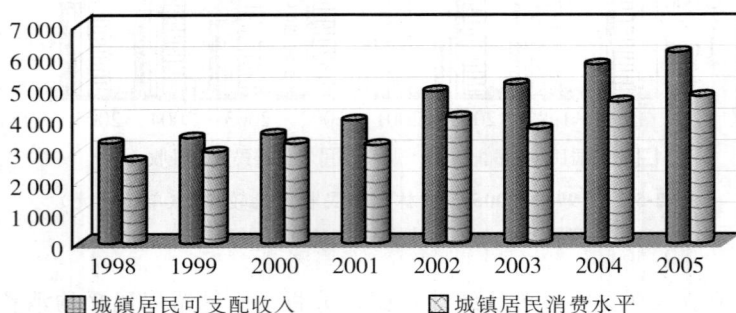

图 2-5-4　1998～2005 年榆林市城镇居民收入、消费比较(单位:元)

资料来源:《榆林统计年鉴》(1998～2005 年)。

● 农民人均纯收入和消费水平的比较。从农民人均纯收入和消费水平的比较来看,农民消费水平的增长更快,其环比增长率分别为:－15.84%、10.00%、－4.92%、55.17%、－5.92%、30.85% 和 29.92%,2005 年农民消费水平为 1998 年的 2.31 倍,而同期农民人均纯收入仅为 1.71 倍。

表 2-5-4　1998～2005 年榆林市农村居民收入与消费比较

年份	1998	1999	2000	2001	2002	2003	2004	2005
农村居民人均纯收入/元	1 057	960	1 062	1 071	1 328	1 438	1 652	1 803
农民消费水平/元	879	740	814	774	1 201	1 193	1 561	2 028

资料来源:《榆林统计年鉴》(1998～2005 年)。

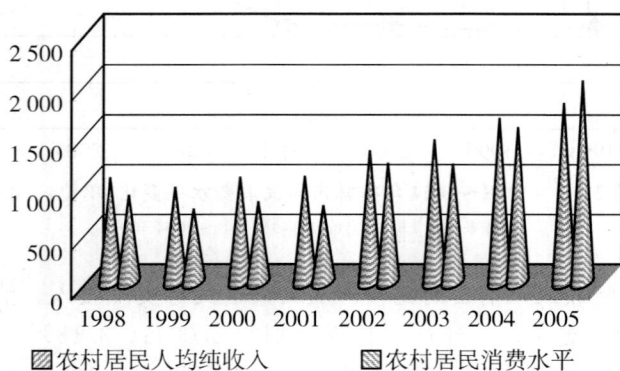

图 2-5-5　1998～2005 年榆林市农村居民人均纯收入和消费水平比较(单位:元)

资料来源:《榆林统计年鉴》(1998～2005 年)。

● 消费价格指数。从消费价格指数来看，居民消费价格指数（以上一年为 100）、商品零售价格指数（以上一年为 100）和农业生产资料价格指数（以上一年为 100）只有少许波动，说明榆林市的消费价格变化情况相对稳定，但农业生产资料价格指数稍高，值得关注。

表 2-5-5　1999～2008 年榆林市消费价格指数（以上一年为 100）变化情况

年份	1999	2000	2001	2002	2003	2004	2005	2008
居民消费价格指数	97.5	98.4	102.0	99.7	102.1	105.1	103.1	108.7
商品零售价格指数	97.8	98.1	100.2	99.6	100.9	104.2	102.6	108.6
农业生产资料价格指数	95.2	101.4	101.5	99.6	102.1	103.1	104.9	115.0

资料来源：《榆林统计年鉴》（1999～2005 年）；2008 年数据系调研所得。

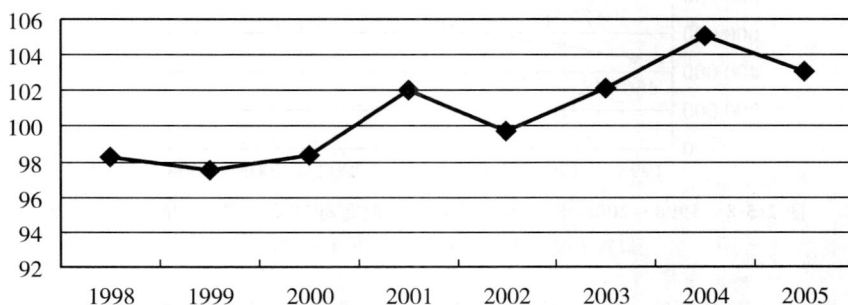

图 2-5-6　1998～2005 年榆林市居民消费价格指数（以上一年为 100）变化情况

资料来源：《榆林统计年鉴》（1998～2005 年）。

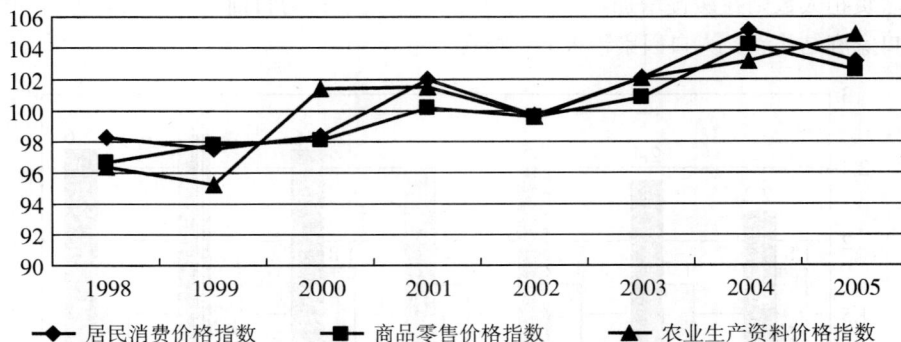

图 2-5-7　1998～2005 年榆林市消费价格指数（以上一年为 100）整体变化情况

资料来源：《榆林统计年鉴》（1998～2005 年）。

● 城乡居民储蓄存款。从城乡居民储蓄存款指标情况看，榆林市的城乡居民储蓄存款呈加速增长的态势，从 1998 年到 2005 年，逐年的增长率分别为 12.99％、13.25％、13.98％、15.91％、25.25％、20.85％和 45.38％。至于城乡居民储蓄存款上升的原因，除经济增长的巨大带动外，其他原因还有待于进一步研究，但是对于政府而言，如何激活和利用社会闲散资金，已成为重要课题。

表 2-5-6　1998～2005 年榆林市城乡居民储蓄存款变化　（单位：亿元）

年份	1998	1999	2000	2001	2002	2003	2004	2005
城乡居民储蓄存款	46.69	52.76	59.75	68.10	79.64	99.74	120.54	175.24

资料来源：《榆林统计年鉴》(1998～2005 年)。

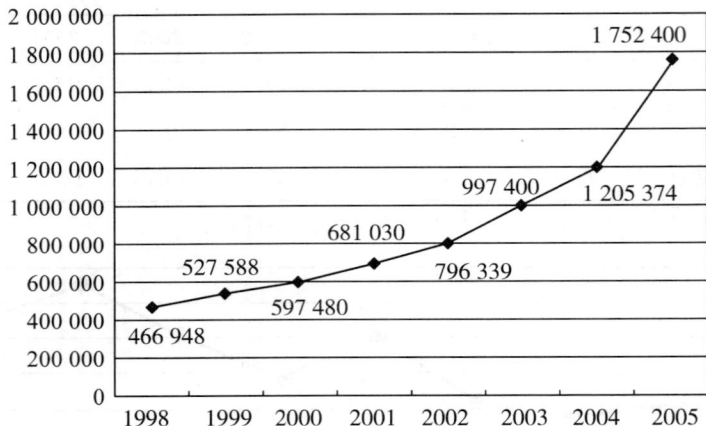

图 2-5-8　1998～2005 年榆林市城乡居民储蓄存款变化情况（单位：万元）

资料来源：《榆林统计年鉴》(1998～2005 年)。

● 每一劳动力负担人数。每一劳动力负担人数是研究区域经济中家庭经济状况的重要指标，能够很好地反映劳动力及家庭的收入与其他状况。从指标情况看，榆林市每一劳动力负担人数的水平较为稳定，每一农村劳动力负担人数稳定在 1.7 人、1.8 人左右，而每一城镇就业者负担人数则在缓慢增加，从 1995 年的 2.2 人增长为目前的 2.6 人，上升了 18.19%，从家庭人口家庭结构看，人口因素带来的负担在加重。

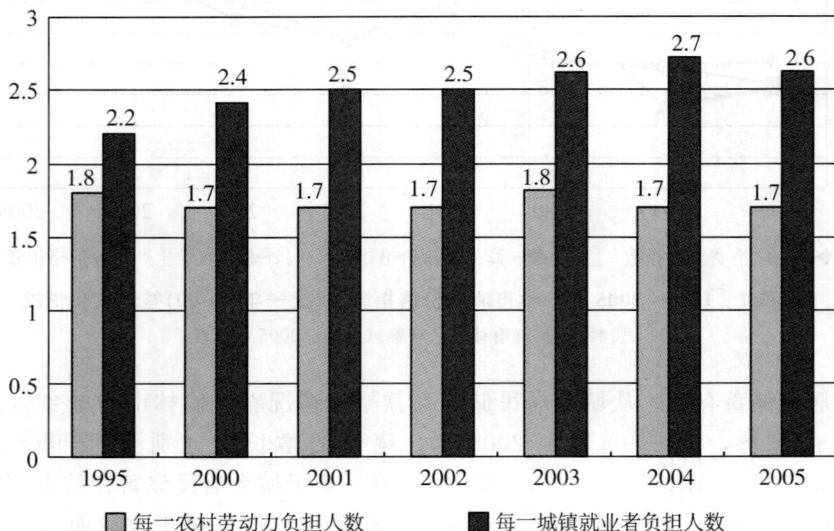

图 2-5-9　1995～2005 年榆林市农村和城镇就业者负担人数比较（单位：人）

资料来源：《榆林统计年鉴》(1995～2005 年)。

表 2-5-7　1995～2005 年榆林市每一劳动力负担人数情况

年份	1995	2000	2001	2002	2003	2004	2005
每一农村劳动力负担人数/人	1.8	1.7	1.7	1.7	1.8	1.7	1.7
每一城镇就业者负担人数/人	2.2	2.4	2.5	2.5	2.6	2.7	2.6

资料来源：《榆林统计年鉴》(1995～2005 年)。

六、人口与就业结构

(一)人口分布及结构

1. 基本状况与人口结构

总人口：截至 2006 年年底，榆林市总人口为 353.41 万。

人口性别比：男性 180.9 万，占 51.45%；女性 170.7 万，占 48.55%(2005 年数据，下同)。

人口城乡比：城镇人口 58.9 万，占 16.8%，农村人口 292.7 万，占 83.2%。

人口年龄结构：16 周岁以下 88.9 万，占 25.3%；16 周岁至 40 周岁 132.8 万，占 37.8%；41 周岁至 60 周岁 88.4 万，占 25.1%；60 周岁以上 41.5 万，占 11.8%。

人口受教育程度：初中及初中以下 307.6 万(含 6 周岁以下学龄前儿童 19.5 万)，占 87.5%；高中及中专 32.2 万，占 9.1%；大专以上 11.8 万，占 3.4%。

人口出生率：与"九五"相比，人口出生率从 12.08‰下降到 9.41‰；

人口自然增长率：生育水平稳步下降，由 7.31‰下降到 4.87‰，妇女生育率稳定在 1.7 左右，人口再生产类型已实现根本转变。

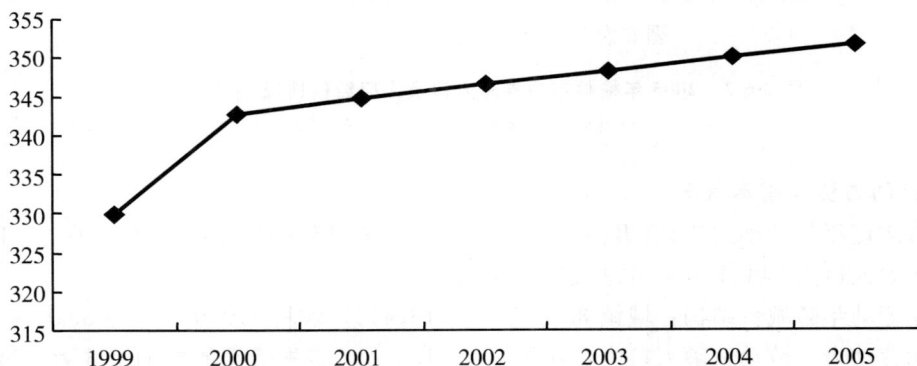

图 2-6-1　1999～2005 年榆林市总人口年际变化情况(单位：万人)

资料来源：《榆林统计年鉴》(1999～2005 年)。

人口南北分布结构：从统计数据来看，榆阳等北部区县人口合计为 199.13 万，占总人口的 58.85%，南部人口占总人口的比重为 41.15%；城镇人口北部占总数量的 70.72%，南部占 29.28%；农业人口相对均衡，北部占 56.42%，南部占农业人口的 43.58%。

表 2-6-1　2006 年榆林市人口基本情况　　　　（单位：万人）

区域	总人口	非农业人口	农业人口
合计	353.41	61.66	291.75
子洲	33.24	3.32	29.92
横山	33.92	3.73	30.19
清涧	22.51	2.64	19.87
佳县	27.74	3.26	24.48
定边	32.27	4.27	28.00
靖边	29.32	3.98	25.34
米脂	23.71	3.55	20.16
绥德	36.78	5.81	30.97
吴堡	8.57	1.48	7.09
府谷	22.78	4.50	18.28
神木	38.43	10.15	28.28
榆阳	44.64	15.45	29.19

资料来源：《领导袖珍统计手册》(榆林市统计局，2006 年)。

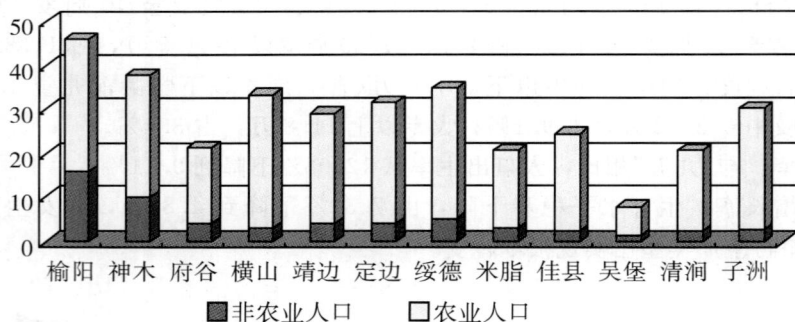

图 2-6-2　2005 年榆林市各县总人口及人口结构情况(单位：万人)

资料来源：《榆林统计年鉴》(2005 年)。

2. 劳动力资源基本状况

全市法定年龄劳动力资源(男性 16～60 周岁，女性 16～55 周岁)：至 2005 年年底，全市劳动适龄人口为 214.1 万，占总人口的 60.9%。

法定劳动年龄城乡结构：城镇 35.1 万，占 16.4%，农村 179.0 万，占 83.6%。

实际劳动力：劳动适龄人口中，在校学生 31.3 万，丧失劳动能力的 7.3 万，减去在校学生和失去劳动能力的人员，实际劳动力为 175.5 万。

实际劳动力城乡比：城镇劳动力 29.2 万，占 16.6%，农村劳动力 146.3 万，占 83.4%。

劳动力受教育程度：初中以下 141.3 万，占 80.5%；高中及中专 24.9 万，占 14.2%；大专以上 9.3 万，占 5.3%。

劳动力技能水平：初级以下技能(含初级职称)10.9 万，占 6.2%；中等技能(含中级职称)4.7 万，占 2.7%；高等技能(含高级职称)1.2 万，占 0.7%；没有技能等级的 158.7 万，占 90.4%。

3. 人口压力和潜在问题

从中长期社会发展看，受人口增长惯性和经济发展条件的综合影响，"十一五"到 2020 年期间，榆林市人口形势较为严峻。人口数量、素质、结构和分布等问题相互交织、相互影响，人口与经济、社会、资源、环境的矛盾尖锐，将对实现区域经济跨越式发展形成新的压力。

● 南北人均经济指标差异过大。榆阳等北部县（区）人口合计为 199.13 万，占总人口的 58.85％，然而资源禀赋的差异带来了人均经济指标的差异，北部县（区）的地区生产总值占全市的 93％，地方财政收入占县级地方财政收入的 96.3％；以人均份额来计算，北部人均地区生产总值是南部的 9.29 倍，北部人均地方财政收入是南部的 18.2 倍。动态地看，这种失衡仍在不断加速，县域经济发展的严重不平衡，已构成对榆林区域经济跨越式发展的严重障碍。

● 人口对资源环境和社会的压力增大。人均土地和基本农田占有量少，水资源匮乏，土地质量差，产出量低，难以承载 293 万人的生存。据预测，今后 20 年榆林市总人口每年还将净增 3 万以上，直到 2043 年达到峰值实现零增长，然后缓慢下降。在近 20 年内，全市将增加近 60 万人，人口增量将直接消减经济发展的增量，同时人口就业矛盾也比较突出。随着工业化和城镇化步伐的加快，大批农业劳动者离开农村进入城市，给城市住房、教育、交通、卫生等公共基础设施造成更大压力，人口与社会承载压力的矛盾将在未来 20 年内越来越凸显。

● 人口结构性矛盾比较突出。受人口年龄结构影响，2005 年至 2012 年，榆林市将进入新一轮人口出生高峰期，符合政策的生育对象每年将递增近 1 万人，年人口出生率和自然增长率将回升 3 个千分点，人口出生率将由 9.41‰上升到 14‰以上，人口自然增长率将从目前的 4.87‰上升到 8‰；同时，预计到 2010 年榆林市 65 岁以上老年人口将达到 7％，人口年龄结构将从"成年型"转向"老年型"；由于农村生产力水平低下、养老保障制度尚未完全建立，局部地方出生人口性别比失调程度多年居高不下，出生人口性别比特别是二胎以上出生性别比严重失调，潜存着人口安全和社会隐患。

● 人均高收入掩盖了贫困户的真正收入水平，消除贫困人口任务艰巨。2005 年年底，榆林市尚有 70.5 万多贫困人口，其中绝对贫困人口 24.5 万。这些贫困人口的居住、生存条件较为恶劣，人口素质较低。政策外生育比例较大，进一步加剧了贫困程度。由于农村医疗保障滞后，脱贫后因病、因灾返贫问题突出。

● 人口素质相对较低。据"五普"数据显示，榆林市 15 岁以上文盲、半文盲占 17.87％，全市每 10 万人中拥有大专及以上文化程度的只有 510 人（全国 1 421 人），比全国平均水平低 911 人，今后较长时间内，劳动力人口数量虽然很大，但素质较低，很难形成优质人力资源。此外，每年有返贫人口近 2 万。边远山区农村，特别是白于山区，因碘缺乏、高氟水等引发的地方病造成精神障碍、弱智、痴呆傻出生率居高不下。

（二）人口就业结构

1. 劳动力就业状况及变化

（1）就业总量

从榆林市职工数量及从业人员的数量变化来看，其经历了从 1999 年高峰到 2002 年低谷，后再上升的过程，1999 年到 2005 年单位就业人数的环比变化增长为 −3.28％、

−0.8％、−1.1％、2.0％、22.5％和0.97％。从就业率的年际变化来看，其与从业人员的绝对数量的变化不太一致，从1999年后就业相对增长情况整体处于下降的趋势，在经过2004年的最低谷后，已开始反弹。

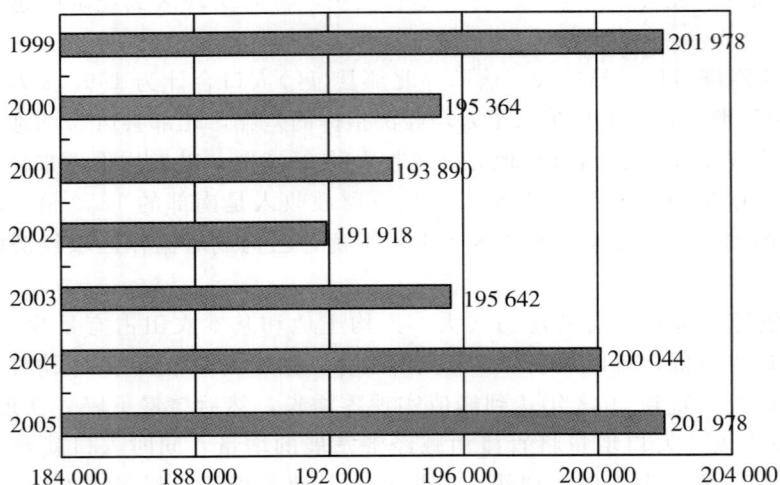

图 2-6-3　1999～2005 年榆林市年末单位从业人员情况及变化（单位：人）

资料来源：《榆林统计年鉴》(1999～2005年)。

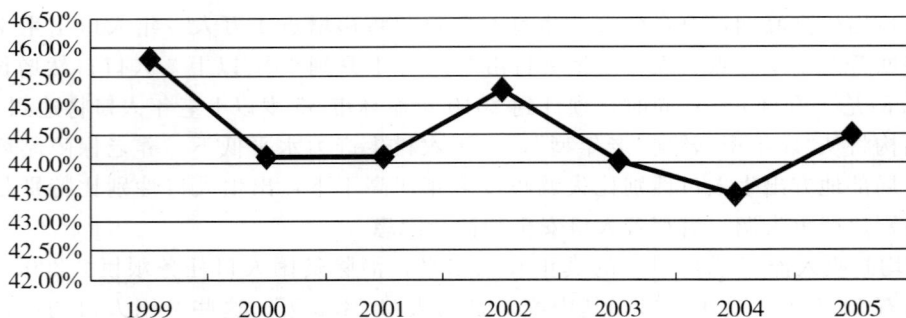

图 2-6-4　1999～2005 年榆林市就业率年际变化

资料来源：《榆林统计年鉴》(1999～2005年)。

几年来，除经济增长和工业化、城镇化对就业的带动外，其他带动就业的因素如下。

第一，五年间，新增就业岗位从 2000 年的 1.65 万个增加到 2005 年的 1.9 万个，累计增加就业岗位 9 万多个，为下岗失业人员、城镇新增劳动力和进城务工农民提供了较多的就业岗位，使就业局势保持了相对稳定的态势。

第二，下岗失业人员再就业率达到 63％，绝大部分下岗职工实现了再就业。2002 年以来，全市共发放《再就业优惠证》14 659 本，占国有企业下岗职工总数的一半。累计有 1.12 万名下岗失业人员享受了免费培训、免费职业介绍、税费减免，有 834 名下岗失业人员得到小额担保贷款的扶持，贷款金额达 639 万元。

第三，劳务输出规模不断扩大。全市劳务输出人数由 2000 年的 28 万增加达到 2005 年的 41.8 万。劳务收入由 2000 年的 10.3 亿元增加到 2005 年的 20.4 亿元，为有效增加农民收入、促进经济发展和社会稳定发挥了重要作用。

第四，全市及各县区都建起了劳动力市场。市县两级公共就业服务机构依托劳动力市场，积极开展了求职登记、政策咨询、职业指导、职业介绍、技能培训、举行招聘洽谈会、劳务派遣、档案托管和社会保障事务代理等多项就业服务工作，到 2005 年，劳动力市场和就业服务框架初步形成。

第五，积极实施就业准入制度，培训就业率达到 86.4%。近年来，随着多层次的职业技术教育和技能培训体系的推进和形成，技能培训得到加强，劳动者素质逐步提高。2000 年以来，累计颁发职业技能资格证书 7.9 万份。目前，全市职业中学有 14 所，在校学生 2.3 万人，中等专业学校 8 所，在校学生 1.2 万人，民办职业学校、培训中心 30 所，每年培养学员近万人。

（2）城镇登记失业率

虽然城镇登记失业率稳定控制在 4.5% 以内，但有略微上升的态势，2002 年到 2005 年的相对数逐步增加了 21.2%、12.5%、−11.2% 和 7.5%。

表 2-6-2　2001～2005 年榆林市城镇登记失业率情况

失业率	2001 年	2002 年	2003 年	2004 年	2005 年
城镇登记失业率/%	3.30	4.00	4.50	4.00	4.30

资料来源：《榆林统计年鉴》（2001～2005 年）。

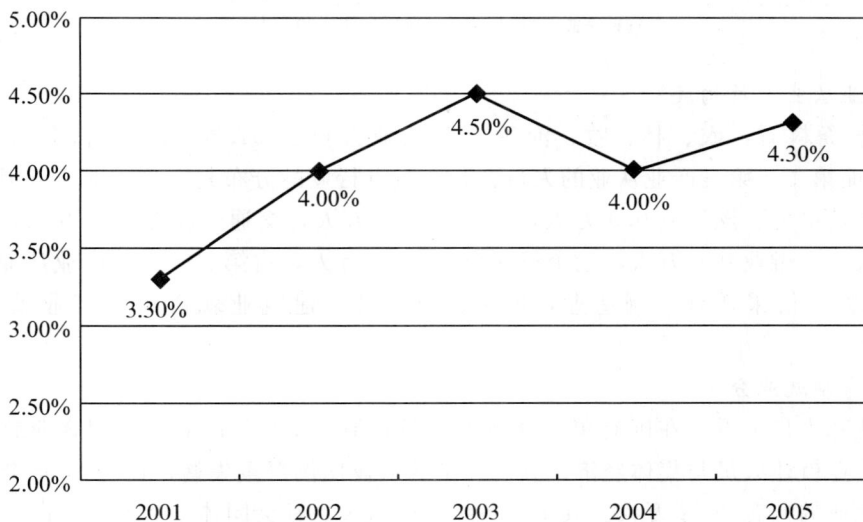

图 2-6-5　2001～2005 年榆林市失业率年际变化

资料来源：《榆林统计年鉴》（2001～2005 年）。

（3）三次产业从业人员比例

截至 2005 年年底，城乡劳动力就业总数为 163.2 万人。其中，第一产业就业人员 91.38 万人，占 55.99%，第二产业就业人员为 22.23 万人，占 13.62%，第三产业就业人员为 49.59 万人，占 30.39％。从近几年三次产业从业人员数量年际变化的情况来看，第一产业呈略微下降之势，第二次产业呈略微上升之势，第三产业基本持平。

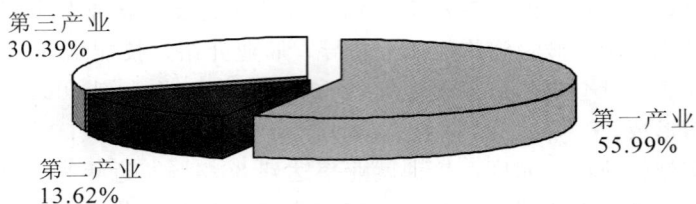

图 2-6-6　2005 年榆林市三次产业从业人员比重

资料来源：《榆林统计年鉴》（2005 年）。

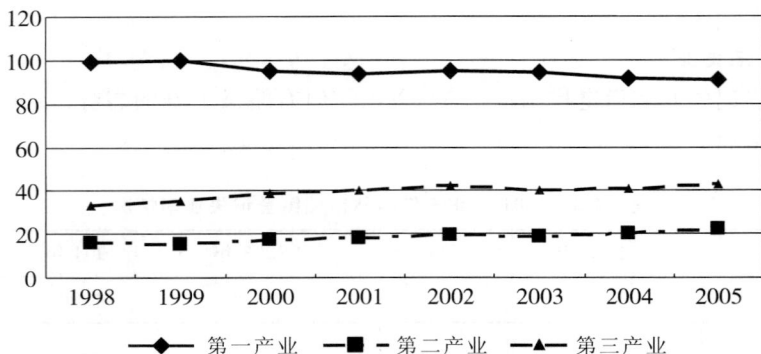

图 2-6-7　1998～2005 年榆林市三次产业从业人员数量变化（单位：万人）

资料来源：《榆林统计年鉴》（1998～2005 年）。

（4）行业从业人员构成

从数据资料看，农、林、牧、渔等农业从业人员为 91.38 万人，占总就业数量的 55.99％，而第二、第三产业从业的人员在几个重点行业的分布是：采矿业 1.6 万人，制造业 2.5 万人，电力、燃气业 0.9 万人，建筑业 0.8 万人，交通运输业 0.9 万人，批发零售业 5.0 万人，金融业 0.6 万人，七个行业合计 12.3 万人，占第二、第三产业从业的人员总数的 18.84％；仅采矿业，制造业，电力、燃气业，建筑业就占第二产业就业总人数的 30.32％。

（5）所有制就业分布

从就业总人口来看，在国有单位就业的人员占到 12.91％；从所有制企业就业状况来看，国有企业就业人员与集体经济、其他经济的从业比例严重失衡；截至 2005 年年底，在国有单位就业的共有 20.2 万人。其中，各级党政机关、社会团体 5.2 万人，占 25.7％；教育单位 4.7 万人，占 23.3％；其他国有单位就业 10.3 万人，占 51.0％。由于民营经济与外资企业发展滞后，因此不能很好地对就业起到带动作用。

（6）各县区劳动就业情况

从各县区劳动就业情况来看，就业所占比重较高的县区依次为：榆阳区 13.59％，神木县 11.22％，横山县 10.37％，定边县 10.26％，子洲县 9.55％，前五位中北部县（区）占了四席。从农村劳动力数量来看，依次为：榆阳区 11.31％，神木县 11.09％，横山县

10.92%，定边县 10.57%，子洲县 10.54%，与劳动就业位次一致。从各区县职工人数数量来看，依次为：榆阳区 23.51%，神木县 11.93%，靖边县 10.35%，定边县 8.71%，横山县 7.67%。

表 2-6-3　2005 年榆林市各县区劳动就业情况及所占比重

区域	全社会劳动者 人数/(万人)	各区县占总劳动者 人数的比重/%	农村劳动力 /(万人)	各区县农村 劳动力比重/%	全部职工人数 /(万人)	各区县职工 人数比重/%
合计	163.20	100.00	136.29	100.00	20.20	100.00
榆阳	22.18	13.59	15.41	11.31	4.75	23.51
神木	18.31	11.22	15.12	11.09	2.41	11.93
府谷	10.56	6.47	8.54	6.27	1.36	6.73
横山	16.92	10.37	14.88	10.92	1.55	7.67
靖边	15.95	9.77	13.22	9.70	2.09	10.35
定边	16.75	10.26	14.41	10.57	1.76	8.71
绥德	14.82	9.08	12.75	9.36	1.56	7.72
米脂	9.39	5.75	8.05	5.91	1.01	5.00
佳县	10.19	6.24	8.91	6.54	1.03	5.10
吴堡	3.21	1.97	2.51	1.84	0.57	2.82
清涧	9.34	5.72	8.13	5.97	0.97	4.80
子洲	15.58	9.55	14.36	10.54	1.14	5.64

资料来源：《榆林统计年鉴》(2005 年)。

从南北劳动就业数量对比看，北部占 61.68%，南部占 38.32%。从农村劳动力数量来看，北部占 59.59%，南部占 40.41%。从各区县职工人数数量来看，北部占 68.9%，南部占 31.1%。与就业相关的各项指标，北部都占绝对优势。

从各县区农村劳动力与职工数量之比来看，农村劳动力占绝对优势，相比之下，榆阳区和神木县的职工比例稍高。从城镇登记失业率情况来看，除榆阳区为 3.5% 以外，其余各县基本都在 4% 以上。

表 2-6-4　2005 年榆林市各县区城镇登记失业率情况

县(区)	榆阳	神木	府谷	横山	靖边	定边
百分比/%	3.50	4.00	4.00	4.00	4.10	4.00
县(区)	绥德	米脂	佳县	吴堡	清涧	子洲
百分比/%	4.20	4.20	4.20	4.30	4.00	4.10

资料来源：《榆林统计年鉴》(2005 年)。

2."十一五"期间劳动力供给和就业岗位态势

(1)劳动力供给情况

"十一五"期间，全市进入劳动适龄的人口 41.6 万，适龄人口中继续上学的大约 31.4

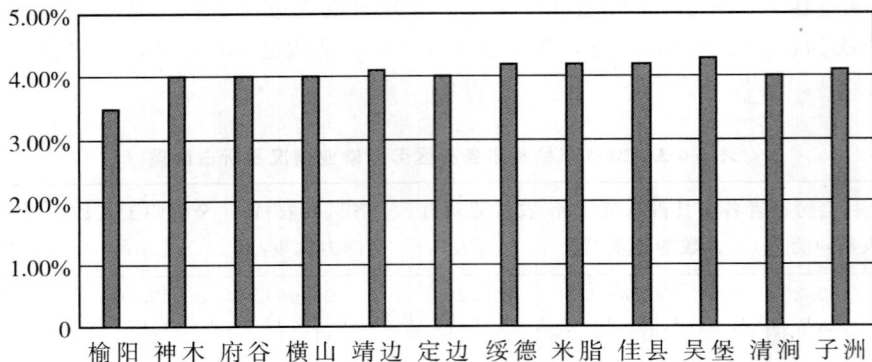

图 2-6-8 2005 年榆林市各县区城镇登记失业率情况

资料来源：《榆林统计年鉴》(2005 年)。

万，不再上学需就业的约 10.2 万，高中毕业不再升学和各类大中专学校毕业生(其中大学毕业生回榆求职的按 50％计算)20.4 万，目前处于失业状态的 1.4 万，"十一五"期间企业裁员形成的失业人员大约 8 万，预计"十一五"期间共计新增劳动力供给总量约为 40 万，平均每年增加 8 万。退出劳动年龄的约 19 万，年均 3.8 万，年净增劳动力 4.2 万。

(2)就业岗位增加情况

第一，根据市、县(区)两级"十一五"规划，全市五年内计划新增规模以上工业企业 180户，据测算，平均每户企业可新增就业岗位 140 个，共可新增就业岗位 2.52 万个。

第二，"十一五"期间新增规模以下工业企业 460 户，据测算，平均每户企业可新增就业岗位 30 个，共可新增就业岗位 1.38 万个。

第三，"十一五"期间净增其他各类企业(建筑业、交通运输、仓储和邮政业、批发和零售业、住宿和餐饮业、房地产业、租赁和商务服务业、社区服务和其他服务业、文化体育和娱乐业等)3 500 户，平均每户企业可新增就业岗位 5 个，共可新增就业岗位 1.75 万个。

第四，"十一五"期间净增个体工商 1.8 万户，平均每户可新增就业岗位 1.8 个，共可新增就业岗位 3.2 万个。

第五，扩大劳务输出规模。"十一五"期间，全市固定资产预计投入 2 313 亿元，据测算，可为灵活就业人员和非正规就业人员提供 10 万个就业岗位。

第六，党政事业单位补充退休减员可新增岗位约 3 万个。

以上六项共计新增就业岗位 18.85 万个，年均 3.77 万个。

3. 就业问题综合分析

"十一五"期间榆林市新增劳动力供给总量为 40 万人，新增劳动就业岗位 18.85 万个，年均 3.77 万个，年劳动就业岗位供需缺口为 0.43 万个。加上外省市每年来榆林务工人员约 2.8 万人，预计每年劳动就业岗位缺口为 3.23 万人。

"十一五"期间是榆林市经济、社会跨越式发展的重要时期，随着经济、社会的快速发展，就业岗位和就业机会也会大幅增加，就业形势相对比较好。但是由于南北经济发展差距大，劳动力整体素质偏低，整体就业形势还面临一些困难，对就业管理机构和政府投入资金提出了更高的要求。

（1）劳动力供大于求的矛盾将长期存在

从劳动力供给看，"十一五"期间劳动适龄人口正处于增长阶段，劳动适龄人口高峰期的到来加剧了劳动力的供需矛盾。从劳动力的需求增长看，随着科学技术的快速发展，就业弹性降低，就业岗位的增长速度逐步低于经济本身的增长速度。同时加上扩大小城镇建设规模、退耕还林等，农业生产对劳动力的需求逐步减少，农村剩余劳动力不断增加，而且外省市输入的劳动力也呈逐年上升的趋势。因此，未来几年，劳动力总量供大于求的矛盾依然存在。

（2）就业结构性矛盾突出

工业结构中，原来传统工业所占比例逐步下降，新上的能源化工项目大多科技含量高、机械化程度高、吸纳劳动力空间小、劳动密集型企业所占比例很小。同时在企业结构中，随着市场竞争机制作用的发挥和企业改制工作的推进，"十一五"期间，榆林市绝大多数国有、集体企业将会逐步退出市场。中小企业特别是第三产业发展滞后，普通劳动者选择就业的机会减少，就业的结构性矛盾可能进一步加剧。

（3）区域性就业矛盾比较突出

南北经济发展失衡，差距逐步拉大，使区域性就业矛盾日益凸显。榆阳、神木、府谷、靖边、定边、横山等县（区）基本可以就地解决城乡劳动力就业的问题，农村剩余劳动力转移的余地较大，而南部困难县80%以上的城乡劳动力需通过异地转移就业。

（4）劳动力素质偏低

非农产业就业对劳动者素质要求越来越高，体力型劳动者就业空间越来越小，劳动力素质和就业岗位需求之间的错位，会导致"就业难"和"招工难"同时并存，从而极大地影响劳动力就业和企业的发展。

（5）弱势群体就业困难

由于劳动力供给矛盾和结构性矛盾突出，劳动就业竞争越来越激烈。原国有企业长期从事单一工种、年龄偏大的下岗失业人员，特别是下岗女工、夫妻双下岗和零就业家庭成员、残疾人等形成了就业困难群体。这部分人员只能从事一般的劳动，与当前劳动力市场的要求不相适应，离开政府的援助很难实现再就业。

（6）农村剩余劳动力转移不稳定

据调查测算，剩余劳动力输出人员中，稳定输出的仅占20%左右，80%以上的人员处于不稳定状态，只能从事简单的、季节性劳务工作。劳动力输出受外部各种因素的影响，缺乏长期性、持久性，加之农村剩余劳动力文化偏低，缺乏劳动技能，给城乡就业造成巨大压力。

第三章 榆林市区域经济发展的基础分析

一、区域产业科技支撑情况

科技对于产业成长起着重要的支撑作用。科技进步能带来生产能力的扩张，加快产业化进程，推动产业集聚，并引起产业结构的优化。科技对区域产业发展支撑作用的发挥，与科技事业自身的发展水平和机制体制等都有密切关系。作为资源型地区，榆林市在经济发展中确立的产业成长能力提升、产业结构调整、实现可持续发展等目标，都与科技进步密切相关。

（一）科技发展基础

1. 科技管理机构和科技人员情况

榆林市政府对科技工作给予了充分重视，全市 12 个县（区）都设有科技局。科技事业的管理具有两个特点：一是机构健全；二是研究开发方向偏重于农业。市科技局的六个科室中，属行政性质的有三个，研究机构两个，还有一个是地震办公室。市属的七个研究开发机构中，有四个属于农业生产领域。县属研究开发机构五个，其中有三个属于农业生产领域。各县区的科技局都有农业技术推广机构或专职人员。在科技推广上，政府起着引领和带头作用。2008 年全市地方财政用于科技的支出达 1.4 亿元，同比增长 27%。"61211"科技创新工程有力推进，组织实施重大科技专项 4 个、科技产业化项目 8 个，其中"山地红枣微灌技术研究与工程示范"重大科技专项达到国际先进水平。

2006 年，全市中专以上学历的有 101 812 人，其中管理人员有 41 856 人，占总数的41.11%，专业技术人员有 59 956 人，占总数的 58.89%。

以市属科研机构为例，在职职工 364 人，其中 237 个专业技术人员中，具有高级职称的人数占总数的 9.7%；在全市 97 个技术推广和服务机构中，从事科技活动的人员为 2 553

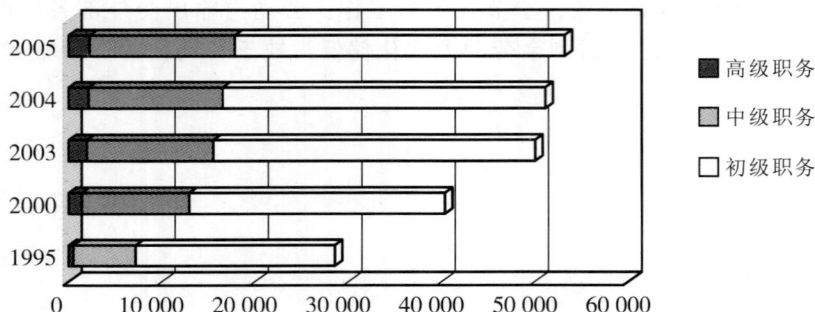

图 3-1-1 1995～2005 年榆林市各类专业技术人员按职称划分情况（单位：人）

资料来源：《榆林统计年鉴》(1995～2005 年)。

人，其中大学专科及以上学历者为 1 219 人，占科技人员总数的 47.74%。截至 2006 年，中级和初级职称人数没有变化，高级职称人数比 2005 年减少了两人。

从科技人员的分布来看，在专业领域、职能划分和所在部门都呈现出不均衡的特点：技术人员多，研究人员少；农业方面科技人员较多，工业科技人员相对较少；工业内部明显地呈现出重化工业技术人员比重高、轻工业技术人员比重过低的现象，如表 3-1-1 所示。

表 3-1-1 1995～2005 年榆林市各类专业技术人员分布概况 （单位：人）

年份	1995	2000	2001	2002	2003	2004	2005
总数	31 243	42 555	46 698	49 153	55 310	59 916	60 914
工程技术人员	2 968	4 276	4 600	3 913	5 461	3 965	4 753
农业技术人员	1 710	2 349	2 500	2 814	3 093	3 019	2 961
科学研究人员	68	21	20	20	34	102	124
科技教学人员	17 195	4 289	27 324	30 938	32 709	37 971	39 625
高级职务	505	1 410	1 515	1 731	1 965	2167	2 289
中级职务	6 674	11 510	12 032	12 402	13 524	14 356	15 530
初级职务	21 330	27 378	30 329	31 280	34 494	34 559	35 319
事业单位人员	27 587	38 930	42 967	49 153	51 411	57 979	59 916
企业单位人员	3 656	3 625	3 731	4 089	3 899	1 973	958

资料来源：《榆林统计年鉴》(1995～2005 年)。

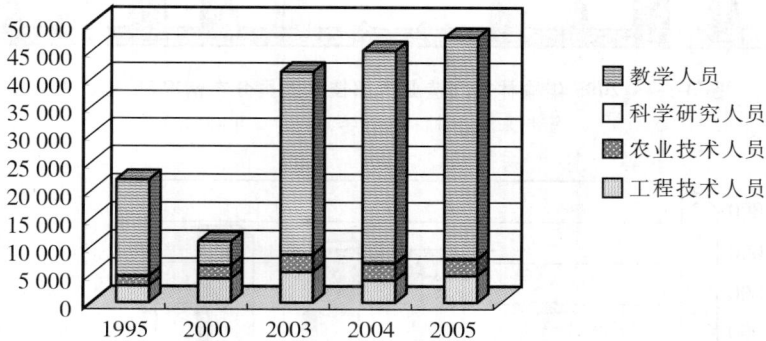

图 3-1-2 1995～2005 年榆林市不同领域技术人员的分布（单位：人）

资料来源：《榆林统计年鉴》(1995～2005 年)。

从表 3-1-1 和图 3-1-2 可以看出，全市科技人员所占比例低，而教学人员多；图 3-1-3 中所显示的是科技人员按国民经济行业的分类情况，与农林牧副渔和建筑业相比，制造业和采矿业的科技人员人数明显过少（图 3-1-4）。图 3-1-5 中显示，在企业中就业的科技人员比在事业单位中就业的要少很多。

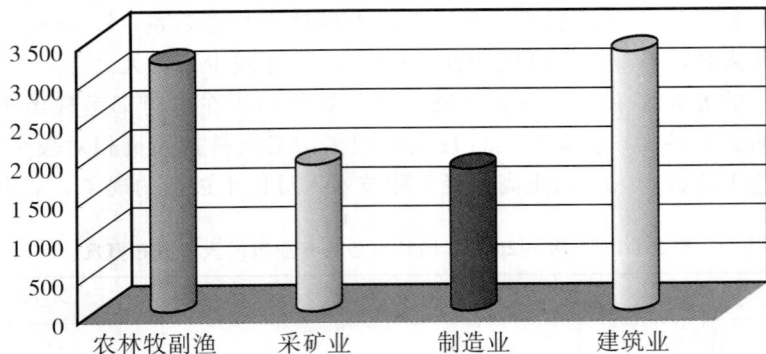

图 3-1-3　2005 年榆林市科技人员按国民经济行业分类(单位：人)

资料来源：《榆林统计年鉴》(2005 年)。

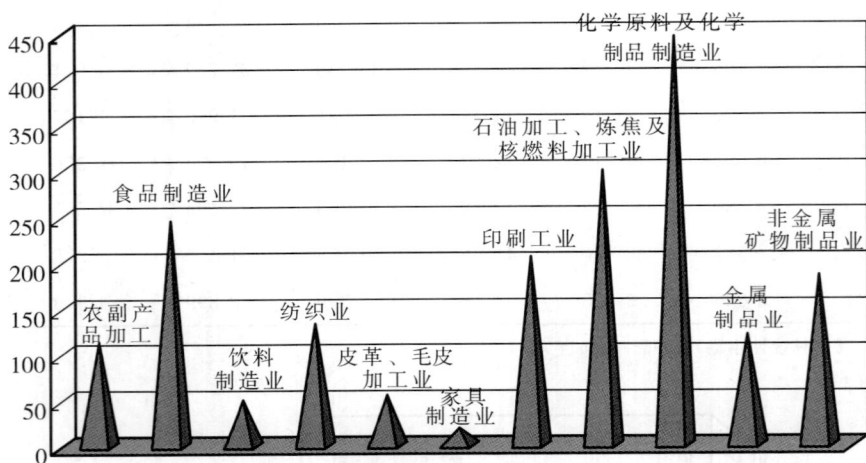

图 3-1-4　2005 年榆林市制造业内部技术人员分布情况(单位：人)

资料来源：《榆林统计年鉴》(2005 年)。

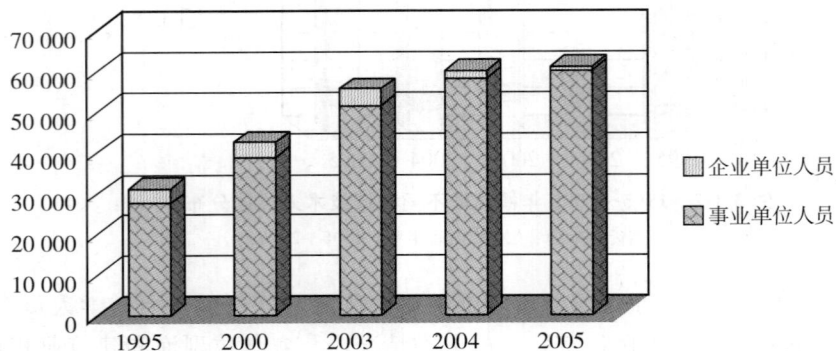

图 3-1-5　1995～2005 年榆林市技术人员在企业和事业单位的分布(单位：人)

资料来源：《榆林统计年鉴》(1995～2005 年)。

2. 科技经费投入

从总量上看，全市科技经费以政府支出为主，其中，政府科技事业发展费用的增长幅度较大。从表 3-1-2 来看，科学支出和教育支出也有明显上升，个别县（区）的支出增长很快，如靖边县在 2004 年和 2005 年科技三项费占财政支出的比例超过了 1%。

表 3-1-2　2000～2005 年榆林市地方预算内财政中支持科技事业发展的支出　（单位：万元）

年份	2000	2001	2002	2003	2004	2005
科技三项费	92	95	178	759	552	1 120
科学支出	482	672	787	815	1 242	2 189
教育支出	31 683	46 828	58 302	70 267	78 461	105 006

资料来源：《榆林统计年鉴》（2000～2005 年）。

除了科技三项费之外，用于科学研究的固定资产本年完成投资额也有大幅增加，尤其是 2004 年以后更加明显，这些投入的增长都为科学事业的发展提供了相应的支撑。

表 3-1-3　2000～2005 年榆林市用于科学研究的固定资产本年完成投资　（单位：万元）

年份	2000	2001	2002	2003	2004	2005
投入资金	112	270	396	62	1 296	2 899

资料来源：《榆林统计年鉴》（2000～2005 年）。

虽然在绝对量上增长趋势明显，但从相对量上讲，科技经费支出占地方财政支出的比例较低，最高水平在 2006 年达到 0.6%，而 2005 年这一指标的国内平均水平为 2.08%。

表 3-1-4　2001～2006 年榆林市近年科技三项费投入情况

年份	全市科技三项费 /（万元）	市本级科技三项费 /（万元）	全市科技三项费占全市财政总支出的比例/%	市本级科技三项费占市本级财政支出的比例/%
2001	95	30	0.05	0.08
2005	1 728	280	0.38	0.28
2006	2 936	1 236	0.44	0.60

资料来源：榆林科技局总结材料、《榆林统计年鉴》（2001～2006 年）。

3. 科技服务体系建设

从总体上看，全市科技服务体系的建设起步较晚，体系尚不健全。以从业人员的收入水平为衡量标准，科技服务业近年发展较快，如图 3-1-6 所示，在岗职工平均工资呈明显上升趋势，尤其是 2005 年比 2004 年增长了将近 70%，但从业人数却没有明显增长。这说明科技服务还没有进入规模扩张的阶段，还有很大潜力。

从各产业领域来看，农业科技服务的发展相对较快。市、县、乡三级农、林、水、牧、农机等技术推广服务组织已经发展到 800 多个，以农民技术员、科技示范户、专业户为主体的各种专业技术协会已经发展到 200 多个，基本上形成了以市、县（区）为龙头，乡镇为纽带，村级为基础，农民自我服务为补充的四级农业科技服务网络。

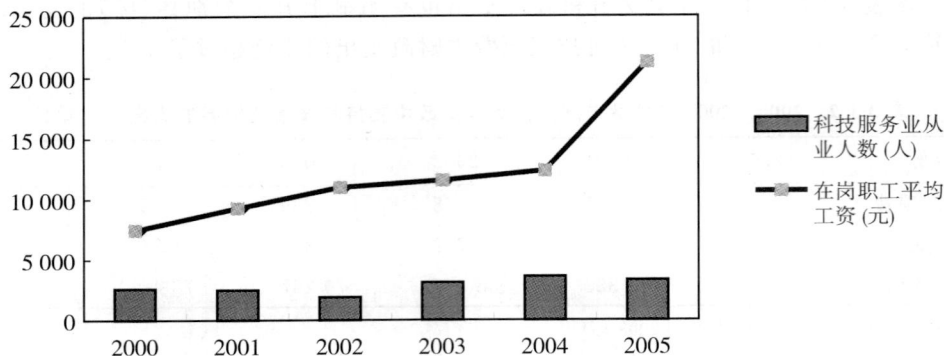

图 3-1-6   2000~2005 年榆林市科技服务业成长状况

资料来源：《榆林统计年鉴》(2000~2005 年)。

表 3-1-5   2000~2005 年榆林市科技服务体系成长状况

年　　份	2000	2001	2002	2003	2004	2005
科研服务业从业人数/人	2 600	2 500	1 900	3 100	3 600	3 300
在岗职工平均工资/元	7 464	9 284	10 981	11 545	12 346	21 225

资料来源：《榆林统计年鉴》(2000~2005 年)。

(二)产业发展的科技支撑

1. 第一产业与科技支撑

近年来，榆林市加大了科技项目的建设力度，提高了科技成果的示范和转化程度，全市农业围绕"草、羊、枣、薯"四大主导产业开发，各类加工、营销企业逐步发展，科技进步对农业经济增长的贡献率达到了 38%。

(1)科技促进农业生产质量的提高

"十五"期间，全市有省、市农业科技成果 28 项，引入优良品种 42 个，良种推广面积年均达到 400 万亩，65%的农作物实现了良种化。良种推广使农业生产的质量有了明显提高。2001 年以来，在农业生产遭遇了多次干旱灾害、自然条件恶劣的不利条件下，农业增加值依然保持了稳步增长。从 2001 年到 2006 年，农业增加值保持着连年增长的势头，年增长量最低达到 1.23 亿元，最高达到 7.86 亿元。

科技在生态建设方面也发挥了重要作用，全市在退耕还林中广泛应用实用技术，如生态经济防护林采取了"换土、深栽、浇水、覆膜、套垄、生物防虫"六位一体的抗旱造林技术，使一次性造林成活率达到 90%以上。

(2)科技示范项目促进农业优势产业

随着主导产业发展和特色农产品(绿豆、荞麦、谷子、蔬菜)生产基地的建设，从南到北基本形成了"一带四区"的优势产业区。

"一带"为：指在 210 国道沿线形成的农副产品加工带。

"四区"为：

● 以榆阳区和神木、横山等县为主形成的北部风沙滩区草畜和制种产业区。

● 以佳县、吴堡、清涧为主的东部黄河沿岸红枣产业区。

● 以米脂、横山、子洲为主的南部丘陵沟壑小杂粮产业区。

● 以靖边、定边为主的西部白于山优质马铃薯产业区。

区域经济发展壮大，成为拉动农业经济的增长点。表3-1-6显示了近年来实施的农业科技示范项目。表3-1-7中的数据显示了2000年以来羊、红枣和马铃薯等优势产业在科技支撑下的发展情况。

表3-1-6　2000年以来榆林市实施的农业科技示范项目

项目	起始年份	涉及县（区）	2010年目标
马铃薯科技产业化项目	2000	靖边、定边、佳县、子洲、清涧	播种面积 200×10^4 亩，产量 300×10^4 t
红枣科技产业化项目	2000	佳县，清涧，吴堡，府谷	播种面积 200 万亩，加工、外销率达 90%以上
羊和草业科技产业化	2000	横山、榆阳、子洲	畜牧业产值达到农业总产值的 50%

资料来源：根据榆林市农业局、榆林市科技局工作总结（2000～2005年）整理。

表3-1-7　2000～2005年榆林市优势产业发展情况　　　　（单位：t）

年份	畜牧业	种植业			
	羊	红枣	马铃薯	杂豆	粮食
2000	20 497	41 128	5 844	1 005	708 964
2001	21 272	19 372	4 849	2 396	550 184
2002	23 603	48 841	5 055	6 728	1 043 392
2003	27 250	16 901	9 227	8 356	1 005 331
2004	29 044	56 506	10 813	5 914	1 317 141
2005	32 912	88 668	11 848	3 448	1 062 324

资料来源：《榆林统计年鉴》（2000～2005年）。

（3）农业科技发展的制约因素较多

在榆林市农业经济发展中，农业科技的发展还有一些亟待解决的困难。

第一，县区农业科技投入不足的问题突出，尤其是财政比较困难的南六县，地方财政每年的科技三项费最多的不过几万元，甚至没有，缺乏资金支持使这些县区的科技事业举步维艰。

第二，科技网络体系不健全影响了科技作用的发挥。农业科技推广的村级服务体系不完善，组织的有效服务发挥不够，产前不能做到及时提供信息、指导农民制订生产计划、保证生产物资的按时供应，产中技术指导不到位，产后不能保证农民与市场对接。县、乡一级的农技站是广大农民了解和应用农业科学技术的重要依托，从人员素质和经费投入上看，很多农技站专业队伍实力弱，不适应新时期农业生产发展的要求；此外，农业科技网络不健全也制约了农业技术的推广，乡、村还没有网站，多数县、乡严重缺乏农业科技专业人员，宣传工作也没有得到充分重视；农业科技协会数量虽然不少，但质量不高，很多组织还没有发挥作用。

第三，受当地农民本身文化水平和思想意识的限制，农业科技成果推广遇到了一定的困难。农业科技的推广是一项长期而艰巨的工程，不仅要从资金和技术上给予农民长期可靠的支持，还要使农民在思想上真正接受。榆林市农村剩余劳动力中绝大多数只有初中以下文化水平，文化层次和专业技术的整体欠缺成为影响农民接受新技术的不利因素，农民应用新知识、新技术能力差，对新品种的信息掌握程度低，许多重要农业科技成果不能很好地在生产中转化利用，给技术成果的转化、扩散、辐射和推广带来很大障碍。由于科技工作的不到位，加之农村环境信息闭塞，生产的盲目性很大，部分县区的农民还存在对科技的抵触情绪，很容易造成误导或盲从，造成生产上的损失。

2. 第二产业与科技支撑

(1)科技进步使工业生产效率提高

在工业生产中，科技的作用主要体现在促进生产能力的提高上。榆林市工业以重工业为主，其中能源化工业又占绝对优势，在科技的推动下，大型能源企业生产能力提高显著。中国神华集团公司和中国石油天然气总公司先后投入近300亿元进行煤炭、石油、天然气的开发建设，建成了一批具有世界领先水平的特大型现代化矿井。

自2004年以来，煤炭产量以每年 $1\,000 \times 10^4$ t 以上的速度递增，石油、天然气开发建设呈现崭新局面，已形成 300×10^4 t 的原油生产能力和超过 100×10^4 t 的原油加工能力，建成了亚洲最大的天然气净化厂和以靖边为中心的多条输气管线，年输出天然气 33×10^8 m^3。

与此同时，民营企业的科技工作也有所加强。一些企业研制开发了一批新技术、新工艺、新产品，创新效益明显，科技进步对工业增长的贡献率达到30%，有力地推动了工业经济快速发展。由于劳动生产率是产业科技水平的重要衡量标准，我们选取重要年份工业和建筑业全员劳动生产率变化的情况进行对比。从图3-1-7、表3-1-8中可以看出，科技对工业的促进作用更显著。1995～2005年，工业生产的效率逐渐高于建筑业，差距呈扩大之势。

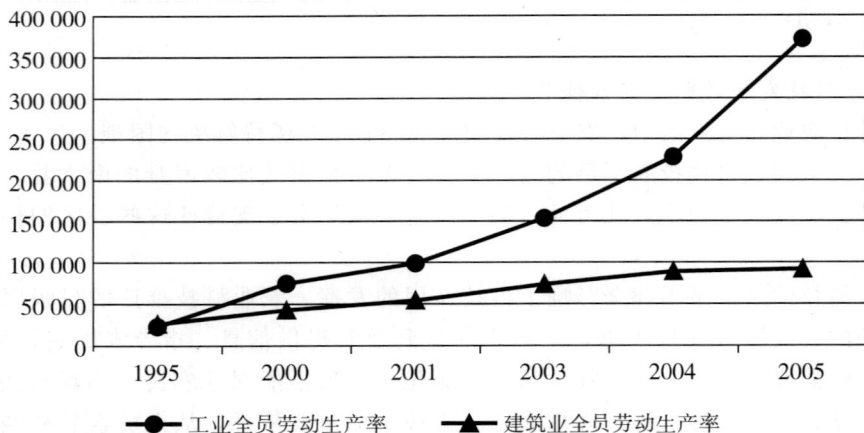

图3-1-7　1995～2005年榆林市工业和建筑业劳动生产率变化情况(单位：元/人)

资料来源：《榆林统计年鉴》(1995～2005年)。

表 3-1-8　　1995～2005 年榆林市第二产业劳动生产率变化情况　　（单位：元/人）

年份	工业全员劳动生产率	建筑业全员劳动生产率
1995	22 949	26 058
2000	74 637	42 794
2001	98 706	54 242
2003	153 352	73 538
2004	228 378	88 833
2005	371 735	91 781

资料来源：《榆林统计年鉴》（2000～2005 年）。

（2）不同类型企业的科技水平有明显差异

由于企业规模、科技水平和管理体制的差异，科技对不同类型工业企业的贡献存在差异。在研究科技对企业作用时，对企业有两种分类方法。

按照国民经济行业分，全市企业总体上可以被分为两大类。

一是新兴的能源化工业，生产规模、装备水平和技术力量相对较强，专业技术人员占职工总人数的 40％以上，由于注重企业的技术改造，具有较完善的企业科技创新平台，创新效应明显，如榆林炼油厂、榆林天然气化工有限责任公司、陕西国华锦界能源有限责任公司、陕西得源府谷能源有限公司等。虽然少数大企业科技实力雄厚，但是榆林市能源化工基地仍然存在科技支撑能力弱的问题，很多企业煤炭开发技术水平低，安全形势严峻，石油回采率较低，浪费严重。能源化工技术落后，一些关键技术不能掌握，如天然气开发技术滞后，急需盐气共采技术等。

二是轻工、建材、冶金和农产品加工等传统工业企业。这些生产规模、装备水平和科技力量强弱不等。其中一些企业对技术较为重视，专业技术人员一般占职工总人数的 10％～20％，如清涧县 4 户规模以上的红枣加工企业，专业技术人员占职工总人数的 15％，新产品产值率约为 26％，企业用于科技创新的投入一般占当年利润的 3％～5％。

按照隶属关系，全市的工业企业可以被分成中省企业和地方企业。

根据 2005 年统计数据，榆林市有中省企业 21 家，地方企业 343 家。在生产效率上，这两种类型的企业有很大的差距。由于资源富集，一批中央和省级大型能源企业在榆林市落户，这些中省企业具有很大的生产规模和较强的科技实力，如中央企业（神华集团）在煤制油方面已经能够自主研发核心技术。

中国神华集团的骨干煤炭生产企业神东煤炭分公司（即神东公司），总资产 255 亿元，员工 8 161 人，拥有特大型现代化高产高效煤矿 9 个（10 个矿井），以及洗选加工、外运装车、设备维修等配套设施，成为国内首个亿吨级现代化大型煤炭生产基地。2006 年，商品煤总产量 10 608×10⁴ t（原煤 1.15×10⁸ t），占全国煤炭总产量的 5％。

中国神华集团神东公司在发展中，以一流的生产技术指标，刷新了业内多项世界纪录。表 3-1-9 所列的是神东公司的主要生产技术指标。可以看出，无论是与国内还是发达国家的煤炭企业相比，神东公司的生产技术水平都处于领先地位。

表 3-1-9　中国神华集团神东公司生产技术指标

指标	神东公司纪录	与国内外对比
全员工效	公司平均 124 t/工， 其中哈拉沟矿为 197.86 t/工	国有重点煤矿 4.26 t/工 美国平均 41.73 t/工 澳大利亚最高纪录 89.70 t/工
矿井年产量	$2\ 112 \times 10^4$ t	美国 $1\ 200 \times 10^4$ t
综采队年产量	$1\ 145 \times 10^4$ t	美国 648×10^4 t
连采队年产量	224×10^4 t	美国 129×10^4 t
综采工作面回撤安装	平均 7 d，最快 5 d	国内一般 30 d
掘进月进尺	4 656 m	国内最高 $300 \sim 400$ m 国外平均 $1\ 200 \sim 1\ 500$ m
建井速度	$1\ 500 \times 10^4$ t 的榆家梁矿为 9 个月 18 天	国内 $300 \times 10^4 \sim 500 \times 10^4$ t 规模需要 $5 \sim 8$ 年

资料来源：中国神华集团神东煤炭分公司基本情况汇报材料。

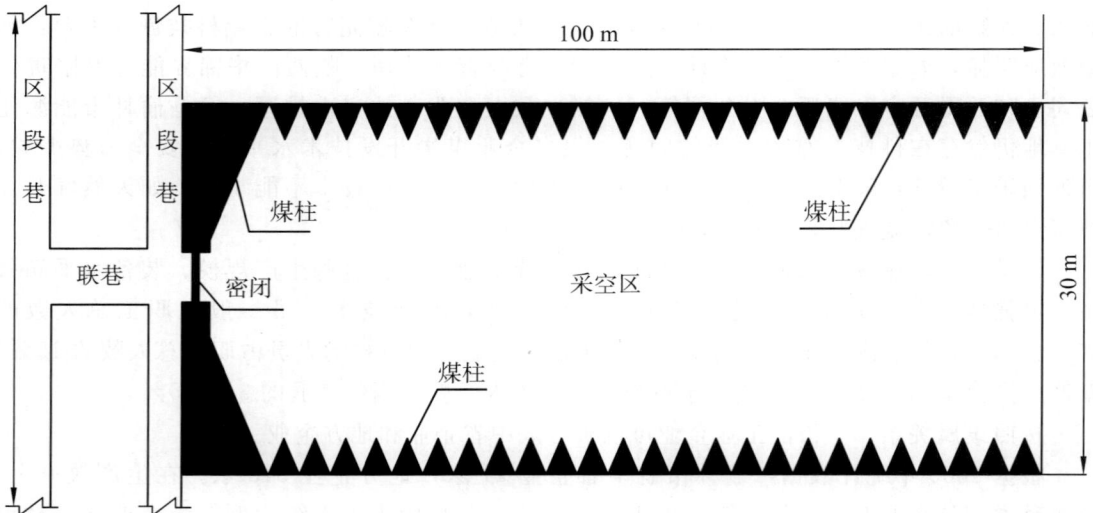

图 3-1-8　中国神华集团神东煤炭分公司大柳塔煤矿机械化采煤工作面示意图
资料来源：中国神华集团神东煤炭分公司基本情况汇报材料。

地方企业不仅劳动生产率较低，而且有些企业连年亏损，低水平生产造成经营状况不佳，由此带来的资金不足阻碍了技术改造，很多企业陷入了"技术缺乏"和"赢利困难"的不良循环之中。2005 年，中省企业有 3 家亏损，亏损额为 1 430 万元，地方企业中亏损的有 85 家，亏损总额达到 20 693 万元。图 3-1-10 和图 3-1-11 是中省企业和地方企业劳动生产率和赢利状况的直观反映。

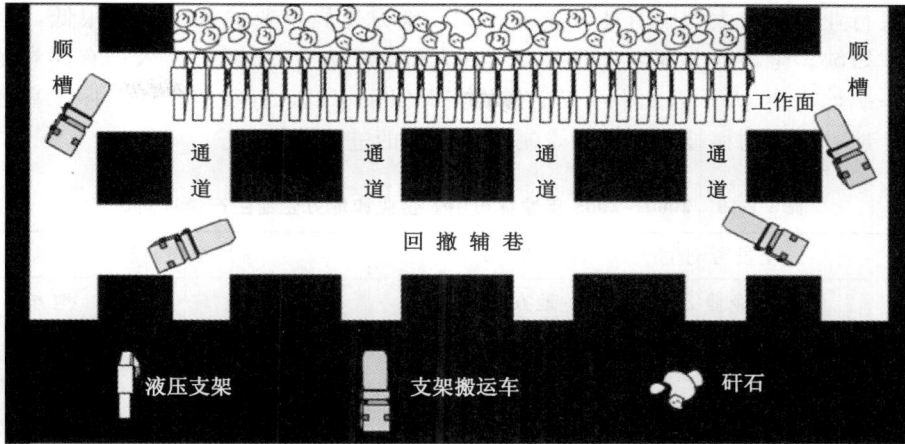

图 3-1-9　中国神华集团神东煤炭分公司大柳塔煤矿辅巷多通道搬家工艺示意图

资料来源：中国神华集团神东煤炭分公司基本情况汇报材料。

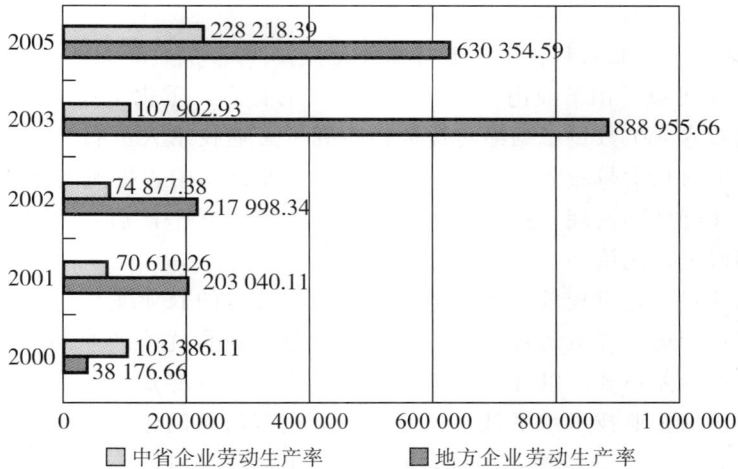

图 3-1-10　2000～2005 年榆林市中省企业和地方企业全员劳动生产率对比（单位：元/人）

资料来源：《榆林统计年鉴》（2000～2005 年）。

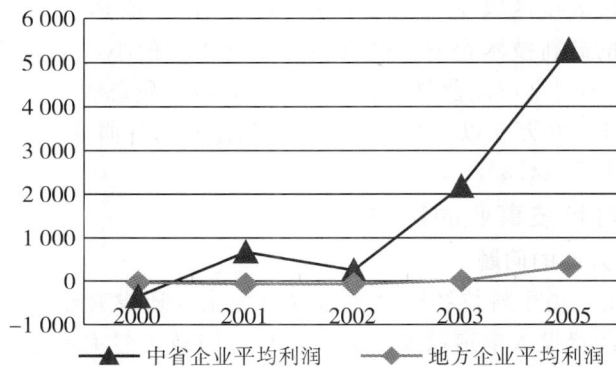

图 3-1-11　2000～2005 年榆林市中省企业和地方企业每户平均利润对比（单位：万元）

资料来源：《榆林统计年鉴》（2000～2005 年）。

在煤炭行业中，与大型国有能源企业相比，地方煤炭企业的技术水平很低，企业装备落后，人才短缺。全市地方煤炭企业共有管理人员267人，矿均0.41人；有煤炭专业职称的134人，矿均0.34人，因此中小煤矿煤炭资源回采率低，存在严重的无序、盲目、落后开采现象。地方企业的科技实力不强，制约了未来的进一步发展。

表 3-1-10　2000～2005 年榆林市中省企业和地方企业生产情况对比

年份	全员劳动生产率/(元·人$^{-1}$)		每户平均利润/(万元)	
	中省企业	地方企业	中省企业	地方企业
2000	38 176.66	103 386.10	−353.70	−36.32
2001	203 040.10	70 610.26	670.88	−70.41
2002	217 998.30	74 877.38	247.85	−74.12
2003	888 955.70	107 902.90	2 173.44	9.24
2005	630 354.60	228 218.40	5 287.19	335.76

资料来源：《榆林统计年鉴》(2000～2005 年)。

（3）工业内部不同行业的科技水平也有很大差异

从表 3-1-11 中可以看出工业内部科技人员分布的特点，重化工业，尤其是与资源开采加工有关的部门技术人员数量占据绝对优势，达到了工业技术人员总量的 64.6%。与此相对应，全市轻工业科技力量较弱。轻工业一度曾在工业结构中占据重要地位，但是在 1990 年之后，随着市场经济的发展，由于缺乏品牌战略、技术水平落后，以毛纺织业为代表的轻工业企业很多已经被淘汰。

农产品加工业科技含量较低，核心竞争力不强。现有的农业龙头企业主要服务于农产品的简单再加工和产运销等流通环节，围绕当地特色产业和优势产业的加工、营销企业发展缓慢，而且水平参差不齐。以红枣加工为例，全市共有红枣加工企业 121 个，但真正形成规模的很少，多数企业技术水平低，只能对产品进行简单的包装，初加工产品的销售量仅占总产量的 12.5%。产业链短，产品附加值低，不具备深加工、产品转化和增值的实力，是农产品加工业最大的弱点。

3. 高新技术产业的发展

高新技术产业的发展是区域经济科技实力的重要体现。榆林市高新技术产业起步较晚，总量小，起支撑作用的高新技术企业和品牌很少，总体规模小，档次低，存在人才支撑不足的问题。截至 2005 年，全市民营科技企业 276 户，技工贸总收入在 500 万元以上的有 14户；技工贸总收入在 1 000 万元以上的只有 9 户；信息和软件服务在岗人数为 2 048 人，比 2004 年的 1 784 人增长了 14.8%。

（三）体制因素对科技事业的影响

1. 科技促进机制方面的问题

● 投入机制不健全。由于科技经费投入以政府为主，还没有建立起政府和社会多元的投入体系，因此科技经费投入渠道狭窄。同时，地方财政力量有限，尤其是南部一些贫困县区"吃饭财政"，造成农业科技经费难以筹措，科技资金投入常常感到捉襟见肘。

表 3-1-11　　2005 年榆林市按国民经济行业划分的技术人员分布情况　　　（单位：个）

行业	国有单位	城镇集体	其他单位	总计
农林牧副渔业	**3 079**	**95**	**0**	**3 174**
农业	26	0	0	26
林业	293	0	0	293
畜牧业	36	0	0	36
渔业	0	0	0	0
农林牧副渔服务业	2 724	95	0	2 819
采矿业	**298**	**5**	**1 575**	**1 878**
煤炭开采和洗选业	100	5	1 499	1 604
石油天然气开采业	198	0	76	274
其他	0	0	0	0
制造业	**1 298**	**62**	**454**	**1 814**
农副产品加工	29	44	40	113
食品制造业	229	7	9	245
饮料制造业	40	0	10	50
纺织业	130	3	0	133
皮革、毛皮加工业	55	0	0	55
家具制造业	19	0	0	19
印刷工业	137	68	0	205
石油加工、炼焦及核燃料加工业	256	0	43	299
化学原料及化学制品制造业	357	0	88	445
金属制品业	120	0	0	120
非金属矿物制品业	185	0	0	185
建筑业	**0**	**2 635**	**673**	**3 308**

资料来源：《榆林统计年鉴》（2005 年）。

● 缺乏科研成果市场转化机制。区域科技创新体系的建立，体现在科技产品生产的产业化和科技成果转化过程的市场化这两个方面，根本上要依靠市场的引导。由于起步较晚，加上缺乏良好的创业环境，高新技术产业成长不足，科技产业化程度低，全市缺乏企业孵化器，这些都给科技成果转化带来了很大困难。

2. 科技管理体制方面的问题

● 科研人员集中于机关单位，缺乏竞争环境。从图 3-1-12、表 3-1-12 中可以看出，除了中央和省级机构之外，市级和县级的科研人员，绝大多数都在机关和事业单位就业。中省企业和机关、事业单位相类似，相对于私营企业而言，在收入水平和职业前景上都缺乏竞争压力。这种管理体制容易造成科技活动与社会需求的脱节，也不利于科技人才创造性的发挥。科技事业的发展缺少市场力量，使社会对知识产权的认识不足，竞争意识淡漠，多数企业没有建立起知识产权管理制度。

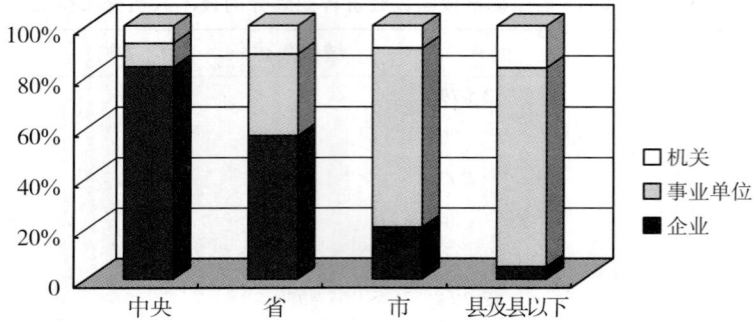

图 3-1-12　2005 年榆林市科技人员在不同类型单位的分布比例

资料来源:《榆林统计年鉴》(2005 年)。

表 3-1-12　2005 年榆林市科技人员在不同类型单位的分布情况　　　　(单位:人)

	企业	事业单位	机关
中央	2 246	246	183
省	1 420	796	276
市	1 553	5 315	656
县及县以下	2 885	45 945	9 628

资料来源:《榆林统计年鉴》(2005 年)。

● 人才管理体制不完善,造成人才流失和人才引进困难。在科技人员的管理上,缺乏明确的激励和竞争政策。虽然政府近年也开始对科研活动给予奖励,但是力度不大。有能力、有技术的科技人才留不住,现有的科技人员素质不高,知识老化,尤其是在县乡一级,人才引进困难的现象普遍存在。

综合以上分析,得出的基本结论如下。

①榆林市经济发展中的科技得到了政府的重视。科技事业取得了明显进步,在榆林市产业发展中,科技确实起到了重要的支撑作用。

②榆林市农业科技发展的投入相对较多。依托农业科技项目,农业科技在研究开发、成果转化、品种引进和网络建设等方面获得了长足发展。

③榆林市科技对产业发展的作用不均衡现象比较突出,不同行业、不同隶属关系的企业对科技的重视和应用水平高低不等。

④榆林市科技事业发展程度不高。由于基础薄弱,加上受机制、体制和人才等因素的制约,科技事业发展后劲不足。

二、基础设施建设状况

良好的基础设施是经济、社会可持续发展的基础条件和保障。作为国家级能源化工基地,榆林全市一半以上的国土面积正处于开发之中,对基础设施建设、环境保护提出了较高的要求。近年来,榆林市基础设施建设取得了长足的进步,但要真正实现区域经济的跨越式发展,还需要进一步调整基础设施的重点和方向。

（一）水资源状况和水利设施建设

1. 水资源基础

（1）降水

榆林市属干旱、半干旱大陆性季风气候区，气候干燥，蒸发强烈，降水较少，水分条件差。多年平均水面蒸发 1 246 mm，是降水量的三倍多。陆面蒸发量为 342.6 mm，干燥指数达 3.08；多年平均气温 9℃ 左右，年平均降水量 405 mm，仅为全省年平均降水量 686.8 mm 的 59％。降水由西北向东南递增，主要集中在七、八、九三个月，常以阵雨形式出现，历时短，约占全年降水量的 60％～70％。降水地域分布不均，风沙区一般为 325～425 mm，丘陵区为 400～500 mm。

（2）河流水系

榆林市是陕西省唯一既有外流河又有内陆河的区域，全市地表平均径流深 58 mm，年径流总量 25.13×10⁸ m³；同时，榆林市也是黄河中游水土流失最严重的区域。

外流河属黄河流域，全市集水面积在 100 km² 以上的外流河共有 109 条。其中主要有"四河四川"（无定河、窟野河、秃尾河、佳芦河及皇甫川、孤山川、石马川、清水川），流域面积 34 290 km²，占全市总面积的 79.8％。另外，有清涧河以及延河、洛河、泾河部分支流自榆林市流向西南及东南而入延安市，总面积 4 976 km²，占全市总面积的 11.6％。但由于这些河源区的小支流在榆林市流程较短，水量不大，利用价值不高。

内流河分布在神木县、定边县北部的沙漠闭流区，主要有定边县的八里河和神木县的红碱淖海子，这两处闭流区的总面积为 4 645 km²，占全市总面积的 10.8％。除此之外，在西北部沙漠区内分布有大小不等的"海子"200 多个，水面达 120 km²，其中千亩以上的"海子"50 多个，水面达 106.7 km²。这些"海子"与大气降水形成了一个循环体系，对于渔业的发展及沙漠小气候的改善都有积极作用。但由于地下水水位下降，海子较多干涸。

（3）水资源总量

水资源较为贫乏且时空分布不均匀是榆林市的突出矛盾。经测算，市内天然水资源总量为 32.29×10⁸ m³。其中，自产地表径流 25.13×10⁸ m³，地下水资源量 21.47×10⁸ m³，地表水与地下水重复量为 14.31×10⁸ m³。按全市自产水资源总量 32.29×10⁸ m³ 计算，综合产水量为 7.4×10⁴ m³/km²，仅占全省综合产水量 21.5×10⁴ m³/km² 的 34.4％；每亩耕地拥有水量为 344 m³，分别占全省和全国每亩耕地占有水量的 47％ 和 26％；人均占有水量 979 m³，分别占全省和全国人均占有水量的 65.9％ 和 43％。加上地形、地貌、泥沙等自然条件的影响，以及从维持脆弱的生态环境平衡所需水量考虑，全市水资源可利用的水量更将受到一定限制。水资源紧缺已成为制约经济发展的主要"瓶颈"之一。

表 3-2-1　榆林市水资源状况

年降水量 /mm	年蒸发量 /mm	地表水 /(10⁸ m³)	地下水 /(10⁸ m³)	水资源总量 /(10⁸ m³)	产水模数 /(10⁴ m³·km⁻²)	亩均水量 /m³	人均水量 /m³
405	1 246	25.13	21.47	32.29	7.40	344	979

资料来源：根据调研资料整理。

（4）时空分布特征

地处北部风沙区的榆阳、神木、府谷、横山、靖边、定边六县（区）是陕西省煤炭、石油、天然气等矿产资源的主要开发区，亦是国家和陕西省能源化工基地的重点建设区，自产地表水 19.45×10^8 m³，地下水 18.46×10^8 m³，扣除重复量后，其水资源总量为 26.39×10^8 m³，占全市自产水资源总量的 81.8%（图 3-2-1）。沙区河流年径流量的年内变化相对较小，水资源开发利用条件相对较为优越，为北六县（区）经济发展提供了有利的水源条件。水资源相对富集且与矿产资源分布一致，成为建设国家能源化工基地的重要保证。

表 3-2-2　榆林市水资源南北分布（水资源总量已扣除重复量）

区域	水资源总量/(10^8 m³)	地表水/(10^8 m³)	地下水/(10^8 m³)
榆林市	32.29	25.13	21.47
北部六县（区）	26.39	19.45	18.46

资料来源：根据调研资料整理。

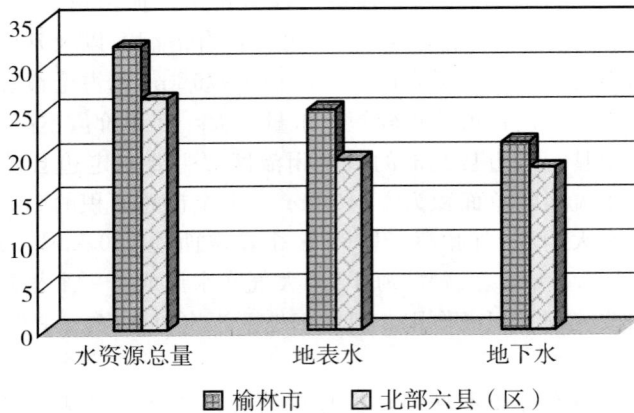

图 3-2-1　榆林市北六县（区）水资源分布（单位：10^8 m³）
资料来源：根据调研资料整理。

榆林市南六县，均系丘陵沟壑地貌，地形破碎，且河流含沙量大，水资源埋藏较深，开发利用难度较大，属于典型的水资源贫乏地区。

2. 水利设施建设

改革开放以来，榆林市水利建设取得了显著成绩。仅"十五"期间，全市就完成水利基建投资 15 亿元。截至 2005 年，全市建成各类水库 77 座，总库容 9.94×10^8 m³，其中中型以上水库 20 座，总库容 8.3×10^8 m³；各类池塘 799 口，总容积 2 091.5 $\times 10^4$ m³；自流渠道 847 条，抽水站 2 104 处，总装机 87 960 kW。

全市有各类水利工程的总灌溉面积 116.06 $\times 10^3$ hm²，其中蓄水工程灌溉面积 6.99 $\times 10^3$ hm²，引水工程灌溉面积 37.05 $\times 10^3$ hm²，抽水工程灌溉面积 21.21 $\times 10^3$ hm²，水井工程灌溉面积 41.22 $\times 10^3$ hm²，其他工程灌溉面积 6.39 $\times 10^3$ hm²。在总灌溉面积中，利用地表水灌溉面积 71.64 $\times 10^3$ hm²，占 63.5%；利用地下水灌溉面积 41.22 $\times 10^3$ hm²，占 36.5%。全市各类水利工程年供、用水量 6.33 $\times 10^8$ m³，占全市水资源总量的 20%。其

中，地表水 3.92×10^8 m³，占总供水量的 62%；地下水 2.41×10^8 m³，占总供水量的 38%。

据分析，全市各类水利工程在中等干旱年份的供水能力为 6×10^8 m³ 左右，各部门总需水为 6×10^8 m³，总量基本平衡，但由于时空分布不均、工程滞后等因素影响，区域性、季节性缺水问题普遍存在。随着能源开发的加快，水资源的供需矛盾将日益凸显。据预测，随着工业化和城镇化的加快，到 2010 年各县区需水量将达到 14.7×10^8 m³，而全市水利工程可供水量仅为 12.36×10^8 m³（包括在建水利工程），缺口达 2.34×10^8 m³。在现有水资源开发利用程度很低的情况下，只有通过合理开发当地水资源、适量调水并优化水资源配置、科学节水，才有可能克服这一难题。

榆林市的优势在资源，但水是制约榆林资源开发的症结之一。"十五"以来，榆林市坚持"南治土、北治沙、全市齐治水"战略，坚持不懈地抓好基本农田建设，全面加快以水源建设为重点的水利工程建设，实现了由传统水利向现代水利、可持续发展水利转变，由工程水利向资源水利转变，由农业水利向环境水利转变，由粗放型水利向集约型水利转变等"五个转变"，为能源化工基地建设和小康社会建设提供了保障。

● 水利与农田基本建设。连续 5 年夺得省政府"水利振兴杯"，蝉联"十连冠"。全市累计投入资金近 11 亿元，其中，中省投资 7 亿多元，是"九五"期间中省投资的 3.5 倍。基本农田达到 420×10^3 hm²，其中，有效灌溉面积将达到 115×10^3 hm²，梯田 260×10^3 hm²，坝地 38×10^3 hm²。水利设施供水能力达到 6.8×10^8 m³，总供水量 6×10^8 m³。农村水电装机容量 1.6×10^4 kW。初步治理水土流失面积 2.21×10^4 km²。水产养殖水面达到 $11\,505 \times 10^3$ hm²，年水产品产量达到 4 500 t。水利经济产值 7 600 万元。

● 水源工程建设。为解决能源化工基地建设工程性缺水问题，在水源工程建设停止了 20 多年的情况下，2001 年以来相继开工建成了瑶镇水库、李家梁水库，开工建设采兔沟水库，王圪堵水利枢纽工程前期工作已启动。截至 2004 年年底，总库容达 9.94×10^8 m³，其中中型以上水库 20 座，总库容 8.3×10^8 m³。这些水源工程的建设，为锦界工业园区、榆林经济开发区、榆米绥盐化工区、榆神矿区、榆横矿区大型煤化工项目的建设提供了保障。

● 实施国营灌区更新改造、农业综合开发、节水增效示范项目和雨水集蓄利用工程。截至 2004 年年底，全市有效灌溉面积达到 115×10^3 hm²，其中节水灌溉面积 39.9×10^3 hm²。

● 调蓄能力建设。加大城防建设力度，防洪保安能力进一步增强。五年来全市累计投入近 3 亿元，新修高标准河堤 30 km。加快病险水库治理步伐，全面提高调蓄能力。有 28 座病险水库列入国家规划盘子，其中 23 座已批复立项，国家投资近 3 亿元。2002～2004 年开工建设 11 座，2005 年开工建设 12 座，其余 5 座水库将按计划陆续上马。

● 城乡供水建设。组织实施了"甘露工程"、人饮解困和氟砷改水等项目，争取到国家投资 1.6 亿元，建成集中供水工程 1 192 处，单户工程 501 处，解决饮水困难群众 21.78 万人，解决改水困难群众 31.73 万人，新增日供水能力 1.6×10^4 m³。全市完成投资 3 770 万元，先后建成了 11 个县的供水水源工程，并进行了供水管网改造，加快了县城供水水源和管网设施扩建改建步伐，年供水量由 1998 年的 618×10^4 m³ 增加到现在的 $1\,097 \times 10^4$ m³，基本满足当前和今后一个时期的用水需求。同时，建设期长达 13 年之久的定边供水工程一期工程维修工作于 2003 年完工，并向定边县城供水，解决了多年的遗留问题。

● 水保生态建设。以骨干工程和小流域综合治理为重点，坚持大面积退耕还林还草和小流域治理相结合，组织实施了无定河流域二期二阶段治理、国家水保重点项目治理、黄河水保生态工程、水保债券、沙棘生态、陕北水保生态大示范区以及坝系工程等项目，加快了"五荒地"拍卖治理步伐，促进了水保生态环境的明显改善。5 年共完成投资 2.75 亿元，初步治理水土流失面积 8 200 km²，兴建、整修、加固淤地坝 1.23 万座，营造水土保持林 776 万亩，经济林 54 万亩，水保种草 433.8 万亩，取得了显著的社会、经济、生态效益。

(二)交通基础设施建设

交通运输属于国民经济的基础行业，是支撑区域经济发展的重要服务设施。生产力水平提高越快，现代化程度越高，越要求有完善的交通基础设施。任何一个区域经济的发展都是以安全、便捷、高效的运输服务系统为前提的。只有具备了完善的运输服务系统，才能进行区域经济的合理布局和区域开发，才能使某一区域经济加入到全国乃至世界范围的商品交换和信息交流中。反之，运输服务系统的滞后，必将使全社会人流、物流受阻，导致经济发展速度缓慢，而且给人民日常生活带来不便。而作为一个能源化工基地，作为"西气东输、西煤东运、西电东送"的源头地之一，榆林的交通条件更是至关重要。

1. 榆林市交通运输体系建设和运营情况

由于长期坚持不懈的努力，榆林市目前已经初步形成了以公路为主，铁路、航空、水运、管道并重的交通运输体系。

（1）公路

"十五"期间，榆林市公路建设投资总额达到 124.08 亿元，是"九五"期间的 6.9 倍。近年来，在公路建设方面投入巨大，从图 3-2-2 中可以看到，2002～2006 年这五年内，全市公路建设投资总额呈上升趋势。

表 3-2-3   2002～2006 年榆林市公路建设投资增长情况

年份	2002	2003	2004	2005	2006
公路建设总投资/(亿元)	17.48	24.28	33.39	42.06	58.25

资料来源：根据榆林市交通局 2002～2006 年工作总结报告整理。

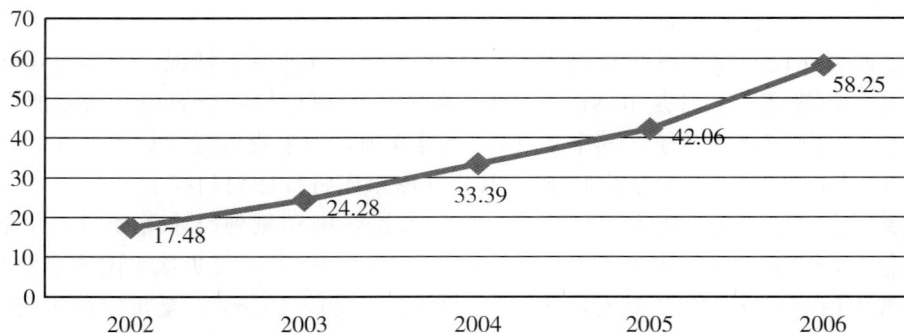

图 3-2-2   2002～2006 年榆林市公路建设投资增长情况（单位：亿元）

资料来源：《榆林统计年鉴》(2002～2006 年)。

规划建设的"两纵两横"高速公路网的一纵已全线贯通。吴堡至靖边段 191 km 高速公路，在 2007 年年底实现青银高速公路 GZ35 这一横全线高速公路贯通，主骨架路网建设初步形成。2005 年，全市公路总里程达 22 371.044 km，公路密度达到每百平方千米 13.84 km。其中，高速公路 248 km，一级公路 104.767 km，二级公路里程 896.716 km，三级公路里程 2 318.191 km，四级公路里程 2 463.561 km，等外公路里程 16 339.809 km。农村公路 20 694.901 km，占总里程的 92.5%。农村公路中等级里程 4 355.092 km，占总里程的 21%，油路 2 810 km，砂石路 1 762 km，分别占农村公路总里程的 13.58%、8.5%。有 177 个乡（镇）通油路，占乡镇总数的 79.7%，全市 5 499 个建制村中通油路的有 1 044 个，通砂石路的有 637 个。通公路的建制村有 3 353 个，还有 2 146 个村不通班车，分别占总数的 61%、39%。

2005 年全市公路客运量 1 893 万人次，旅客周转量 234 670 万人千米，货运量 1 993×10⁴ t，货物周转量 259 265×10⁴ t·km；铁路货运量 800×10⁴ t；水路客运量 8.3 万人次，旅客周转量 64 万人千米，货运量 4.5×10⁴ t，货物周转量 174×10⁴ t·km；其他部门客运量 636 万人次，旅客周转量 220 061 万人千米。

表 3-2-4　榆林市近年来公路建设情况　　　　　　　　　　（单位：km）

年份	公路总里程	有路面里程	等级公路里程	晴雨通车里程
2000	19 821	3 898	5 580	2 754
2001	19 983	4 310	4 918	3 021
2002	20 168	4 470	6 077	3 418
2003	20 813	4 934	6 542	3 696
2004	21 855	4 009	7 824	4 276
2005	22 371	6 249	6 031	9 826

资料来源：《榆林统计年鉴》(2000～2005 年)。

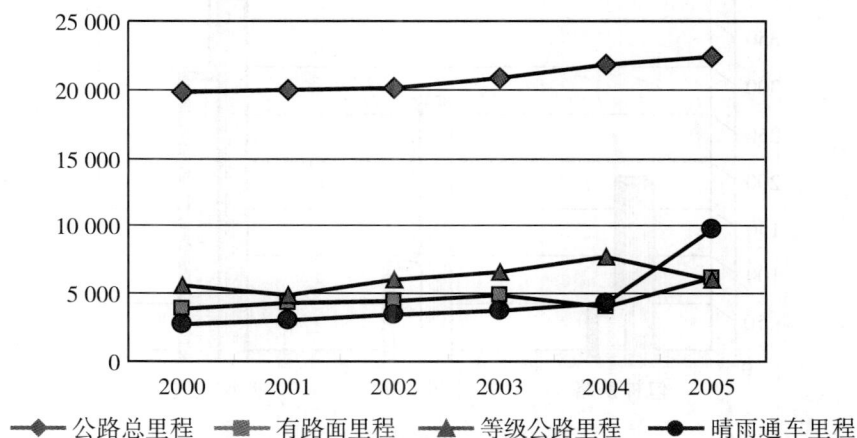

图 3-2-3　榆林市近年来公路建设情况（单位：km）
资料来源：《榆林统计年鉴》(2000～2005 年)。

从图 3-2-3 中也可以看出，尽管近年来公路建设取得了较大成就，初步改善了城乡群众的运输条件，但是仍然存在许多问题。例如，有路面里程与等级公路里程均较少，二者都仅约占公路总里程的1/4。因此，在"十一五"期间，提高公路等级、改善道路通行条件，将成为交通规划重点开展的工作之一。

（2）铁路

"十五"期间，神黄铁路和神延铁路相继建成，开工建设太中铁路，已连通榆林市与华北、西南及东南沿海地区，形成了"两横一纵"的铁路网架。榆林南北铁路大通道包西铁路全线贯通，年运输能力 $1\,800\times10^4$ t，地方运输能力 500×10^4 t，市内全长299.9 km。包西铁路二线建设的可行性报告已经上报国家发改委，前期工作基本完成，2007年开工建设。建成后，年运输能力达到 1×10^8 t，地方运输能力达到 $3\,000\times10^4$ t。神朔铁路全长274 km，在境内100 km，二期复线于2003年5月建成通车，年运输能力达到 1×10^8 t，地方运输能力 200×10^4 t；太中铁路全线长802.59 km，其中在榆林市新建铁路348 km，设计年运输能力 1×10^8 t，榆林运输能力达到 $2\,500\times10^4$ t，已于2006年2月开工建设，2009年建成通车。

目前，全市境内铁路里程447.9 km（表3-2-5、图3-2-4），年外运能力 1×10^8 t。向北直达北京，向南直达西安，向西直达银川，向东直达太原。但是产权与铁路归属问题对榆林市区域经济的发展形成了"瓶颈"与种种制约。

表 3-2-5　榆林市铁路里程情况　　　　　　　　　（单位：km）

	全长	境内里程
包神铁路	189	48.00
神朔铁路	274	100.00
神延铁路	385	299.90

资料来源：根据调研资料整理。

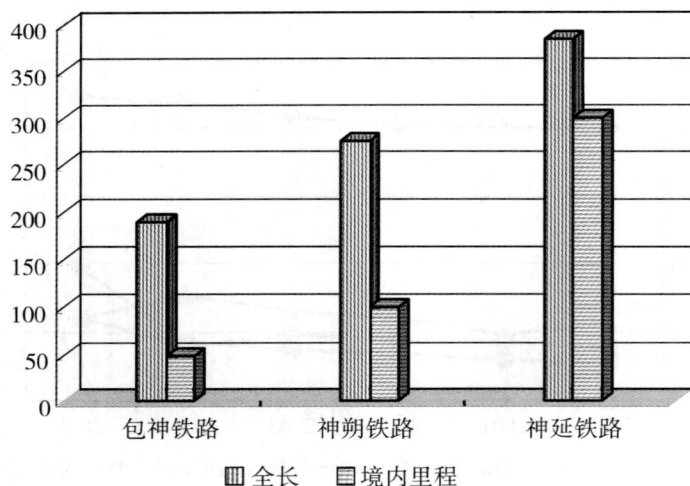

图 3-2-4　榆林市铁路里程情况（单位：km）

资料来源：根据调研资料整理。

（3）航空

"十五"期间，为扩大对外开放，开通了榆林至北京、西安、包头的航班。为使航空运输适应经济社会发展需要，榆林航空新机场已开工建设。现在每天开通榆林至西安 4 个航班，榆林至北京 1 个航班。

（4）管道

管道运输从无到有，近年由于天然气的开发、利用而得到了快速的发展。已经建成的西气东输管线有靖边—北京（复线）、靖边—西安、靖边—榆林、靖边—银川等天然气运输管线，管道总里程已达到 2 400 km。

（5）水运

东部黄河水运已建成简易停靠码头 9 座，黄河渡口 56 处，通航里程 394 km。水运主要集中于东部，作为公路、铁路南行东运的补充通道。

2. 榆林市交通运输的特点

从表 3-2-6、图 3-2-5 和图 3-2-6 可以看出，榆林市近年来的客运主力仍是公路，其他运

表 3-2-6　榆林市近年来客运量与货运量增长情况

年份	客运量/（万人）				货运量/（10⁴ t）			
	合计	公路	铁路	水运	合计	公路	铁路	水运
2000	1 074.70	1 009	61.20	4.50	2 968.61	1 740	1 225	3.61
2001	2 023.70	1 888	127.90	7.80	5 414.50	2 419	2 990	5.50
2002	2 719.30	2 521	189.60	8.76	6 621.02	2 516	4 100	5.02
2003	1 991.30	1 779	204.00	8.30	6 653.50	2 259	4 390	4.50
2004	2 116.30	1 898	210.00	8.30	6 454.50	1 942	4 500	4.50
2005	2 242.00	1 893	340.00	9.00	9 998.00	1 993	8 000	5.00

资料来源：根据《榆林市交通发展"十一五"规划及 2020 年远景规划目标》和《榆林统计年鉴》（2004 年）整理。

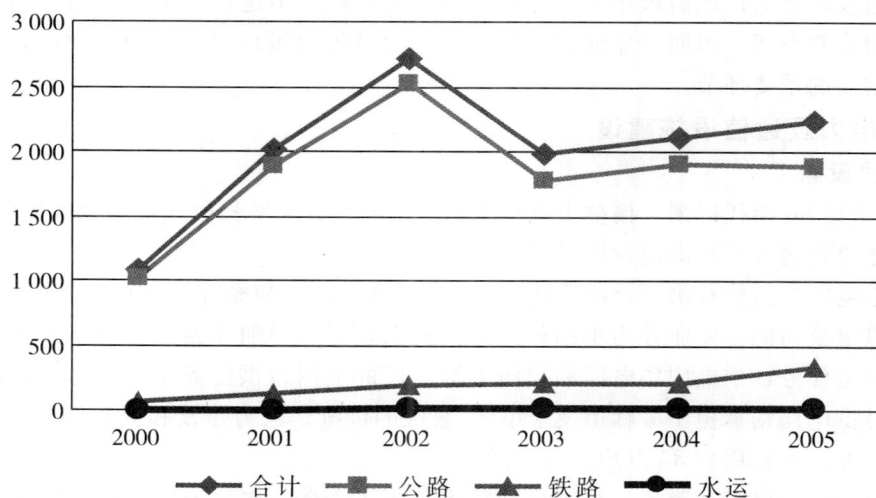

图 3-2-5　榆林市近年来客运量增长情况（单位：万人）

资料来源：《榆林统计年鉴》（2000～2005 年）。

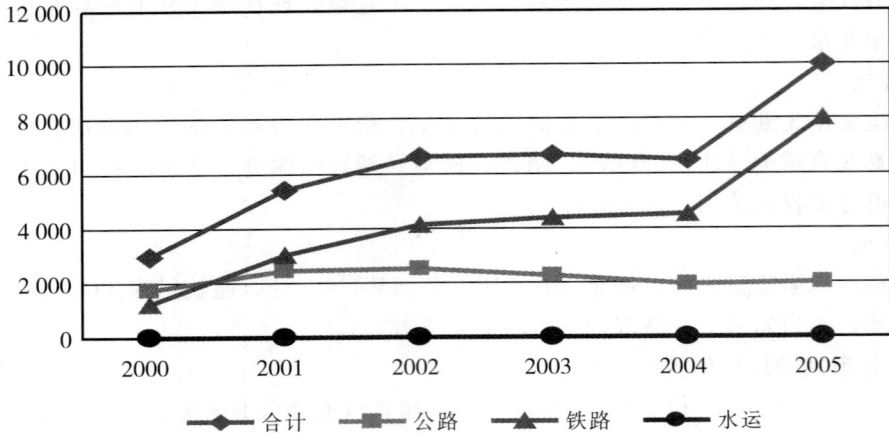

图 3-2-6　榆林市近年来货运量增长情况(单位：10^4 t)

资料来源：《榆林统计年鉴》(2000～2005 年)。

输方式仅仅具有辅助的功能。与此同时，货运主力已经逐步由公路运输转变成铁路运输，并且铁路的货运能力正以极快的速度上升。但是，公路仍占据重要地位，大量的货物仍然要依靠公路运输，因而运输成本无法下降。这种状况与交通运输体制改革滞后、铁路方面至今仍未实现真正的"政企分离"有很大关系。虽然铁路的主要通道已经建成，但由于体制、运输能力等多方面的原因，目前还不能成为榆林资源外运的主要方式，大量产品运输仍然采用效率较为低下、安全性较差的公路运输方式。此外，受自然条件的限制，水运无论是客运量还是货运量都微不足道。

交通建设的重要性和紧迫性，与人们的整个生活紧密相关。虽然近几年榆林交通有了长足发展，交通运输条件有了显著改善，但与国际、国内先进水平相比，与跨越式发展要求的日益增长的交通运输需求相比，还存在很大的差距，不论是货运或人们出行的条件都仍有很大的改善空间。因而，加强交通运输的基础设施建设，规范交通管理，是榆林市实现跨越式发展的重要环节。

(三)电力及通信设施建设

1. 电力设施

从 20 世纪 90 年代以来，榆林市就一直是全省电力需求增长最旺盛的地区。步入 21 世纪后，用电更是进入了超高速发展时期。

榆林市电网包括榆林供电公司管辖的 330/110 kV 电网和榆林供电局管辖的 110 kV 电网。榆林供电公司的主要业务为承担神华集团神东矿区、神朔铁路、榆林市属各经济开发区的主要供电任务，中电国华电厂和银河上河电厂的上网转供任务以及榆林农网的趸售任务。榆林供电局则承担了榆林市及全市 12 县区的供电、电力建设和规划任务，辖区内供电人口 340 万，各类用户 85 万户。

经过"十五"的建设和改造，全市电网规模扩大了一倍，电力安全可靠性大大提高，电网布局日趋合理完善，府谷、神木、鱼河—米脂、榆林四大工业区供电网络初步建成，全市初步形成了纵贯南北、横跨东西的星状双回路 110 kV 主网架和 330 kV 电网网架；农电网络焕然一新，对 4 979 个行政村实施了声势浩大的改造，改造面达到 85% 以上，农村的电压合格率由 89% 提高到 98.5%，电价由普遍的每千瓦时 1 元以上降至 0.49 元，实现了城乡同网同价，五年减轻农民用电负担 5 000 多万元，给广大农民带来了看得见的实惠。

榆林市区现有电源是 135 MW 以下的小火电厂和小水电厂，以小火电作为主要供电电源。不足电源部分，由山西、宁夏通过 110 kV 线路补充供电，榆林主电网为 110 kV 电网。另外有榆林供电公司建成了 2 座 330 kV 变电站和榆林至延安的双回 330 kV 线路向神东矿区供电，线路全长 617.2 km。

表 3-2-7　2005 年榆林市区发电厂情况

	数目/个	装机容量/MW	可调出力/MW
火力发电厂	18	730.50	657.50
水力发电厂	5	14.40	6.00
燃气电厂	1	4.40	4.00
合计	24	749.30	667.50

资料来源：《榆林统计年鉴》(2005 年)。

"十一五"规划提出，要基于以煤、盐、油、气为主导产业的能源化工体系，形成以甲醇为龙头的煤化工工业集群、以聚氯乙烯为龙头的盐化工工业集群、以油气输出为龙头的油气生产加工基地。据此，预测 2010 年用电负荷将达到 3 780 MW，2015 年用电负荷将达到 8040 MW，现有的 110 kV 电网供电能力根本无法满足。榆林市现有 110 kV 电网和小火电电源的发展，与其所占有的资源量和区域经济规划定位不相适应，而现有的 330 kV 电网发展又比较缓慢，供电可靠性差。此外，电网资源规划的不协调统一，造成电网发展速度滞后于区域经济发展速度，不能满足区域经济快速发展的需要。因此，为了满足榆林市区域经济及工业快速发展新增用电负荷的供电需求，提升火电厂建设规模和电网电压等级已是必然的发展趋势。

2. 通信

济银(济南—银川)、西呼(西宁—呼和浩特)两条国家 I 级干线光缆交会于榆林。2008 年榆林市固定及移动电话用户总数达 275.92 万户，其中固定电话 41.07 万部，移动电话 234.85 万部，互联网用户 3 万户，是陕西第二大通信枢纽。移动、电信、联通、网通等通信集团公司均在榆林市设有分公司，榆林市农村也基本实现了村村通路、通电、通广播电视，乡乡都通程控电话。

(四)城市基础设施建设

作为城市建设的重要组成部分，城市市政公用基础设施形成了一个城市的骨架与循环系统，是城市各项事业发展的前提条件，是榆林市实现跨越式发展与可持续发展的基础保障。

1. 基础设施建设投资

"十五"期间，榆林市市政基础设施建设累计完成投资 26.5 亿元，其中榆林城区完成市政公用基础设施 14.58 亿元，是过去五十年总和的 2 倍多；2006 年，完成市政公用基础设施建设投资 6.7 亿元，其中榆林城区完成 3.55 亿元，完成了榆溪河综合治理一期工程、垃圾处理场一期工程、机场路路基工程等一批市政公用设施建设项目。

2. 城市建设

实施了榆林古城步行街整治和古城墙修复等一批历史文化名城保护项目，完成了古城步行街工程，建成了火车站广场、世纪广场、凌霄广场，大大改善了居民居住环境，提升了城市形象。这些城市建设项目已成为城市的亮点。

3. 道路新建、改造

先后完成了一批城市主次干道、桥梁等道路新建或改造工程，完善了市区路网结构，增强了道路通畅情况；改造巷道380多条，新增5座桥梁，10多条道路，老城区与新区、开发区的交通更加方便快捷。城区路网框架基本形成。

4. 市政与环保

加快城市集中供热工程建设和供气工程，实施了城市供水管网和排水管网的新建改造工程，供水普及率达到96％以上，城市排水能力明显提高。同时，以道路、广场、过境河流、公路、铁路为重点，加快园林绿化，启动了垃圾处理厂、污水处理厂等项目。

5. 综合服务功能和承载能力

在"以人为本"的建设管理理念下，城市综合服务功能和承载能力实现了历史性的跨越。近年来政府安排实施了一大批市政基础设施项目，建成了一批城市广场、道路、供水、供气、供暖、排水、亮化、环卫、绿化等与市民生活息息相关的"民心工程"项目。城市功能得以不断完善，人居环境得以持续改善，城市人口、用地规模和发展目标已经提前实现。目前，城市建成区面积36 km²，人口超过35万。市政道路状况得到初步改善，供水普及率达到91％，天然气普及率达到45％，集中供热能力达到170×10^4 m²，建成区绿化覆盖率达到30％，人均公共绿地面积近3 m²，所有硬化道路、广场、校园及校园周边和3 m以上主要巷道全部实现了亮化。城市服务功能和辐射带动功能得到明显增强，城市面貌发生了明显改观。

6. 存在问题

在取得丰硕成果的同时，榆林市的基础设施建设也存在着市政建设土地征用难、拆迁工作阻力大、建设资金缺口大等许多问题。更严重的是，某些建设项目没有遵循城市总体的统筹规划，存在乱开发、乱建设的现象，带来了破坏性的后果，如工业争水、绿化带用地被挤占、城市交通拥堵等。为了构建和谐榆林，仅仅提高供水、供热、绿化等基础设施的普及率是不够的，更重要的是必须按照有关法律法规的规定，遵循城市总体规划，科学合理地进行城市建设。

三、榆林市与周边地区的经济比较分析

榆林市东隔黄河与山西相望，西与宁夏、甘肃为邻，南接延安，北靠内蒙古的鄂尔多斯，是陕西与山西、内蒙古、宁夏等省的连接之处。把榆林市区域经济与周边各地区的经济发展状况作一个比较，可以更好地衡量榆林市区域经济发展所取得的成就，也可更充分地反思榆林市区域经济发展进程中存在的一些不足和问题。

(一)榆林市与周边地区的总体情况比较

从总体上看，榆林市与周边10个市（延安、鄂尔多斯、庆阳、平凉、银川、吴忠、大同、忻州、吕梁、朔州）同处一隅，与周边地区在地理位置、地缘关系、自然条件、环境气候、资源禀赋、历史文化、社会习俗以及人们的观念意识等各个方面都具有一定的相似性，在经济发展上也具有相当程度的共性，特别是在主导产业发展方面表现得较为突出。但是通过分析可以看到，榆林与周边地区在经济发展思路、发展程度以及经济发展绩效等方面存在显著的差异（表3-3-1）。

表 3-3-1　榆林市与周边各地区经济发展状况比较（2006 年）

区域	地区生产总值/(亿元)	第一产业/(亿元)	第二产业/(亿元)	第三产业/(亿元)	一、二、三产业产值比重	人均生产总值/元	主导产业
榆林市	439.48	35.33	299.62	104.53	8.0：68.2：23.8	13 312	煤炭、油气、化工、电力
延安市	453.11	35.04	356.21	61.86	7.7：78.6：13.7	21 571	煤炭、油气、卷烟、电力
鄂尔多斯	800.00	45.60	434.40	320.00	5.7：54.3：40.0	52 625	煤炭、电力、绒纺、化工、建材
大同市	405.96	23.03	213.24	169.69	5.7：52.5：41.8	12 969	煤炭、电力、冶金
忻州市	193.90	21.60	87.10	85.20	11.2：44.9：43.9	6 132	煤炭、电力、化工
吕梁市	382.44	20.74	254.68	107.02	5.4：66.6：28.0	10 796	煤炭、化工、新型材料
朔州市	232.43	19.46	144.96	68.01	8.4：62.4：29.2	15 370	煤炭、电力
平凉市	125.59	29.45	49.47	46.67	23.4：39.4：37.2	5 742	煤炭、电力、畜牧、果菜
庆阳市	171.54	28.38	99.09	44.07	16.5：57.8：25.7	6 609	煤炭、石油、农牧产品加工
银川市	335.29	21.00	157.09	157.20	6.3：46.8：46.9	23 506	煤炭、化工、养殖、产品加工
吴忠市	101.23	18.70	49.70	32.90	18.5：49.0：32.5	8155	煤炭、畜牧粮食

资料来源：根据各市 2006 年国民经济和社会发展统计公报及统计局相关资料整理。

1. 榆林市与周边地区的总体经济实力比较

改革开放以来，榆林市依托资源开发，区域经济得到快速发展，与周边 10 个市相比居于前列。从地区生产总值来看（图 3-3-1），2006 年榆林市地区生产总值达到 439.48 亿元，居于第三位，经济规模最大的是鄂尔多斯（800 亿元），其次是延安市（453.11 亿元）。2006年榆林市人均地区生产总值 13 312 元，位列鄂尔多斯、银川、延安、朔州之后，这四个地区人均生产总值分别为 52 625 元、23 506 元、21 571 元和 15 370 元（图 3-3-2）。从财政收入来看，2006 年榆林市全市财政收入达到 115 亿元，位列延安（148.2 亿元）和鄂尔多斯

（145.8 亿元）之后，居第三位（图 3-3-3）。总之，从经济总量、人均生产总值和财政收入等方面看，榆林市经济发展与周边地区相比处于较为有利的地位。

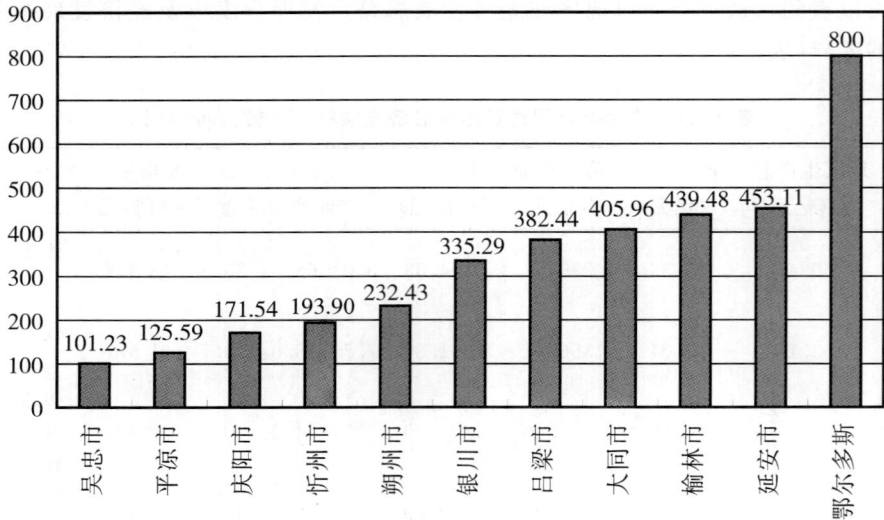

图 3-3-1　2006 年榆林市与周边 10 个地区的地区生产总值（单位：亿元）

资料来源：根据实地调研资料整理。

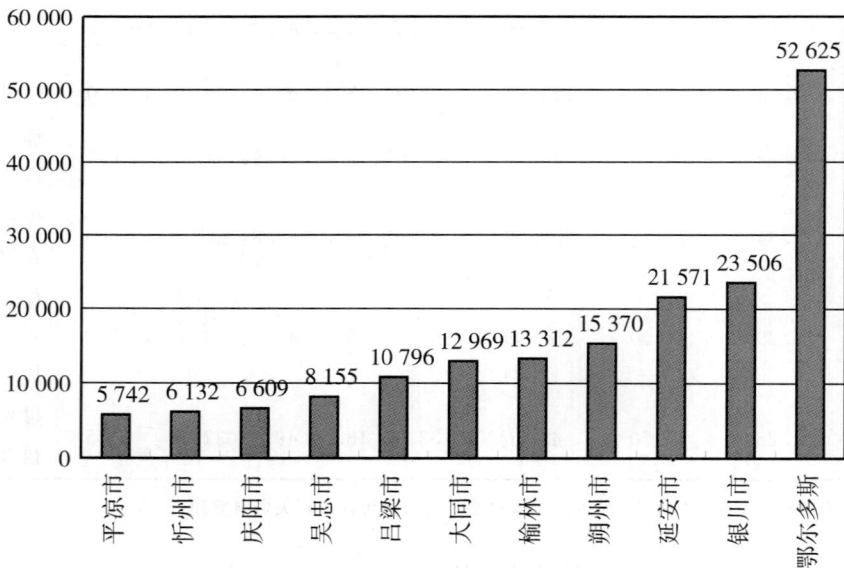

图 3-3-2　2006 年榆林市与周边 10 个地区的人均生产总值（单位：元）

资料来源：根据实地调研资料整理。

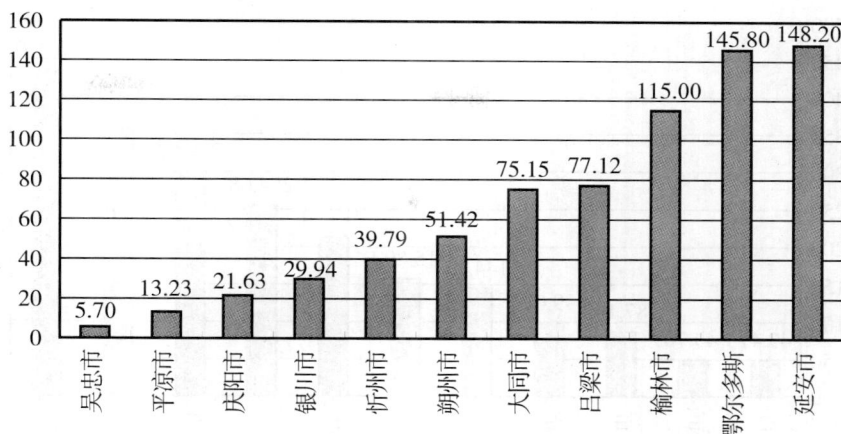

图 3-3-3　2006 年榆林市与周边 10 个地区的财政收入（单位：亿元）

资料来源：根据实地调研资料整理，银川和吴忠的数据为地方财政收入。

2. 榆林市与周边地区的总体经济结构比较

榆林与周边地区经济结构既有一定的相似性，也有存在一定的差别。总体上讲，受自然条件和环境的影响，第一产业的差异相对较小（图 3-3-4）；受资源禀赋的影响，各地区第二产业的发展差异相对显著（图 3-3-5）；各地区第三产业的发展也表现出很大的差异（图 3-3-6）。

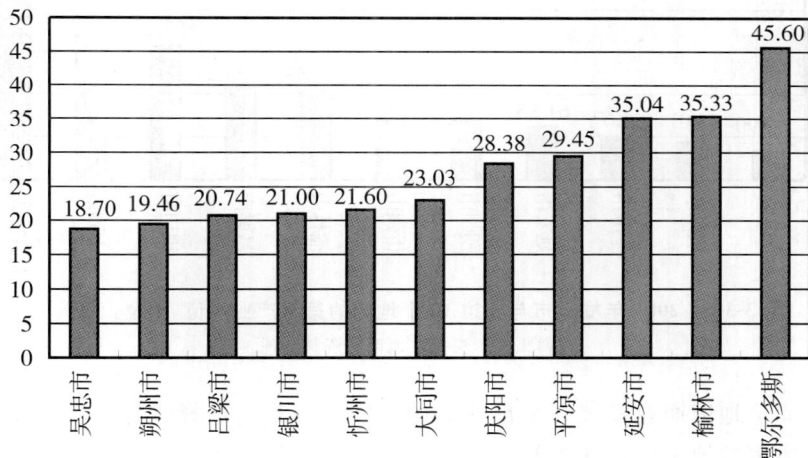

图 3-3-4　2006 年榆林市与周边 10 个地区的第一产业产值（单位：亿元）

资料来源：根据实地调研资料整理。

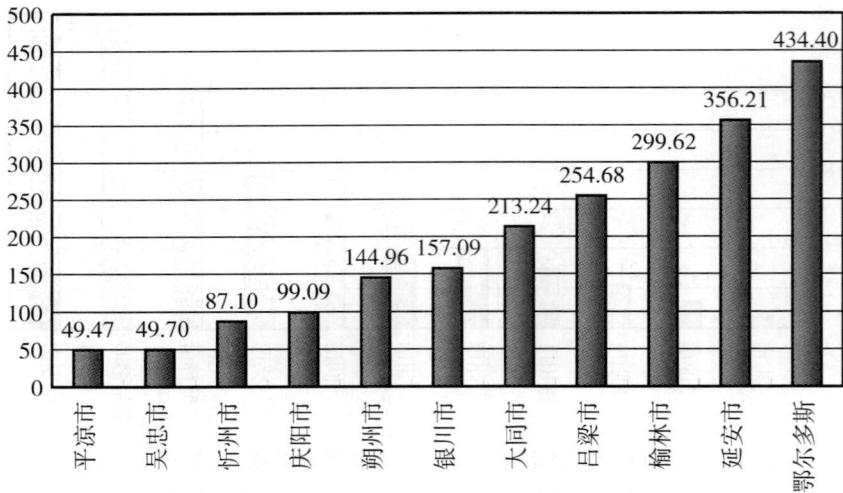

图 3-3-5　2006 年榆林市与周边 10 个地区的第二产业产值（单位：亿元）

资料来源：根据实地调研资料整理。

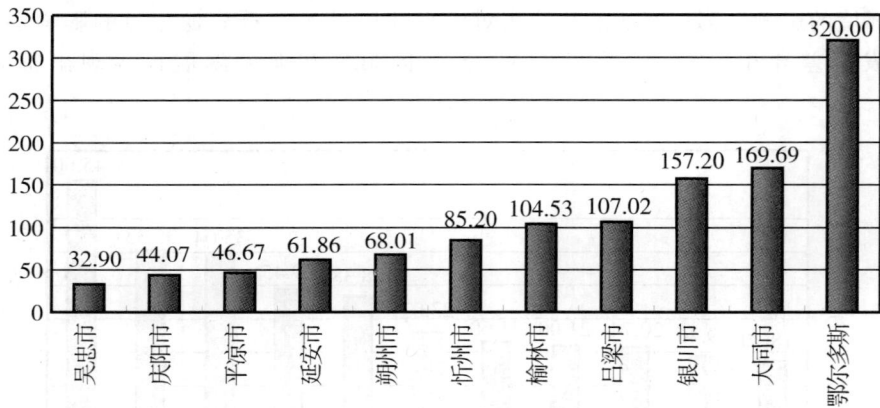

图 3-3-6　2006 年榆林市与周边 10 个地区的第三产业产值（单位：亿元）

资料来源：根据实地调研资料整理。

　　榆林市与周边地区产业发展一个最明显的共同特征是，选择主导产业基本上是依赖自然资源开发。大多数地区都选择煤炭、油气、电力、化工、建材等资源采掘及加工业作为发展经济的主导产业。如表 3-3-2 和表 3-3-3 所示，对比榆林、延安、鄂尔多斯、银川四个地区的数据，可以看出，主导产业和工业化模式的选择对区域经济发展、城镇化、居民生活水平等具有重要的影响。

表 3-3-2　榆林、延安、银川和鄂尔多斯主导产业比较(2006 年)

区域	主导产业	城市化率/%	全年财政总收入/(亿元)	地方财政收入(亿元)及比重	城镇居民人均可支配收入/元	农民人均纯收入/元
榆林市	煤炭、油气、化工、电力	17	115.0	35.66(31.01%)	6 690	2 094
延安市	煤炭、油气、卷烟、电力	26	148.2	60.40(40.76%)	8 500	2 425
鄂尔多斯	煤炭、电力、绒纺、化工	54	145.8	82.26(56.42%)	13 002	5 640
银川市	煤炭、化工、养殖、加工	63		29.94	10 068	3 800

注：由于数据所限，城市化率＝非农业人口÷全市总人口×100%；延安市与榆林市为 2005 年数据。

资料来源：各市 2006 年国民经济和社会发展统计公报及统计局相关资料。

表 3-3-3　榆林市与周边各地区经济发展状况比较(2006 年)

区域	主导产业	地区生产总值/(亿元)	第一产业/(亿元)	第二产业/(亿元)	第三产业/(亿元)	三次产业产值比值
榆林市	煤炭、油气、化工、电力	439.48	35.33	299.62	104.53	8.0：68.2：23.8
延安市	煤炭、油气、卷烟、电力	453.11	35.04	356.21	61.86	7.7：78.6：13.7
鄂尔多斯	煤炭、电力、绒纺、化工	800.00	45.60	434.40	320.00	5.7：54.3：40.0
银川市	煤炭、化工、养殖、加工	335.29	21.00	157.09	157.20	6.3：46.8：46.9

资料来源：各市 2006 年国民经济和社会发展统计公报及统计局相关资料。

　　尽管榆林、延安、鄂尔多斯、银川四个地区的资源禀赋相近，都将资源开采和原材料加工业作为主导产业，但是鄂尔多斯和银川除此而外，还把其他产业如绒纺业、制造业、养殖业、食品加工也作为主导产业，这种不过分依赖资源开发的主导产业选择带来了许多积极的效应，其中最为突出的就是第三产业得到了快速发展。例如，2006 年银川市第三产业增加值达到 157.20 亿元，与第二产业并驾齐驱；鄂尔多斯第三产业发展更快，2006 年增加值达到 320 亿元，是榆林市的 3.06 倍，是延安市的 5.17 倍，而 2006 年鄂尔多斯地区生产总值分别为榆林市和延安市的 1.82 倍和 1.77 倍。

　　这种主导产业多元化的选择策略不仅带来了第三产业的繁荣，而且还具有广泛的深刻影响。

　　第一，主导产业多元化使得三次产业比例更加合理，使区域经济更加充满活力。2006年，鄂尔多斯市和银川市的三次产业比例分别为 5.7：54.3：40.0 和 6.3：46.8：46.9；而榆林市和延安市的比例分别为 8.0：68.2：23.8 和 7.7：78.6：13.7。

　　第二，由多元化产业主导的工业化能更有效地推进城市化。西部地区城市化进程缓慢，城市化水平低是制约区域经济发展的重要因素，以多元化主导产业推进工业化可以加快城市化进程，例如，2006 年银川市城市化水平高达 63%，鄂尔多斯的城市化率达到 54%，远远超过榆林和延安的城市化水平。

　　第三，多元化产业主导的工业化能使地方政府得到更多收益。例如，2006 年，榆林市、延安市全年财政总收入分别达到 115 亿元和 148.2 亿元，延安市全年财政总收入甚至超过了鄂尔多斯(145.8 亿元)。但是两市地方政府所得到的财政却较少，榆林市只有 35.66 亿元，仅占全市财政总收入的 31.01%；延安市只有 60.40 亿元，占全市财政总收入的

40.76％。相比之下，鄂尔多斯市地方政府所得收入要高得多，达到82.26亿元，占全市财政总收入的比重达到56.42％。

第四，多元化产业主导的工业化能使当地普通百姓得到更多实惠。例如，2006年鄂尔多斯市城镇居民人均可支配收入和农民人均纯收入分别达到13 000元和5 640元，分别是榆林市城乡居民收入的1.94倍和2.69倍。

（二）周边市域的产业发展情况

1.陕西省延安市产业现状

（1）延安市产业发展概况

"十五"期间，延安市总体经济保持快速增长，全市生产总值突破300亿元。2005年全市生产总值达370.62亿元，按可比价计算，比上年增长15.9％。其中，第一产业增加值29.47亿元，增长10.2％；第二产业增加值285.19亿元，增长18.8％；第三产业增加值55.96亿元，增长8.5％。2006年全市实现生产总值453.11亿元，比上年增长16.2％，其增速位居陕西省第二位。其中，第一产业增加值35.04亿元，增长6.4％；第二产业增加值356.21亿元，增长18.3％；第三产业增加值61.86亿元，增长10.5％。三次产业的贡献率分别为5.3％、86.1％和8.6％，分别拉动GDP增长0.5、14.1和1.6个百分点，三次产业的比例也由上年的8：77：15调整到7.7：78.6：13.7。

（2）延安市第一产业结构调整步伐加快

2006年，延安市实现农林牧渔业总产值57.44亿元（含服务业），按可比价计算比上年增长6.4％。图3-3-7和表3-3-4列出了延安市2005年第一产业的内部结构情况，农、牧业占农业总产值的主要比重，且较上年增长也较多，说明农业结构调整的步伐加快，农业生产稳步发展。虽然粮食播种面积在减少，但粮食产量在增长。蔬菜、草畜、水果三大产业

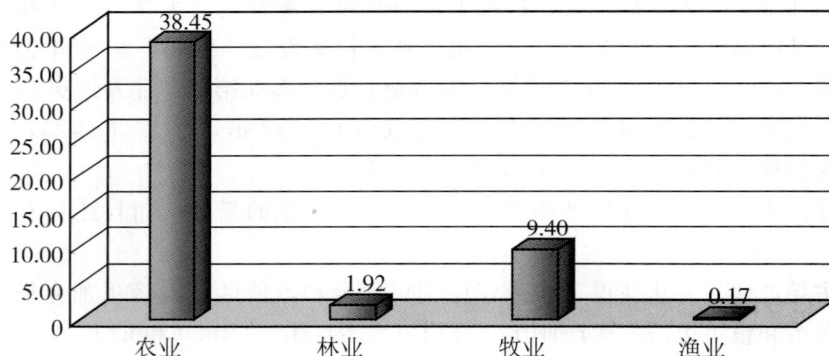

图 3-3-7　2005年延安市第一产业内部结构（单位：亿元）

资料来源：《延安市统计年鉴》（2005年）。

表 3-3-4　延安市第一产业产值主要分类情况（2005年）

产业	产值/（亿元）	比上年增长的比例/％	产业	产值/（亿元）	比上年增长的比例/％
农业	38.45	13.71	牧业	9.40	13.82
林业	1.92	−32.10	渔业	0.17	19.95

资料来源：《延安市统计年鉴》（2005年）。

规模不断扩大，效率明显提高。蔬菜产量达 51.98×10^4 t，增长 3.8%；全年水果总产达 122.56×10^4 t，增长 20.8%，其中苹果总产 117.82×10^4 t，增长 23.6%。

（3）主导产业增长迅速

近年来，延安市工业生产持续快速增长，经济效益明显提升，全市工业实现增加值 276.44 亿元，比上年增长 19.7%。规模以上工业企业完成产值 537.29 亿元（含长庆油田），增长 22.58%。2005 年，四大主导产业产品产量均比上年有不同程度增长（表 3-3-5）。从表中可以看出，其主导产业中除了有能源产业之外，卷烟产业已成为当地乃至整个区域的特色。

表 3-3-5　延安市四大主导产业产量（2005 年）

产品	产量	比上年增长的百分比/%
原油	752.09×10^4 t	20.05
原油加工量	776.57×10^4 t	19.37
原煤	734.89×10^4 t	14.20
卷烟	26.5 万箱	0.78
发电量	3.08×10^8 kW·h	28.35

资料来源：《延安市统计年鉴》（2005 年）。

2006 年，延安市全部工业实现增加值 345.92 亿元，比上年增长 18.5%，对全市经济的贡献率为 84.2%，拉动经济增长 13.8 个百分点，占 GDP 总量的 76.34%，其中规模以上工业实现增加值 342.04 亿元，增长 18.7%，实现产值 761.79 亿元，增长 20.1%。四大主导产业产品三增一减（表 3-3-6）。

表 3-3-6　延安市四大主导产业产量（2005 年）

产品	产量	比上年增长的百分比/%
原油	810.24×10^4 t	8.12
原油加工量	877.31×10^4 t	12.97
原煤	696.68×10^4 t	−4.24
卷烟	28.5 万箱	7.55
发电量	3.12×10^8 kW·h	1.29

资料来源：《延安市统计年鉴》（2005 年）。

（4）旅游业发展势头强劲

延安作为国内红色旅游的基地之一，文化旅游业发展势头强劲，游客结构呈现多元化趋势。2006 年共接待国内外游客 564.5 万人次，实现旅游综合收入 25.61 亿元，增长 26.03%，并荣获“中国优秀旅游城市”称号。在此基础上，延安市坚持高起点、大手笔、大投入，加强以革命纪念地为核心的四大旅游景区开发建设，深入挖掘革命文化、历史文化、黄土风情文化内涵，打造国内一流的精品景区和黄金旅游线路，提升“红色圣地、魅力延安”的旅游城市形象。

2. 内蒙古自治区鄂尔多斯市产业现状

(1)鄂尔多斯市产业发展概况

改革开放以来,鄂尔多斯市有效实施资源转换战略,致力于发展民营经济,使国民经济特别是工业经济爆发出前所未有的活力,一、二、三次产业的比例由 1978 年的 45∶28∶27 调整到 2005 年的 7.5∶52.4∶40.1,2006 年达到 5.7∶54.3∶40,实现了以农牧业经济为主导向以工业经济为主导的历史性转变,初步构筑起了煤炭、电力、绒纺、化工、建材五大支柱产业,走出了一条特色鲜明的区域经济快速发展之路。地方著名的大集团公司有鄂尔多斯、伊泰、伊化、亿利、蒙西、万正、东达蒙古王等。全市综合实力跻身全国百强市第 53 位,经济总量进入西部 145 个地级市前 15 位。

"十五"期间,是鄂尔多斯发展速度最快、经济效益最好、人民得实惠最多、变化最为显著的五年。2005 年,全市地区生产总值达到 595 亿元(人均 4971 美元);财政总收入达到 93.4 亿元,其中地方财政收入 46.1 亿元,占到财政总收入的 49.36%。2006 年,全市地方财政收入达到 82.26 亿元,占全市财政总收入的比重达到 56.42%。

(2)鄂尔多斯市第一产业以农牧业为主

表 3-3-7 是全市第一产业增加值的主要分类情况表,从表中可以看出农业、牧业占据了增加值的主要部分,显示出其主导地位。

(3)鄂尔多斯市工业内部结构趋于优化,优势产业不断壮大

针对工业发展中存在的"总量小、产业链短、产业层次低、增长粗放、污染严重"等突出问题,2001 年鄂尔多斯政府提出了高起点、高科技、高效益、高产业链、高附加值和高度节能环保"六高"工业化发展思路,加快推进工业化进程,并采取了一系列举措。

表 3-3-7　鄂尔多斯市第一产业增加值分类情况(2005 年)

产业	增加值/(亿元)
农业	20.9
林业	1.6
牧业	18.4
渔业	0.4

资料来源:根据调研资料整理。

一是适应国家宏观调控的需要,先后取缔了五小企业 200 多家,地方煤矿由 1 300 多个压缩到 267 个,煤炭年产量由 2000 年的 $2\ 679\times10^4$ t 增加到 2004 年的 1.5×10^8 t,成为全国首个亿吨级现代化煤炭生产基地。

二是积极推进工业园区建设,停产整顿了 200 多家高污染企业,规划建设了蒙西、棋盘井、树林召等八个工业集中发展区,建设了一批有比较优势的煤液化、煤焦联产、煤电联产、煤电冶金联产项目,使煤、电、化工等产业呈现出集群化发展态势。

三是加大招商引资和项目推进力度,"十五"期间全市累计实施亿元以上项目 376 个,总投资达到 4 290 亿元。2004 年 8 月,世界首家煤直接液化项目——神华煤制油直接液化项目在鄂尔多斯市伊金霍洛旗开工建设,仅一期工程投资就达 245 亿元。近年来,一批投资在十几亿元、几十亿元的煤矿和电厂、天然气和煤制甲醇及二甲醚、PVC 等能源化工项目陆续在这里开工建设,目前,投资一亿元左右的项目在鄂尔多斯市已算不上大的项目。

四是加快科技创新,围绕羊绒、煤炭、化工等主导产业,建设了一批国家级和自治区级的技术研究中心,扶持和引导企业建立了 3 个博士后工作站、3 个国家级企业技术中心、1 个国家级工程技术中心。鄂尔多斯市已被科技部列为"全国技术创新试点区域"和"国家新

材料成果及产业化基地"。

五是积极培育新型产业，2004 年引进了投资 10 亿元、年产 5 万辆华泰汽车的制造项目，2005 年 10 月已经正式投产；2005 年 8 月份又开工建设二期工程，工程结束后将达到年销售收入 900 亿元、税收 138 亿元、提供直接就业岗位 2 万个的生产规模。截至 2004 年年底，全市规模以上工业增加值达到 203 亿元，相当于"九五"末的五倍多，全市年销售收入过亿元的企业达到 50 家。

表 3-3-8 是鄂尔多斯 2005 年工业增加值的主要分类情况表，从表中可以看出支柱型的工业除了属于重工业的煤炭开采业、非金属矿物制品业外，轻工业的纺织业也占有一定的比重。

表 3-3-8　鄂尔多斯市工业增加值主要分类情况（2005 年）

产业	增加值/（亿元）	比上年增长的比例/％
煤炭开采业	93.4	40.3
纺织业	22.0	18.8
电力生产和供应业	24.8	27.6
非金属矿物制品业	11.4	39.5
石油加工炼焦行业	11.2	32.4
燃气生产供应业	11.1	119.2
化工原料及化学制品业	11.1	10.7

资料来源：根据调研资料整理。

"十五"以来，鄂尔多斯市依托城市，发挥优势，深挖潜力，通过集聚加快第三产业发展，通过建设旅游大市、文化大市、运输大市，第三产业取得了前所未有的重大进展。三次产业的比重由"九五"末的 16∶60∶24 调整到现在的 5.7∶54.3∶40，传统服务业向集约化、高层次现代服务业演进，具有鲜明地方特色的文化、旅游、运输产业蓬勃发展；"十五"以来，鄂尔多斯市先后投资旅游建设近 17 亿元，建成旅游景点区 35 个、星级旅游饭店 18 家、旅行社 30 家，年平均旅游接待量 188 万人次，2005 年全市旅游人数达 310 万人次，旅游收入达 13 亿元。成吉思汗陵旅游区、响沙湾旅游区被评为国家 4A 级旅游景区。成吉思汗陵旅游开发区成为自治区首个全国文化产业示范基地，"成吉思汗祭祀"、"鄂尔多斯婚礼"进入全国非物质文化遗产保护名录。运输业发展迅猛，全年完成货运周转量 122×10^8 t·km，增长 33％。

（4）鄂尔多斯市非公有制经济发展规模不断扩大

截至 2007 年年底，全市个体工商户达到 48 922 户，私营企业有 7 164 家，分别比 2000 年增长 28.9％、300.9％；非公有制经济创造的增加值达到 689.1 亿元，是 2000 年的 6.8 倍；非公有制经济完成税收 136 亿元，是 2000 年的 15 倍，占税收总额的比重由 2000 年的 60％提高到 79.7％。2007 年，全市非公有制经济完成投资 531.1 亿元，是 2000 年的 30 倍，年均增长 62.9％，非公有投资占全社会投资的比重由 2000 年的 35％上升到 60％。全市新增就业岗位大部分来自非公有制领域，非公有制经济从业人员由 2000 年的 17.1 万人增加到 43.8 万人。非公有制经济不仅成为推动鄂尔多斯经济发展的重要力量，而且成为全市经济发展中最具活力、最具潜力的增长点。

(5)在城市建设上，鄂尔多斯市的发展呈现出两个特点

● 着力打造城市核心区，开创城市化发展新局面。2001年撤盟设市后，鄂尔多斯市及时提出了"拉大、补欠、崛起"的城市化思路，规划了以"一市两区、三个组团"为城市核心区，辐射具备产业支撑和发展潜力的重点城镇的城镇化发展布局。坚持高起点、高标准，在短短两年多时间内，就在距东胜23 km处的地方打造出了一个现代化的新城区——康巴什新区。2005年7月，市委、市政府正式迁入新区办工。在新区开发建设中，依托市场，坚持走"以地生财、以区聚业、企业化开发"的路子，巧借市场力量，通过城投公司向国家开发银行融资11.5亿元投入新区，一次性征用32 km²土地，成功地破解了新区建设中资金困难问题。通过两年多的建设，累计完成投资18亿元，规划区32 km²的市政基础设施工程已基本配套到位，供水、雨水、中水、污水、供热、排污、供电、通信八种管网一次性下地，道路系统一步到位，将"生地"变成"熟地"，实现了土地的增值。目前土地挂牌价格已经升到20万元/亩，预期收益50多亿元，不但可以回收全部投资，而且还积累了持续发展的资金。在建成长2 km、宽200 m的成吉思汗广场后，2005年5月，开工建设总建筑面积为$30×10^4$ m²的新区七大标志性文化工程——博物馆、民族剧院、图书档案馆、文化艺术中心、新闻中心、会展中心和体育中心。为了充分体现地域文化和民族特点，康巴什新区从规划编制之初，就采用与国际同等城市接轨的开放思维，通过国际公开招标的方式进行。总体规划由清华大学城市规划院完成，新区中心区4 km²修建性详细规划暨中心区域市设计方案由清华大学、同济大学和德国、日本等6家设计单位编制，各类规划设计费用近4 000万元。新区的建设也为东胜区的改造提升留下了发展空间，使老城区的面积由过去不足16 km²扩展到现在的35.1 km²。2007年，鄂尔多斯市常住人口154.8万，城镇人口94.4万，城镇化水平已达到61.0%，较2006年提高3.9个百分点。

● 进一步改善基础设施，不断优化发展环境。近年来，鄂尔多斯市坚持抢先、领先、超前和一步到位的思想，以市场机制、企业运作来推动基础建设，在国家少投资甚至不投资的情况下，完成投资500多亿元，构建起了水、电、通信基础供应网络和公路、铁路、航空相结合的立体化交通体系。先后修建了5座大中型水库，完成了东胜和棋盘井两个引黄供水工程，为打造"鄂尔多斯沿河工业带"提供了充足的水资源保障；在积极争取更多的黄河用水指标的同时，鄂尔多斯市政府力争通过水权置换，调整部分农业用水给工业。由鄂绒、达电、亿利、北方等14家企业投资6亿元，用2～3年的时间，对杭锦旗黄河南岸的农田灌溉系统进行改造，将自流灌区引黄指标从$4.1×10^8$ m³降至$2.8×10^8$ m³，从而将节余的$1.3×10^8$ m³黄河用水指标用于工业项目，这一举措使农牧业和工业实现了双赢。目前，全市已经建成和正在建设的高速公路692 km，地方铁路792 km，鄂尔多斯机场建成投运；全市电力装机容量达到$488×10^4$ kW，新建550 kV变电站2座，旗区全部实现了220 kV主供电，年供电能力达到$268.7×10^4$ kW，为建设国家能源化工基地打造了坚实的基础平台。

3. 山西省大同市产业现状

大同市位于山西省最北端，是山西省第二大工业城市，矿藏资源丰富，是我国重要的优质动力煤生产基地，也是全国重要的煤炭能源重化工基地。大同既是闻名全国的"煤都"，也是国家首批公布的24个历史文化名城之一。

近年来，大同市把产业结构调整作为工作重点之一，着力构建煤炭、电力、机械、冶

金、医药化工、建材六大支柱产业体系，产业发展呈现如下特色。

（1）大同市产业结构趋于优化

表 3-3-9 中数据显示，2006 年与 2005 年相比，大同市第一产业和第二产业在国民经济中的比例略有下降，第三产业上升了 1.58 个百分点，产业结构出现优化趋势。

表 3-3-9　大同市三大产业产值变化情况（2005～2006 年）　（单位：亿元）

产值	2005 年	2006 年
GDP	370.25	405.96
第一产业	21.91	23.03
第二产业	199.43	213.24
第三产业	148.91	169.69
三产比	5.92：53.86：40.22	5.67：52.53：41.8

资料来源：根据《大同经济运行监测》（2006 年）整理。

（2）大同市第一产业发展速度加快

相对于全市经济综合增长速度而言，大同市第一产业增长速度迅速加快。2005 年，第一产业增加值比上年增长 2.3％；2006 年，这一指标达到了 7.61％，接近全市经济综合增长速度（8.0％）（表 3-3-10）。

表 3-3-10　大同市第一产业发展概况（2005～2006 年）　（单位：万元）

产业	2005 年	2006 年		
	产值/（万元）	产值/（万元）	同比增长/%	占第一产业产值的比例/%
第一产业	421 187	453 229	7.61	100.00
农业	221 707	236 096	6.49	52.09
林业	19 572	17 749	−9.31	3.92
牧业	163 927	183 307	11.82	40.44
渔业	853	1 361	59.55	0.30
农林牧副渔服务业	15 128	14 716	−2.72	3.25

资料来源：根据《大同经济运行监测》（2006 年）整理。

如表 3-3-10 所示，若以产值来衡量，在第一产业内部，农业和牧业占有最重要的地位。2006 年，全市农林牧渔总产值中，农业产值完成 23.61 亿元，增长 6.49％；牧业产值完成 18.33 亿元，增长 11.82％。用表 3-3-10 中数据计算可得知，2006 年，农业和牧业产值占第一产业总产值的 92.53％。而林业和农林牧渔服务业产值比 2005 年有所下降。

除了种植业的增长之外，农业产业化进程也有所进展。2006 年，全市农业产业化龙头企业项目建设取得了突破性进展，年初确定的 33 个重点项目全部开工建设，总投资达到 3.6 亿元，其中有 10 个项目投资规模在 5 000 万元以上。

（3）大同市工业结构由以煤电为主向多元化发展

近年来，全市工业生产保持了高速增长状态。工业增加值从"九五"期末的 58.48 亿元，增加到 2006 年的 167.05 亿元，共增长了 185.65%。

在大同市工业经济中，煤炭产业占有最重要的地位。一是煤炭产业所占比重大，煤炭产业占据大同市经济半壁江山，单一产业对城市发展影响之大，即使在全国同类煤炭城市中也是首屈一指的。二是煤炭产业的拉动作用明显。2004 年，煤炭行业实现增加值 81 亿元，占全市 GDP 总量的 27%，与煤炭紧密相关的电力行业实现增加值 21 亿元、煤炭运输业实现增加值 7 亿元，三项合计占全市经济总量的 36.3%。

表 3-3-11　大同市主要工业部门发展概况

产业	占全市工业 的比例①/%	发展概况
煤炭	58.66	是全市经济中的首要产业，资产总额 245 亿元
电力	12.61	是全市经济重要的支柱产业，资产总额 52 亿元。发电装机容量占全省 16% 以上
冶金	8.97	是全市经济第三大支柱产业，基础条件较好。资产总额 37.5 亿元。主要产品有生铁、普钢、钢坯、金属镁等九种
机械	6.00	电力机车产量全国第二，军用柴油发动机全国仅此一家。资产总额 64 亿元
医药	4.93	具有良好的自然条件和技术实力，产品以抗生素原料药为主，共 1500 个品种
化工	3.97	化工行业以橡胶和树脂产品为主。医药化工行业资产总额 51.3 亿元
建材	5.17	产品以水泥为主，以石材、陶瓷等新材料多方面发展。资产总额 43 亿元
食品	0.47	规模较小，有待进一步发展

资料来源：根据《大同市工业经济"十一五"发展规划纲要》和《大同经济运行监测》(2006 年)整理。

在煤炭加工转化和综合利用方面，2005 年，大同市洗选配煤能力达到 $4\,200\times10^4$ t。活性炭产量已达 15×10^4 t，兰炭生产能力已达 500×10^4 t，100×10^4 t 水煤浆生产能力已经形成。2005 年和 2006 年，煤炭行业增加值占全市工业增加值的比重分别为 55.60% 和 58.66%。

近年来，大同市工业经济发生了显著变化，即工业内部结构的变化趋于多元化。表 3-3-12 中数据显示，2006 年，轻工业增长速度快于重工业。轻工业实现增加值同比增长 15.07%，重工业同比增长 7.43，轻工业比重工业高 7.64 个百分点。冶金、医药和建材业都有较大幅度的增长。支柱产业逐渐从煤电主导过渡到多产业共同支撑的格局。

从隶属关系看，大同市工业企业的产值以中央企业增长速度较快。中央企业实现增加值同比增长 18.98%，省属企业同比增长 6.31%，市地方企业同比增长 6.13%。

（4）旅游业发展的潜力和困难

大同名胜古迹众多，旅游资源享誉中外，世界级、国家级景点有十几处。丰富的旅游资源使其发展第三产业具备得天独厚的条件。近年来，大同市出台了一系列鼓励政策，以促进旅游业的发展。2006 年，大同市委、市政府把旅游业列为与煤炭、电力行业并驾齐驱的战略性行业。

---

① 采用 2006 年该行业的增加值占工业增加值的比重来衡量。

表 3-3-12　大同市 2005 年和 2006 年经济运行概况

产业		2005 年	2006 年		
		产值/（亿元）	产值/（亿元）	占经济总量百分比/%	同比增加/%
第一产业		23.03	21.91	5.40	7.61
工业	煤炭	170.30	185.20	45.62	8.74
	冶金	48.68	54.44	13.41	11.84
	食品	1.86	2.01	0.49	8.08
	化学	21.17	23.64	5.82	11.66
	医药	19.47	22.18	5.46	13.94
	机械	35.12	42.74	10.53	21.17
	建材	20.57	27.82	6.85	35.25
	电力	38.88	4.78	1.18	22.79
第三产业		148.91	169.69	41.80	11.70

资料来源：根据《大同经济运行监测》（2006 年）整理。

　　大同市旅游资源开发利用程度较低，没有充分发挥其优势，在饮食和游览活动上也缺乏特色，丰富的文化旅游资源还有很大开发潜力。与承德、洛阳等同等城市相比，旅游业的收入差距很大。大同距离北京这个巨大的国际化旅游市场和消费市场很近，十分有利于发展旅游业。

　　发展旅游业需要良好的环境。大同市环境恶化对旅游资源造成了破坏，给全市旅游业的发展带来了不利影响。资源因素也制约了大同市旅游业的发展，尤其是水资源，不仅总量短缺，而且污染严重。这些都是未来旅游业发展中必须解决的问题。

　　（5）产业发展中存在的问题

　　长期以来，大同市经济增长的特点是以煤炭及相关产业为主导，煤炭产业超常规发展，带动着工业化和城市化水平大幅度提升。煤炭基础产业的特性和所有制结构单一，制约着其他产业的发展。这种增长模式带来的弊端是很明显的。

　　首先，是经济增长的低质量。近年来，全市工业经济取得了较快发展，但仍然存在产业结构不合理、粗放经营、高投入、高消耗、低效益等现象，万元 GDP 能耗超出全国一倍还多。

　　其次，是资源枯竭的威胁。目前，大同市优质侏罗纪煤炭精查储量仅剩二十多亿吨，按各类煤矿平均不到 50% 的回采率，以目前年均近一亿吨的开采量计算，侏罗纪煤开采期最多只有十年。虽然石炭二叠纪煤炭的储量比较大，但其未来市场前景和生态环境影响等重要问题还未得到充分研究，具有很大的不确定性。

　　最后，是煤矿企业带来的环境问题。大同市累计采空面积已达 833.6 km²，地面塌陷 67 处，1 723.92 hm²，累计引发的耕地破坏、地面和地下工程损失近 10 亿元。每年渗漏地下水 2 000×10⁴ t，目前全市市区地下水开采已达 2×10⁸ m³，采水强度 160%，超采面积 398 km²，市区完全位于超采区，地下水降落漏斗总面积 94.4 km²。煤炭对水质的污染，更加剧了大同市水资源的危机。煤区生产也对全市大气环境造成了极大地破坏。

　　4. 宁夏回族自治区银川市产业现状

　　（1）银川市经济发展概况

　　银川市位于黄河上游宁夏平原中部，东以黄河和明长城为界，与内蒙古鄂尔多斯市鄂托克前旗毗邻；西依贺兰山，与内蒙古阿拉善盟为邻；南接宁夏吴忠市；北连宁夏石嘴山市平罗县。银川市地形分为山地和平原，平均海拔为 1 010～1 150 m，属中温带大陆性气候，四季分明，春迟夏短，秋早冬长，昼夜温差大。总面积 7 080 km²，植被以草原为主，森林覆盖率 11.5%，有国家珍稀保护动物 32 种，有野生药用植物 40 多种。矿产资源主要有煤炭、石油、天然气、白云岩等，雕刻制砚的贺兰石远近闻名。近年来，经济快速发展，综合实力不断增强。2008 年，全市实现生产总值 514.11 亿元，按可比价格计算，比上年增长 13.3%，比 2000 年以来八年平均增速高 0.4 个百分点(图 3-3-8)。其中，第一产业完成增加值 30.23 亿元，增长 7.3%；第二产业完成增加值 250.71 亿元，增长 15.1%；第三产业完成增加值 233.17 亿元，增长 12.2%。一、二、三产业比例关系为 5.9∶48.8∶45.3。按常住人口计算，全市人均生产总值 31 436 元。

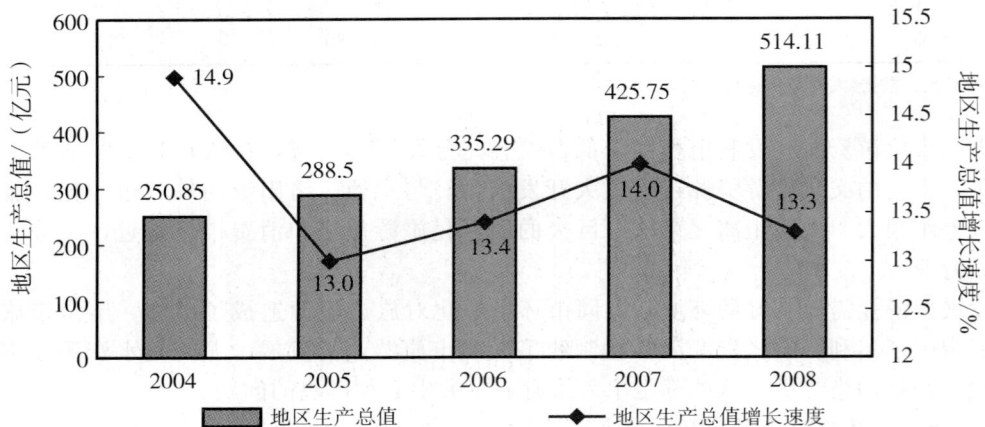

图 3-3-8　2004～2008 年银川市地区生产总值及其增速

资料来源：银川市 2008 年国民经济和社会发展统计公报。

（2）银川市第一产业以农牧业为主

银川平原土地肥沃，沟渠纵横，灌溉便利，素有"塞上江南"的美称，永宁县、贺兰县是国家级商品粮生产基地。主要粮食作物有水稻、小麦、玉米、豆类。水果主要有苹果、梨、葡萄、枣、枸杞等；畜牧养殖业产品有猪、牛、羊、家禽，以及獭兔、肉鸽、火鸡、蚕等特种动物。水产品主要有鱼、虾、蟹等，是西北最大的商

表 3-3-13　银川市第一产业的产值结构（2006 年）

产业	产值/（亿元）	比上年增长/%
农业	23.86	10.1
林业	0.52	−3.2
牧业	10.46	2.9
渔业	2.90	0.9

资料来源：根据调研资料整理。

品鱼基地。2008 年银川市完成农林牧渔业总产值 55 亿元，比上年增长 8.0%。表 3-3-13、图 3-3-9 列出了银川市 2006 年第一产业的内部结构情况，农、牧业占农业总产值的主要比重，且较上年的增长也较多，这说明农业结构调整的步伐在加快，农业生产稳步发展。

（3）银川市重化工业快速增长

银川市依托煤炭、电力和农产品等资源优势，形成了以化工、机电、食品、建材、生

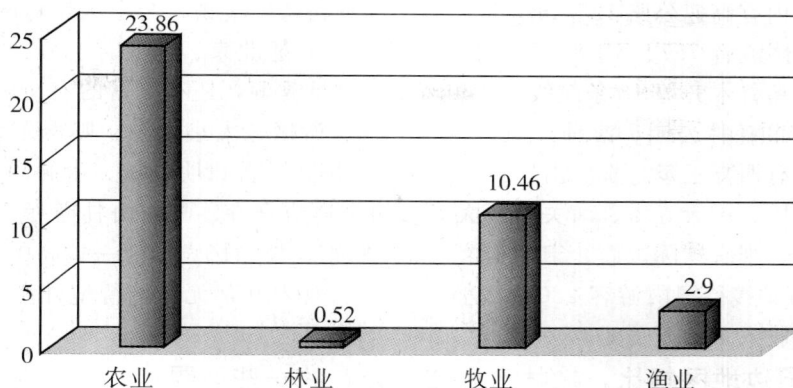

图 3-3-9　银川市第一产业的产值结构（2006 年）
资料来源：根据调研资料整理。

物制药为主导的工业体系。主要工业产品有汽油、柴油、化肥、合成洗涤剂、轮胎、原煤、中成药、西药、机床、轴承、变压器、起重设备、铁合金、乳制品、酒类、味精、水泥、平板玻璃、机制纸等 100 多种。2008 年完成工业总产值 639.19 亿元，比上年增长 23.4％，其中规模以上工业总产值 597.93 亿元，增长 24.3％。全部工业增加值 211.46 亿元，比上年增长 16.3％，其中规模以上工业增加值 200.95 亿元，增长 17.0％。全市规模以上工业企业中，煤炭开采和洗选业产值比上年增长 57.5％；化学原料及化学制品制造业增长 36.7％；石油加工、炼焦业增长 30.8％；纺织业增长 24.5％；电力、热力的生产和供应业增长 22.3％；医药制造业增长 12.6％；通用设备制造业增长 10.8％。

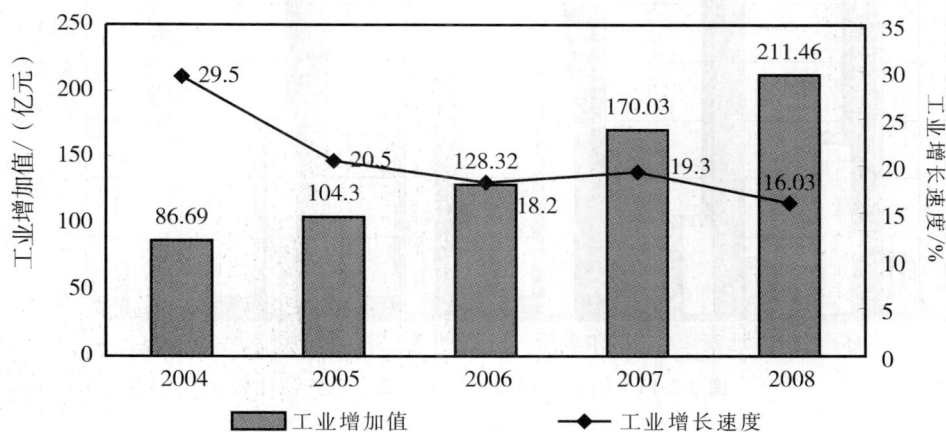

图 3-3-10　2004～2008 年银川市工业增加值及其增长速度
资料来源：银川市 2008 年国民经济和社会发展统计公报。

（4）银川市第三产业发展势头良好

银川市商业贸易繁荣活跃，商品交易市场发展迅速，拥有新华百货、华联商厦、丽华连锁店、宁夏商都、银川商城等一批较为有名的大中型商业企业和设施。围绕"回族风情"、"塞上江南"、"西夏古都"三大特色，城市总体景观建设、城市交通以及各项社会事业有较快发展。对外交通已形成公路、铁路、航空相交织的立体运输网络。公路有 6 条国道通往全国各地，境内有高速公路 125 km；铁路有包兰铁路、中宝铁路与全国铁路网相连；银川河东机场可起降波音 757、MD82 等大中型客机，已开通北京、西安、上海、广州、重庆、昆明、成都、乌鲁木齐等 18 条航线。银川市自然风景秀丽，还有丰富的人文历史景观。自然景观有苏峪口森林公园、滚钟口风景区、金水旅游区、大小西湖、鸣翠湖、鹤泉湖等；人文历史景观有西夏王陵、贺兰山岩画、拜寺口双塔、三关口明长城、水洞沟遗址、鼓楼、玉皇阁、海宝塔、承天寺塔、南关清真大寺、纳家户清真寺、马鞍山甘露寺、镇北堡华夏西部影视城等。现有国际饭店、宁丰宾馆、虹桥宾馆、长相忆宾馆等一批高中档旅游设施。2002 年银川市共接待国内游客 280 万人次，旅游总收入 9 亿元；接待境外游客 0.48 万人次，旅游外汇收入 136 万美元。

（三）和周边地区相比，榆林产业结构存在的一些问题

通过以上介绍，可以看出，榆林市一、二、三产业的结构同周边地区比较，仍存在着许多问题（图 3-3-11）。由于这一区域能源资源富集，各地的支柱产业中均由煤炭、电力等领衔，能源工业等重工业的比重极大，这已导致产业结构出现一头重的局面，各地市在"十一五"的规划中，均将发展能源工业作为主打。为避免产业结构过分偏倚重工业，周边地区在发展能源工业的同时，兼顾发展轻纺工业、旅游产业等，如鄂尔多斯的轻纺、化工工业等已经为城市的建设提供了相当的支持，延安、庆阳的旅游产业也在加紧建设之中。

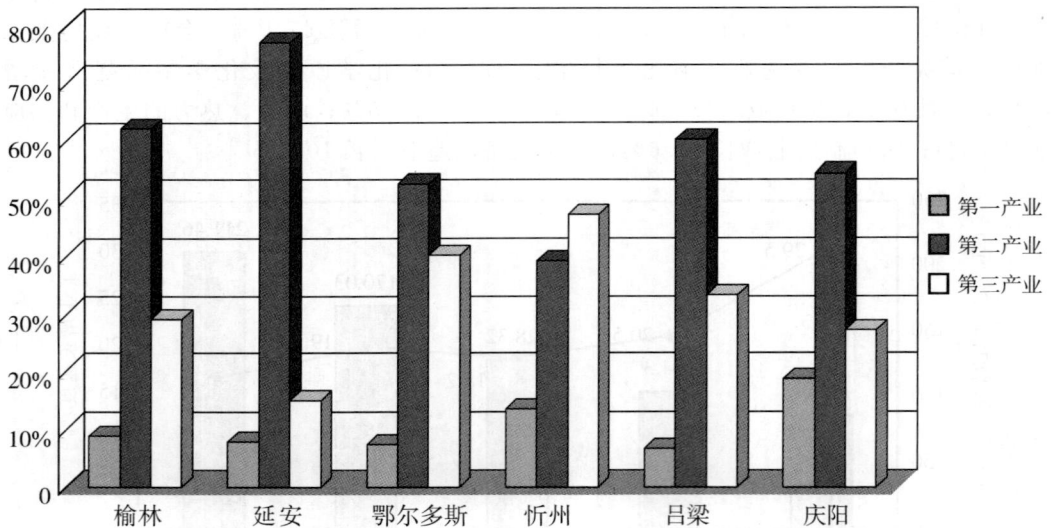

图 3-3-11　榆林与周边地区一、二、三产业比较
资料来源：根据调研资料整理。

通过对比可以发现，目前榆林市产业发展存在的问题主要表现在以下四个方面。

第一，产业结构不合理。工业独大，第三产业发展相对滞后，第一产业由于自然环境、产业组织等原因，对农民收入增长的带动作用极小。2004 年，鄂尔多斯的发展速度已经远远超越了榆林，其各项经济指标均显示出强大的发展势头（表 3-3-14）。

表 3-3-14 榆林、延安、鄂尔多斯主要经济指标对比 (2004 年)

地区	生产总值 /(亿元)	产业结构			生产总值比 上年增长/%	人均生产 总值/元
		第一产业	第二产业(工业)	第三产业		
榆林市	185.0	25.2	114.9(88.7)	44.9	17.5	5 288
延安市	191.8	23.5	129.7(113.7)	38.6	16.8	9 184
鄂尔多斯	380.4	40.0	226.0(176.0)	114.3	31.0	26 000

资料来源：根据对榆林市、延安市、鄂尔多斯市三市调研资料整理。

第二，地方工业内部结构不合理，发展极不平衡。从工业结构看，重工业大，轻工业小。改革开放以来，榆林市重工业快速发展，而轻工业相对萎缩。1978~2006 年，重工业总产值从 4 534 万元增加到 548.26 亿元，占全部工业总产值的比重从 32.8% 上升到 99.3%；轻工业总产值从 9 293 万元增加到 2006 年的 38 648 万元，比重从 67.2% 下降到 0.7%。全市规模以上工业总产值中，重工业比重从 1978 年的 32.80% 上升到 2006 年的 98.35%，而且在重工业中基本是原料开采业。轻工业比重则从 67.20% 下降到 1.65%。从表 3-3-15 可以看出，榆林规模以上工业企业的主要产品中，几乎全部为能源产品及其副产品。

表 3-3-15 2008 年榆林市规模以上企业主要产品产量表

产品名称	产量	比上年增长百分比/%
原煤	$15533×10^4$ t	20.9
原盐	$41×10^4$ t	26.0
天然原油	$749×10^4$ t	14.5
汽油	581802 t	9.3
柴油	772462 t	6.1
天然气	$87×10^8$ m^3	15.0
原油加工量	$193×10^4$ t	16.7
精甲醇	$82×10^4$ t	14.6
发电量	$238×10^8$ kW·h	40.3
火电	$67.94×10^8$ kW·h	−38.8
平板玻璃	711 万重量箱	−4.1
焦炭	$786×10^4$ t	50.4
电石	$106×10^4$ t	−6.3
水泥	$98×10^4$ t	14.6
铁合金	$16×10^4$ t	35.6
金属镁	$8×10^4$ t	23.3

资料来源：根据调研资料整理。

第三，从工业布局看，北部大，南部小。随着工业经济特别是能源重化工工业的发展，榆林市工业产业的区域结构发生了根本性的变化。从工业总产值的地区分布来看，北六县(区)的工业总产值远远超过南六县，如图 3-2-12 所示，北六县(区)工业总产值在全市工业总产值中的比重从 1978 年的 72.93% 上升到 2005 年的 98.62%，而南六县则从 1978 年的

27.07%下降到 2005 年的 1.37%。南北地区工业发展相差悬殊。2005 年，全市共有规模以上工业企业 364 个，北部六县 338 个，占 93%，南六县 26 个，仅占 7%。支撑全市工业的主要是长庆油田和神华集团等中省企业，地方工业企业规模普遍较小。2006 年全市规模以上工业企业总产值中，地方企业产值仅占 27.6%，中省企业产值占 72.94%。

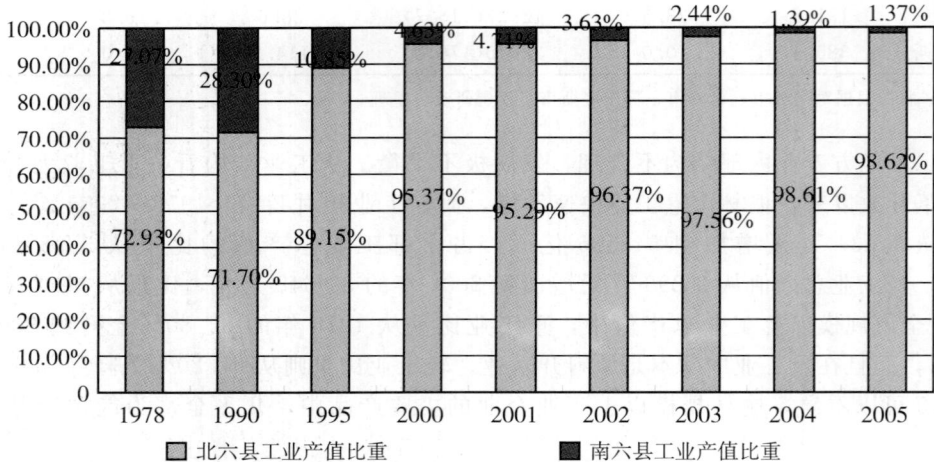

图 3-3-12　1978～2005 年榆林市工业总产值的区域分布结构

资料来源：《榆林统计年鉴》(1978～2005 年)。

第四，地方工业发展水平较低。地方工业普遍存在规模小、技术水平低、生产工艺落后、产品单一、市场竞争力弱、企业之间的关联度低等问题，还没有形成独具地方特色和有强劲带动作用的骨干龙头企业；低水平扩张经济的问题没有得到很好的解决，特别是政策滞后，导致部分区域和行业出现了盲目低水平重复建设的情况，带来了比较严重的资源浪费和环境污染问题；企业自主创新能力较低，新产品、新技术研发困难，国有企业产品结构调整滞后，特别是传统产业由于不能适应激烈的市场竞争而经营困难，有的濒临破产。

第四章　榆林市区域经济发展的主要特色和问题

一、县域经济发展格局

由于历史和资源等因素的作用，榆林市经济发展呈现出南北分区的格局。北部六县（区）包括榆阳、神木、府谷、横山、靖边和定边六个县（区）；总面积为 33 992 km²，占全市总面积的 78%；人口 200.23 万，占全市总人口的 56.9%，其中农业人口 158.44 万，占北部六县（区）总人口的 79.13%。南六县位于长城沿线以南的黄土丘陵区腹地，包括绥德、米脂、佳县、吴堡、子洲、清涧六个县；总面积为 9 434 km²，占全市的 22%；人口 152.15 万，占全市总人口的 43.1%，其中农业人口 122.38 万，占南六县总人口的 80.43%。

历史上，北六县（区）的经济基础好于南六县，随着北部丰富的能源资源得到开发，特别是 20 世纪 90 年代中期以来，南北经济发展日渐失衡，南北差距逐渐演变为榆林市经济发展中的一个突出的问题。

（一）总量指标

1. 以 GDP 来衡量，南北差距呈现明显的扩大趋势

与全市整体发展相比，北部六县（区）的发展明显较快，神木、靖边两县已经进入"西部经济百强县"。而南六县却明显落后，2005 年，南六县的 GDP 只有 31.14 亿元，占全市 GDP 的 9.7%，为全市平均水平的 25%，还不到神木县的一半。1990 年到 1995 年，榆林市各县（区）的人均 GDP 差距还不是特别明显，从 1995 年以后，南六县的人均 GDP 开始明显低于北部六县（区），到 2005 年，北部部分县（区）与南部各县的人均 GDP 的差距变得很大（图 4-1-1）。表 4-1-1 是自 1978 年以来全市 12 个县（区）的人均 GDP 变化情况。

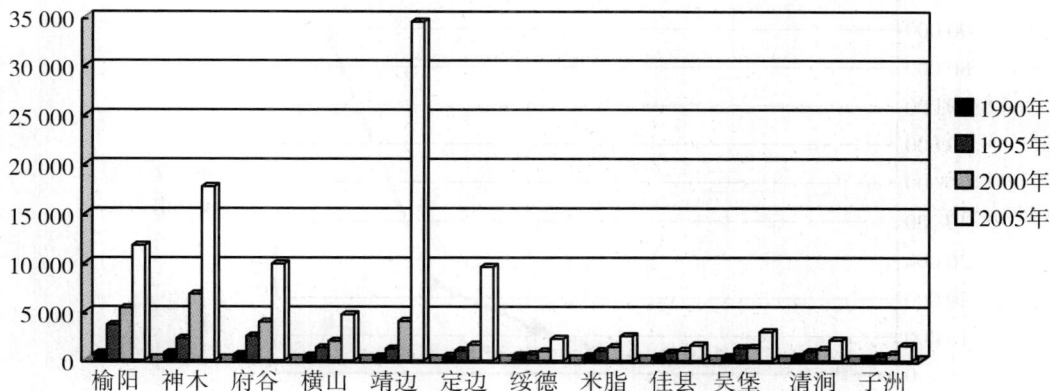

图 4-1-1　1990 年以来榆林市各县（区）人均 GDP 比较（单位：元）

资料来源：《榆林统计年鉴》(1990～2005 年)。

表 4-1-1　　榆林市各县(区)1978 年以来的人均 GDP　　　　(单位：元/人)

县(区)	1978 年	1980 年	1990 年	1995 年	2000 年	2005 年	2008 年
榆阳	220.26	278.35	754.01	3 679.44	5 410.94	11 787.40	22 837.57
神木	142.14	178.08	793.40	2 281.08	6 841.30	17 747.50	70 350.00
府谷	155.85	143.45	609.56	2 531.96	3 977.48	9 925.64	—
横山	142.14	176.42	467.55	1 341.38	2 005.50	4 732.50	15 332.00
靖边	132.90	209.01	399.84	1 231.94	4 076.05	34 520.51	81 852.48
定边	189.38	248.20	491.62	1 051.54	1 637.30	9 609.94	22 272.00
绥德	216.28	195.70	535.10	638.05	951.18	2 259.78	3 709.91*
米脂	172.97	191.29	471.00	998.60	1 405.99	2 534.08	7 144.83
佳县	149.89	158.03	424.35	840.03	1 043.87	1 601.81	—
吴堡	172.07	158.74	415.00	1314.14	1 359.81	2 977.73	6 658.79
清涧	101.20	110.11	435.44	925.67	1 159.95	2 135.71	—
子洲	143.40	143.65	240.06	521.13	705.20	1 571.68	2 797.52*

资料来源：《榆林统计年鉴》(1978～2005 年)；2008 年数据根据各区县统计公报推算。

注：* 为 2007 年数据；—表示数据未可得。

　　表 4-1-2、图 4-1-2 所示的是南北人均 GDP 的变化趋势，从总体上看，南北人均 GDP
差距也是从 1995 年开始急剧扩大。从 1978 年到 2005 年，南北人均 GDP 的比值逐年增大，
由 1∶1.03 增加到 1∶6.75。

表 4-1-2　　榆林市 1978 年以来南北人均 GDP 的差异　　　　(单位：元/人)

区域	1978 年	1980 年	1990 年	1995 年	2000 年	2005 年
北六县(区)	982.69	1 233.50	3 515.98	12 117.35	23 948.56	88 323.47
南六县	955.81	957.52	2 520.93	5 237.61	6 625.99	13 080.73

资料来源：《榆林统计年鉴》(1978～2005 年)。

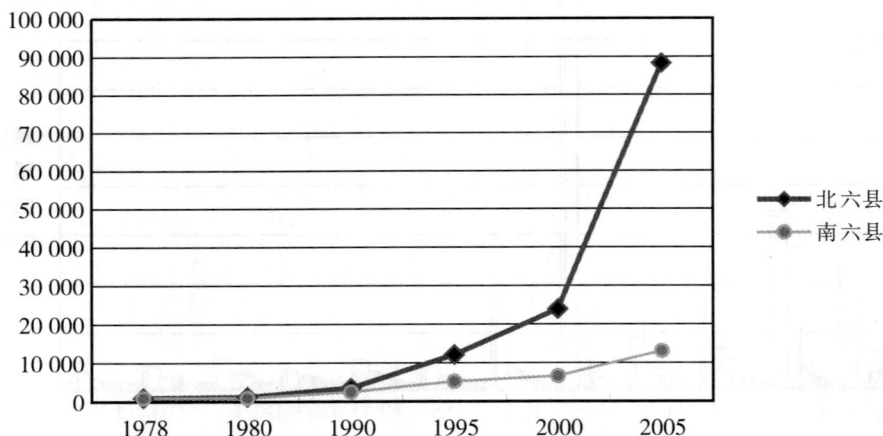

图 4-1-2　　1978～2005 年榆林市南北人均 GDP 变化趋势(单位：元)

资料来源：《榆林统计年鉴》(1978～2005 年)。

2. 财政收入差距扩大

除了 GDP 的差距以外，区域财政不平衡也在加大。2000 年，北部六县（区）财政收入为 42 974 万元，南部六县为 8 050 万元，到 2005 年，北部六县（区）财政收入已达到 159 062 万元，而南部六县为 7 601 万元，南北财政收入比值从 5.34 扩大到 20.93，财政收入的差距增长速度虽然低于人均 GDP，但是差距幅度比人均 GDP 更加明显。

表 4-1-3   2005 年榆林市各县（区）预算内财政收入   （单位：万元）

县（区）	合计	增值税	营业税	企业所得税	契税	个人所得税
榆阳	17 100	3 375	6 019	418	943	637
神木	68 267	18 364	11 385	5 999	303	2 142
府谷	21 620	5 969	4 489	800	128	614
横山	5 694	2 369	993	14	12	62
靖边	29 504	13 052	6 575	485	60	156
定边	16 877	5 439	5 223	523	352	133
绥德	2 570	922	959	26	40	100
米脂	861	49	536	10	67	32
佳县	721	110	256	7	2	13
吴堡	835	54	568	0	4	14
清涧	1 009	46	209	22	18	7
子洲	1 605	166	1 073	22	8	36
市本级	71 750	26 569	9 318	4 422	0	1 326

资料来源：《榆林统计年鉴》(2005 年)。

从表 4-1-3 中可以看出，营业税和增值税是各县（区）税收的主要来源；各县（区）财政收入差距的主要原因就是营业税和增值税存在明显差别，尤其以能源富集的神木、靖边最为突出；从图 4-1-3、表 4-1-4 中可以看出，靖边县工业产值几乎全部来自于石油开采和加工业。

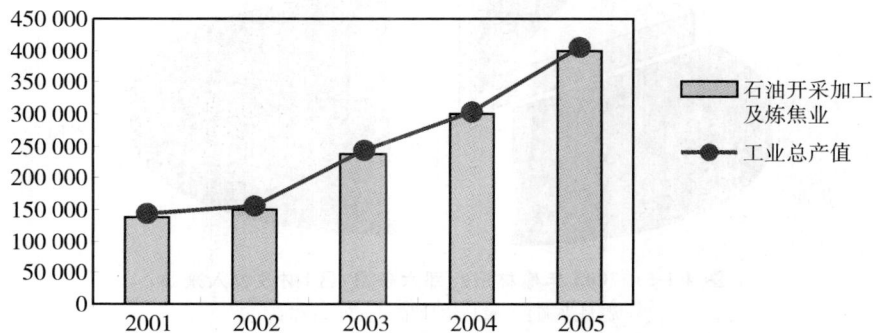

图 4-1-3   2001～2005 年榆林市靖边县重化工业的地位（单位：万元）

资料来源：《榆林统计年鉴》(2001～2005 年)。

表 4-1-4　榆林市靖边县重化工业的重要地位　　　　　（单位：万元）

指标	2001 年	2002 年	2003 年	2004 年	2005 年
石油开采加工业产值	138 760	149 032	237 154.8	299 167.1	400 466
工业总产值	144 287	154 528	241 869.8	304 116.8	404 544

资料来源：《榆林统计年鉴》（2001～2005 年）。

　　神木县的工业发展也是能源带动型。根据表 4-1-3 中的数据，神木县的企业所得税较高。2001 年、2002 年和 2005 年，仅采掘业产值一项就分别占工业总产值的 87.24%、72.22% 和 82.75%。这些都表明，财政收入差距与能源生产有密切关系。

　　财政收入水平的不平衡是造成财政支出水平差异的根本原因。北部六县（区）财政状况明显好于南部六县，但仍然属于"吃饭型"财政；南部六县多数只能勉强维持，个别困难县财政状况捉襟见肘，保运转、保稳定的能力很差，如此造成社会投入不足，影响了当地经济增长。

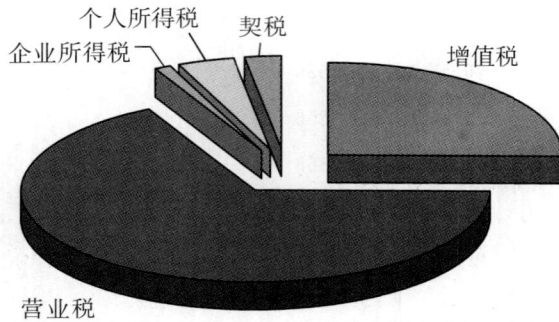

图 4-1-4　2005 年榆林市南六县税收来源结构

资料来源：《榆林统计年鉴》（2005 年）。

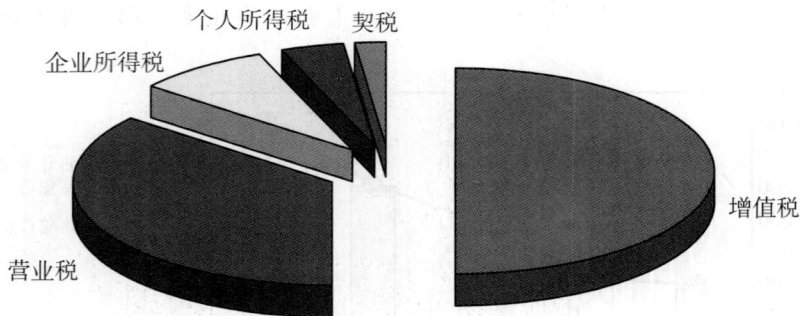

图 4-1-5　2005 年榆林市北部六各县（区）财政收入来源

资料来源：《榆林统计年鉴》（2005 年）。

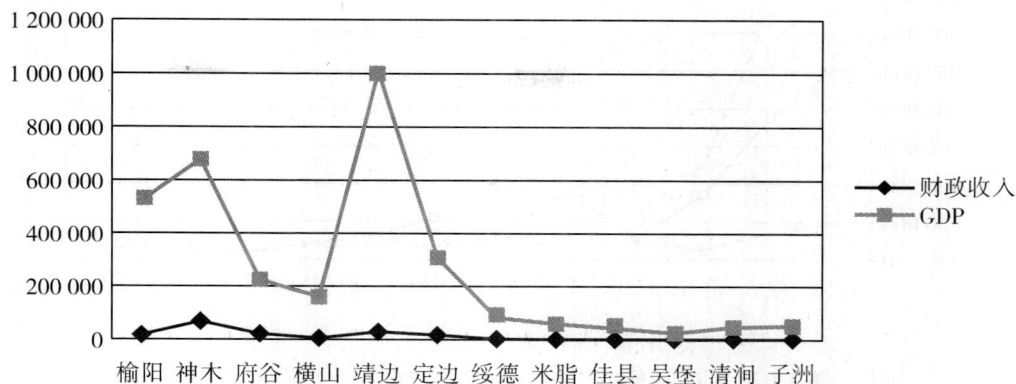

图 4-1-6　2005 年榆林市各县（区）GDP 和财政收入（单位：万元）

资料来源：《榆林统计年鉴》（2005 年）。

（二）产业发展

1. 三次产业产值比较

经济增长水平差异的根源在于产业发展水平的差异。20 世纪 90 年代以来，全市各县（区）三次产业的增加值发生了明显变化，表 4-1-5 列出了详细数据。

表 4-1-5　1995 年、2000 年、2005 年榆林市各县（区）三次产业产值变化　（单位：万元）

县（区）	1995 年			2000 年			2005		
	第一产业	第二产业	第三产业	第一产业	第二产业	第三产业	第一产业	第二产业	第三产业
榆阳	44 978	99 542	143 018	48 344	168 300	256 335	82 200	553 200	490 900
神木	26 333	59 749	65 124	35 867	332 020	187 070	64 500	112 500	461 000
府谷	13 607	79 900	44 500	11 500	125 000	86 200	18 436	334 381	201 853
横山	31 900	26 800	13 100	24 400	58 700	27 300	54 100	198 400	46 700
靖边	20 800	17 800	17 200	29 500	163 200	89 200	65 150	449 856	147 515
定边	28 700	22 100	8 900	29 700	90 500	32 300	67 100	398 000	119 200
绥德	24 070	9 300	25 100	16 495	11 100	55 500	26 200	17 000	92 100
米脂	16 500	18 800	9 600	16 100	31 200	26 000	18 000	41 000	72 400
佳县	17 100	9 800	9 700	16 100	18 600	20 100	28 600	9 800	40 000
吴堡	6 900	4 500	3 400	2 500	7 700	6 800	5 050	9 733	273 156
清涧	16 600	6 400	6 300	17 800	11 800	22 200	26 790	32 640	48 277
子洲	15 937	9 031	6 289	13 356	8 160	24 194	29 607	12 917	72 120

资料来源：《榆林统计年鉴》（1995 年、2000 年、2005 年）。

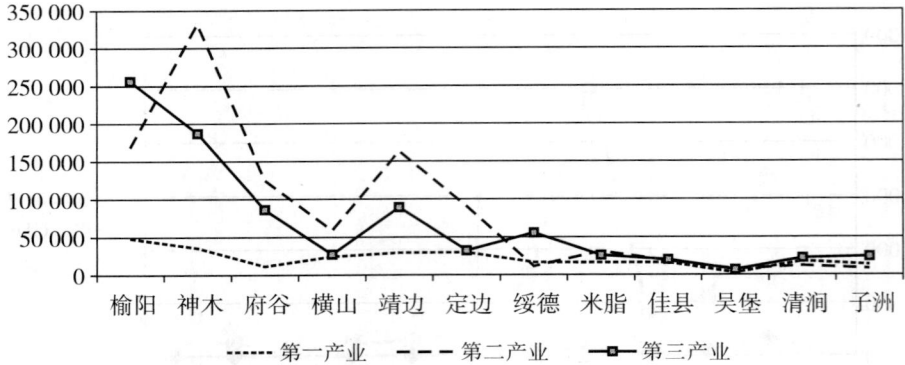

图 4-1-7 2000 年榆林市各县(区)三次产业产值(单位：万元)
资料来源：《榆林统计年鉴》(2000 年)。

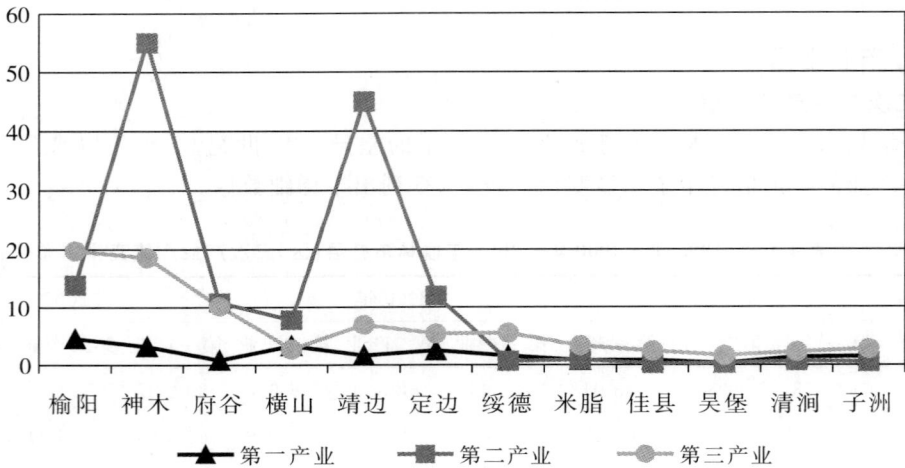

图 4-1-8 2005 年榆林市各县(区)三次产业产值(单位：万元)
资料来源：《榆林统计年鉴》(2005 年)。

　　从表 4-1-5 可以看出，全市三次产业发展呈现出以下特点：总体上看，第一产业在区域经济中的作用很小，除榆阳区和横山县稍高外，其余 10 个县的产值都比较低；第二产业对GDP 的作用幅度最大，北六县(区)的第二产业发展水平明显高于南六县，而南六县的第二产业发展严重落后；北六县(区)的第三产业发展情况好于南六县，榆阳、府谷、横山、绥德、米脂的第三产业的地位相对比较突出，但是其产值都比较低，在第三产业发展相对较好的榆阳区、神木县和府谷县，工业和第三产业呈现出明显的正向关系。

2. 第一产业发展状况比较分析

　　从自然条件上看，南六县的农业生产条件不如北六县(区)。表 4-1-6、图 4-1-9 显示的是农地有效灌溉面积，其中南六县的农地有效灌溉面积比北六县(区)要小很多，尤其是吴堡县，农地有效灌溉面积还不到榆阳区的 1/200。

表 4-1-6　2000 年、2005 年榆林市各县(区)农田有效灌溉面积　　(单位：$10^3 hm^2$)

县(区)	2000 年	2005 年	县(区)	2000 年	2005 年
榆阳	35.11	36.92	绥德	3.58	3.45
神木	17.61	18.23	米脂	2.56	2.61
府谷	5.67	5.96	佳县	1.48	1.64
横山	13.32	9.98	吴堡	0.17	0.18
靖边	12.94	19.11	清涧	0.65	0.68
定边	12.63	14.52	子洲	2.10	2.25

资料来源：《榆林统计年鉴》(2000 年、2005 年)。

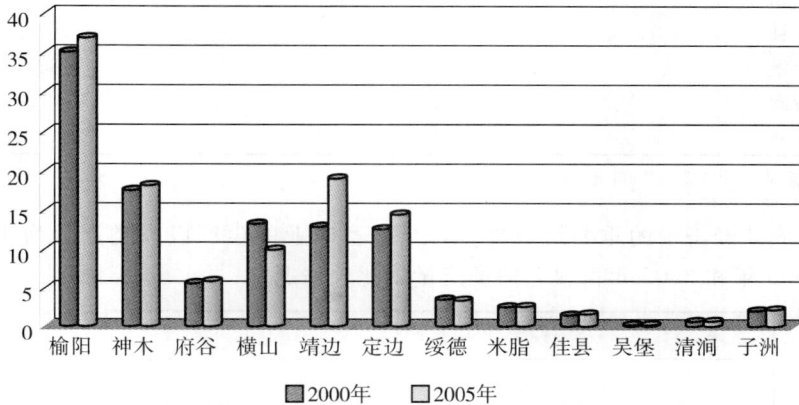

图 4-1-9　2000 年和 2005 年榆林市农田有效灌溉面积(单位：$10^3 hm^2$)

资料来源：《榆林统计年鉴》(2000 年、2005 年)。

表 4-1-6、图 4-1-9 表明，北六县(区)的自然条件好于南六县，农田有效灌溉面积远远高于南六县，而且北六县(区)农田有效灌溉面积略有增加，南六县却基本维持在原来的水平。

从农业产值来看，南六县较低，但是从农业劳动生产率来看，尽管自然条件处于劣势，南六县的农业劳动生产率还是高于北六县(区)。

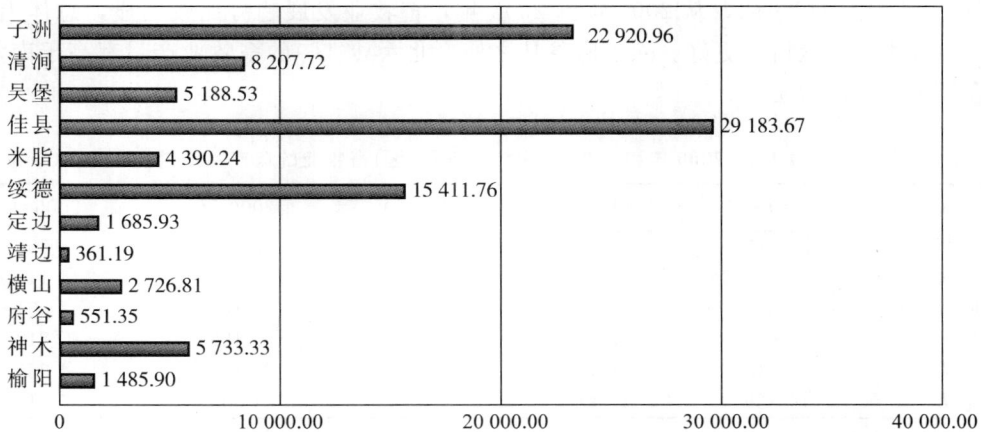

图 4-1-10　2005 年榆林市农业劳动生产率对比(单位：元/人)

资料来源：《榆林统计年鉴》(2005 年)。

表 4-1-7　2005 年榆林市各县(区)第一产业和规模以上工业劳动生产率(单位：元/人)

县(区)	规模以上工业劳动生产率	第一产业劳动生产率
榆阳	342 543.80	1 485.90
神木	491 801.30	5 733.33
府谷	174 443.30	551.35
横山	101 132.50	2 726.82
靖边	634 379.80	361.20
定边	354 949.50	1 685.93
绥德	63 268.10	15 411.76
米脂	64 549.84	4 390.24
佳县	13 125.00	29 183.67
吴堡	55 621.47	5 188.53
清涧	173 369.10	8 207.72
子洲	204 914.30	22 920.96

资料来源：《榆林统计年鉴》(2005 年)。

　　畜牧业是农业经济中的重要组成部分，全市畜牧业的生产以肉类产品为主，图 4-1-11 是各县(区)2000 年和 2005 年畜牧业肉类产量的比较情况。

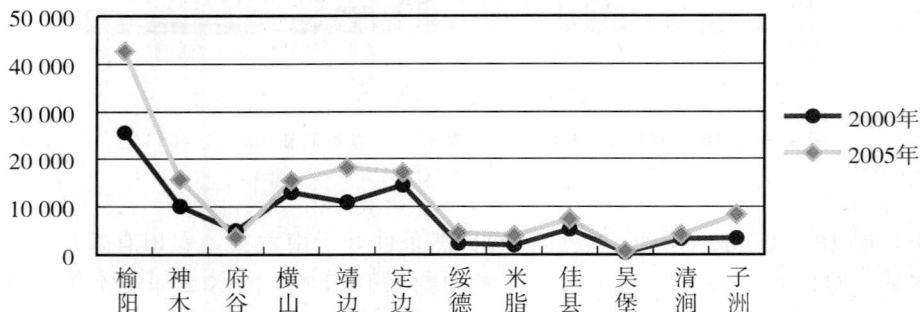

图 4-1-11　2000 年和 2005 年榆林市各县(区)畜牧业生产情况(单位：t)

资料来源：《榆林统计年鉴》(2000 年、2005 年)。

　　图 4-1-11 中曲线表明，从 2000 年到 2005 年，畜牧业发展趋势比较明显，总体上北六县(区)的畜牧业发展情况更好。除了府谷县之外，北六县(区)的畜牧业产量都高于南六县，其中榆阳区增长最为明显。

表 4-1-8　2000 年和 2005 年榆林市各县(区)畜牧业的肉产品产量　　　(单位：t)

县(区)	2000 年	2005 年	县(区)	2000 年	2005 年
榆阳	25 676	42 701	绥德	2 387	4 600
神木	10 087	15 627	米脂	2 010	4 115
府谷	5 090	3 704	佳县	5 363	7 501
横山	12 906	15 400	吴堡	429	812
靖边	10 918	18 100	清涧	3 361	4 259
定边	14 439	17 114	子洲	3 505	8 410

资料来源：《榆林统计年鉴》(2000 年、2005 年)。

3. 第二产业发展状况比较分析

图 4-1-12 表明，在第二产业中，工业所占的比例非常大，具有绝对优势，而在 GDP 差异中，第二产业起着主要作用。图 4-1-12 和表 4-1-9 是 2005 年各县（区）的第二产业及其中的工业产值情况。可以看出，南北第二产业产值差距悬殊：在北部六县（区）第二产业中，工业占据绝对优势；12 个县（区）中，工业产值较高的有神木和靖边两县，而且这两个县主要靠工业产值来拉升 GDP。

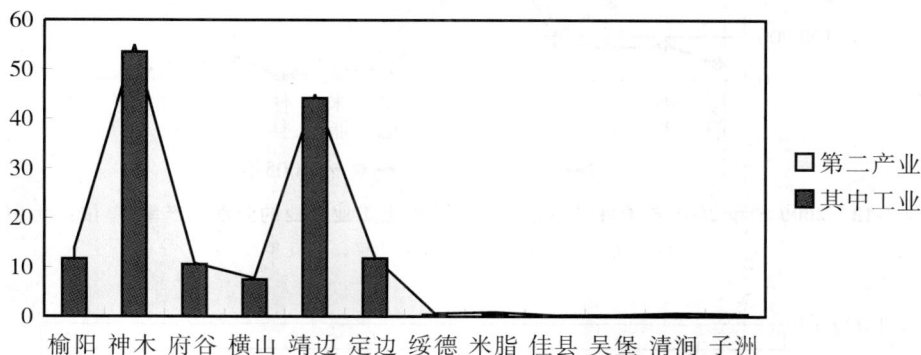

图 4-1-12　2005 年榆林市各县（区）第二产业中工业的地位（单位：亿元）

资料来源：《榆林统计年鉴》（2005 年）。

表 4-1-9　2005 年榆林市第二产业中工业的重要性　　　　（单位：亿元）

县（区）	第二产业产值	工业产值	县（区）	第二产业产值	工业产值
榆阳	13.89	11.69	绥德	0.65	0.36
神木	54.99	53.53	米脂	0.90	0.39
府谷	10.80	10.54	佳县	0.25	0.14
横山	7.74	7.49	吴堡	0.32	0.30
靖边	44.98	44.22	清涧	0.67	0.49
定边	11.99	11.78	子洲	0.52	0.44

资料来源：《榆林统计年鉴》（2005 年）。

工业生产效率还可以用全员劳动生产率来衡量，图 4-1-13 显示的是 2000 年和 2005 年各县（区）规模以上工业企业的劳动生产率。

根据图 4-1-13 所示，2000 年到 2005 年，北六县（区）中，榆阳、靖边和神木的工业劳动生产率增长比较明显；而南六县中，清涧县和子洲县的工业劳动生产率相对增长较快；根据图中的数据计算得知，南北工业企业劳动生产率从 2000 年的 3.65 倍扩大到 2005 年的 5.55 倍，其差距呈现扩大趋势。

衡量工业生产质量的另一个指标是生产过程中的投入指标，图 4-1-14 和表 4-1-10 显示的是各县（区）工业生产总值和中间投入的状况，描绘出了北六县（区）典型的"高投入、高消耗"的工业生产特征，其中神木和靖边两县尤为明显。这说明北六县（区）的工业增长动力来自于高能耗工业，虽然增长值很高，但是工业结构失衡，增长质量不高。而南六县的工业产值和消耗都很低，这与北部形成了鲜明对比。

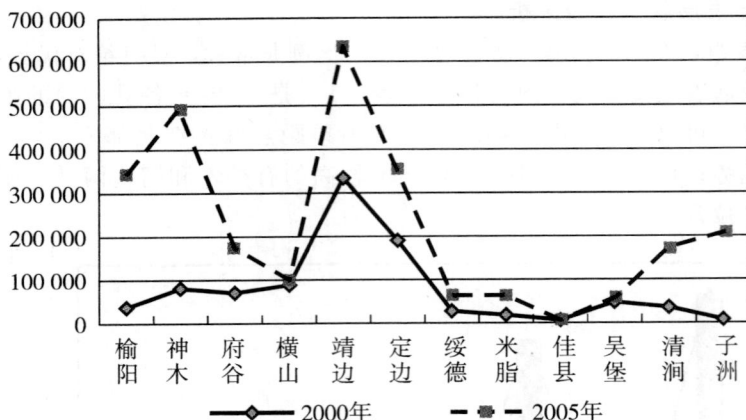

图 4-1-13　2000 年和 2005 年榆林市各县(区)规模以上工业企业的劳动生产率(单位：元/人)

资料来源：《榆林统计年鉴》(2000 年、2005 年)。

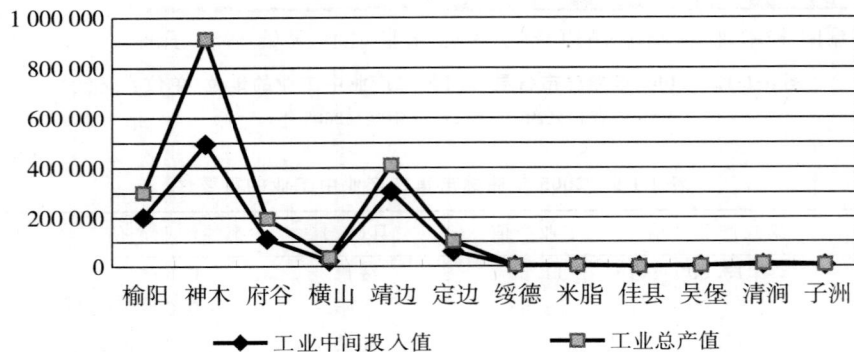

图 4-1-14　2005 年榆林市各县(区)工业生产消耗情况(单位：万元)

资料来源：《榆林统计年鉴》(2005 年)。

表 4-1-10　2005 年榆林市各县(区)工业生产情况比较　　　　　(单位：万元)

县(区)	工业中间投入	工业总产值	工业增加值
榆阳	200 650	300 520	99 870
神木	495 278	915 653	420 375
府谷	110 184	195 422	85 238
横山	20 819	35 258	14 439
靖边	304 873	410 256	105 383
定边	59 526	100 719	41 193
绥德	2 352	3 218	866
米脂	2 861	3 587	726

续表

县（区）	工业中间投入	工业总产值	工业增加值
佳县	74	84	10
吴堡	1 970	2 036	66
清涧	7 756	11 403	3 647
子洲	5 044	6 669	1 625

资料来源：《榆林统计年鉴》（2005 年）。

4. 第三产业发展状况比较分析

第三产业的发展对区域经济具有重大意义。图 4-1-15 表明，南六县的第三产业虽然在总量上低于北六县（区），但是已经有明显增长，尤其是吴堡县增长最多，而且南北在第三产业上的差距呈现缩小趋势。1995 年北六县（区）的第三产业增加值是南六县的 4.83 倍，而2005 年缩小到 2.45 倍。

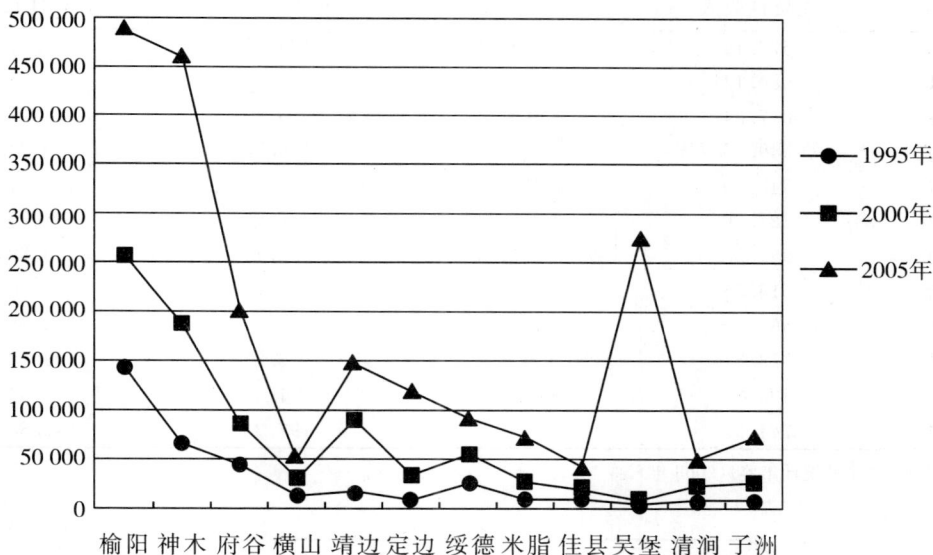

图 4-1-15　1995～2005 年榆林市各县（区）第三产业产值变化（单位：万元）

资料来源：《榆林统计年鉴》（1995～2005 年）。

综合以上可以得出结论：在区域经济中，第一产业的地位显著下降；从 2000 年到 2005年，全市 12 个县（区）产业发展的不均衡主要来自于第二产业的差距，而第二产业的主要增长动力是重化工业；北六县（区）第二产业的作用逐渐明显，第三产业在北六县（区）经济中的地位有所下降；南六县的三次产业都没有突出的发展，但相对而言，第三产业的重要性有所增加。

（三）人民生活水平

1. 收入水平差距扩大

根据表 4-1-11 数据，将北部的榆阳区和南部的绥德县作比较，无论是城市还是农村，两者的人均收入差距都有扩大趋势，且扩大的幅度十分明显。

表 4-1-11　1995～2005 年榆林市南北县(区)人民收入水平比较　　　(单位：元/人)

指标		1995 年	2000 年	2001 年	2002 年	2003 年	2005 年
城镇居民可支配收入	榆阳	2 512	4 023	4 223	4 872	5 300	6 518
	绥德	1 999	2 956	3 673	5 005	4 868	5 682
农民人均纯收入	榆阳	1 321	1 575	1 448	1 845	1 942	2 146
	绥德	886	1 300	888	1 285	1 223	1 677

资料来源：《榆林统计年鉴》(1995～2005 年)。

表 4-1-12 对榆林市各县(区)的农民收入的构成作了比较，从中可以看出造成南北县(区)农民人均纯收入差别的原因，主要来自于家庭经营收入项。从图 4-1-16 中还可以看出南北县(区)农民在就业方式上的差别。

表 4-1-12　2005 年榆林市各县(区)农民收入构成　　　(单位：元)

县(区)	工资性收入	家庭经营收入	财产性收入	转移性收入
榆阳	572.19	3 531.02	166.99	60.96
神木	689.14	4 033.88	158.93	193.38
府谷	857.84	1 564.57	15.71	11.91
横山	549.26	1 324.66	119.89	110.94
靖边	340.59	2 480.36	48.79	177.01
定边	381.86	2 257.72	66.95	58.73
绥德	983.58	689.63	52.11	148.89
米脂	618.59	1 066.41	6.56	257.00
佳县	562.50	774.67	123.10	122.05
吴堡	718.87	537.98	16.83	199.51
清涧	493.87	1 426.83	1.40	142.93
子洲	741.90	1 037.30	197.31	141.85

资料来源：《榆林统计年鉴》(2005 年)。

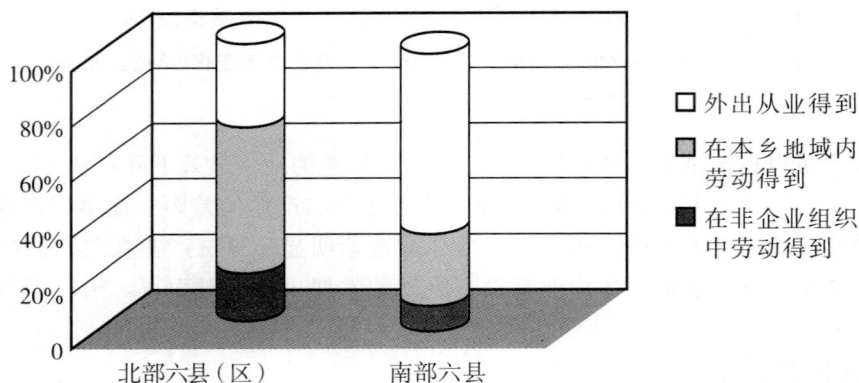

图 4-1-16　2005 年榆林市南北县(区)农民收入来源情况

资料来源：《榆林统计年鉴》(2005 年)。

如图 4-1-16 所示，外出就业所得在南六县农民的收入中所占比重很大，而在本乡地域内劳动所得是北六县（区）农民收入的主要来源。也就是说，北六县（区）在本地能给农民提供的就业机会和收入要高于南六县，南六县农民收入低的根本原因是当地经济基础较差，因此，扩大外出就业门路和发展本地农村产业可以成为南部县农民增收的有效途径。

2. 消费水平仍有较大差距

恩格尔系数①是考察生活质量的一个重要指标，图 4-1-17 列出了 2000 年、2003 年和 2005 年各县（区）的恩格尔系数变化情况。从 2000 年到 2005 年，恩格尔系数下降最明显的是米脂县、佳县、子洲县，表明这三个县生活质量提高较快。

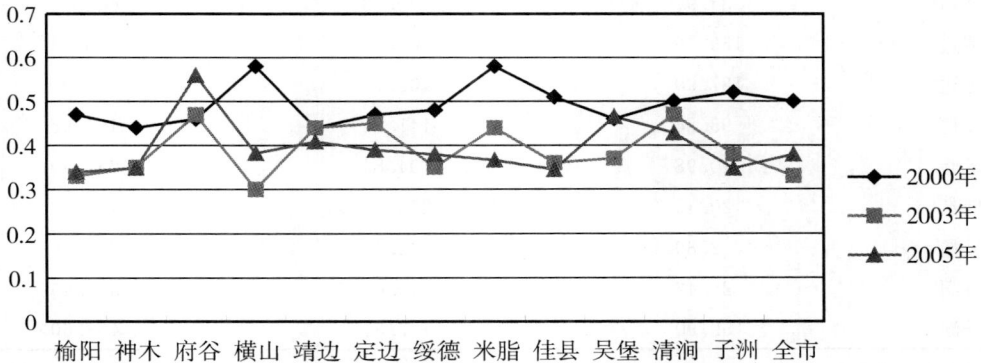

图 4-1-17　2000～2005 年榆林市各县（区）恩格尔系数比较

资料来源：《榆林统计年鉴》（2000～2005 年）。

表 4-1-13　2000 年以来榆林市各县（区）恩格尔系数变化情况

县（区）	2000 年	2003 年	2005 年
榆阳	0.47	0.33	0.34
神木	0.44	0.35	0.35
府谷	0.46	0.47	0.56
横山	0.58	0.30	0.38
靖边	0.44	0.44	0.41
定边	0.47	0.45	0.39
绥德	0.48	0.35	0.38
米脂	0.58	0.44	0.37
佳县	0.51	0.36	0.34
吴堡	0.46	0.37	0.47
清涧	0.50	0.47	0.43
子洲	0.52	0.38	0.35
全市	0.50	0.33	0.38

资料来源：《榆林统计年鉴》（2000～2005 年）。

---

①　恩格尔系数是食物支出占消费支出的比值，它是表示生活水平高低的一个指标。系数越大，表明生活水平越低；反之，系数越小，表明生活水平越高。

表 4-1-14 是对各县(区)农民消费支出结构的考察,选取了三项最重要的支出项目;图 4-1-18 显示,无论是总量还是结构上,南北农民的消费支出都有显著的差别。

表 4-1-14　2005 年榆林市南北农民消费支出比较　　　　　　　(单位:元/人)

县(区)	生产性固定资产支出	医疗保健支出	文教娱乐及服务
榆阳	978.64	134.37	677.55
神木	534.83	201.08	565.94
府谷	181.12	29.10	236.70
横山	34.97	106.73	646.95
靖边	159.49	100.49	626.54
定边	137.99	102.15	529.90
绥德	95.84	141.82	457.98
米脂	10.98	104.85	251.49
佳县	20.49	253.56	403.36
吴堡	2.89	52.05	287.69
清涧	28.42	105.69	340.49
子洲	59.90	117.61	468.60

资料来源:《榆林统计年鉴》(2005 年)。

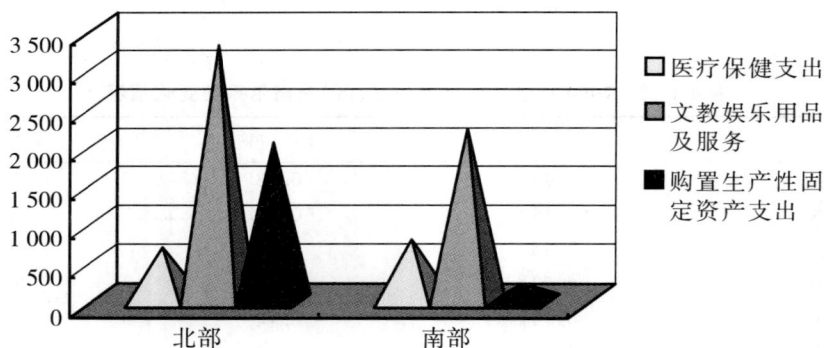

图 4-1-18　2005 年榆林市南北县(区)农民消费支出比较(单位:元/人)

资料来源:《榆林统计年鉴》(2005 年)。

从绝对量上看,2005 年北六县(区)的人均文化支出比南六县多出 1 000 多元,医疗保健支出南六县比北六县(区)高 100 元左右,说明南北县(区)农民的消费水平的差距比较明显。

从表 4-1-15 中可以看出,在商品流通领域中,南六县中的吴堡县的增长速度最快,2005 年其社会消费品零售总额超过了北部六县(区),但是总体上南六县零售行业的增长速度慢于北部六县(区),除了绥德县和吴堡县外,社会消费品零售额与北部六县(区)的差距仍然较大。

表 4-1-15   1990 年以来榆林市各县(区)社会消费品零售总额   (单位:万元)

县(区)	1990 年	2000 年	2001 年	2002 年	2003 年	2005 年
榆阳	13 894	77 628	86 841	95 331	107 639	124 016
神木	9 863	53 672	62 681	70 590	88 470	114 033
府谷	5 677	40 416	44 291	48 855	57 664	75 091
横山	5 627	20 560	22 553	25 475	28 206	34 655
靖边	4 186	37 109	46 518	58 245	73 069	104 524
定边	6 547	23 605	27 095	30 539	44 267	54 668
绥德	11 997	49 699	53 818	62 419	73 322	106 591
米脂	4 717	12 959	14 563	16 789	19 411	24 195
佳县	5 149	10 214	11 162	11 730	12 949	14 613
吴堡	3 309	7 638	7 956	9 227	11 022	128 973
清涧	4 668	11 581	12 157	13 041	18 066	20 213
子洲	4 233	12 653	14 383	18 236	21 448	30 029

资料来源:《榆林统计年鉴》(1990~2005 年)。

3. 各县(区)医疗卫生水平差异

图 4-1-19、表 4-1-16 显示的是 2005 年各县(区)的医院床位数和卫生技术人员数。总体上看,北六县(区)的卫生医疗条件优于南六县,主要是由于北部的榆阳区优势比较突出,在南六县中,绥德县的卫生事业发展状况较好。

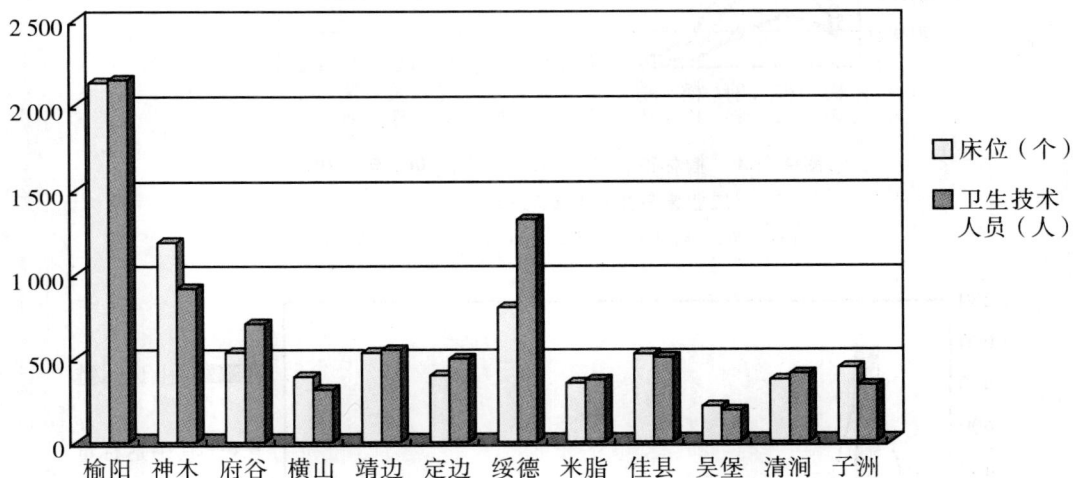

图 4-1-19   2005 年榆林市各县(区)卫生事业情况

资料来源:《榆林统计年鉴》(2005 年)。

表 4-1-16　2005 年榆林市各县(区)卫生事业发展状况

县(区)	床位/个	卫生技术人员/人	县(区)	床位/个	卫生技术人员/人
榆阳	2 135	2 151	绥德	804	1 326
神木	1 190	917	米脂	351	369
府谷	534	706	佳县	525	503
横山	390	313	吴堡	213	186
靖边	533	549	清涧	370	406
定边	397	497	子洲	443	337

资料来源:《榆林统计年鉴》(2005 年)。

(四)地区环境质量的差异

虽然全市南北在经济总量上的差距较大,但是 GDP 核算和财政收入都没有包括环境价值。北六县(区)的工业生产以重化工业为主,环境质量因而成为必须考虑的问题。如图 4-1-20 和图 4-1-21 所示,神木县不仅工业废气排放值比其他县(区)高很多,而且排放增长速度最快,大气污染、水污染问题已经不容忽视,此外榆阳区、府谷县和横山县也面临工业废气污染的问题;南六县由于工业水平较低,空气质量明显好于北六县(区)。

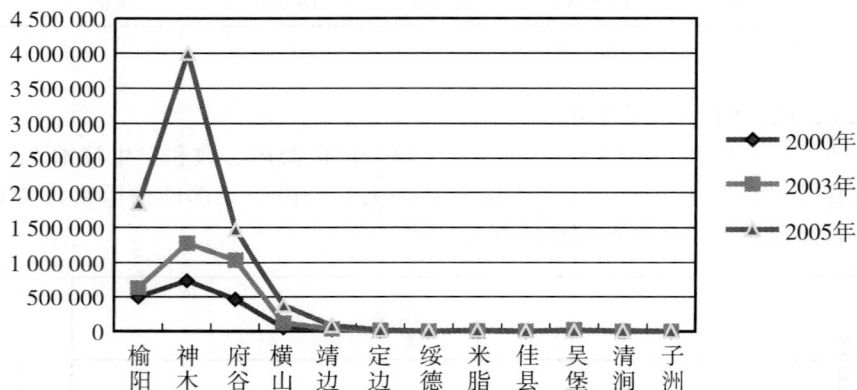

图 4-1-20　榆林市各县(区)2000 年、2003 年、2005 年
工业废气排放量比较(单位:10^4 m^3)

资料来源:《榆林统计年鉴》(2000 年、2003 年、2005 年)。

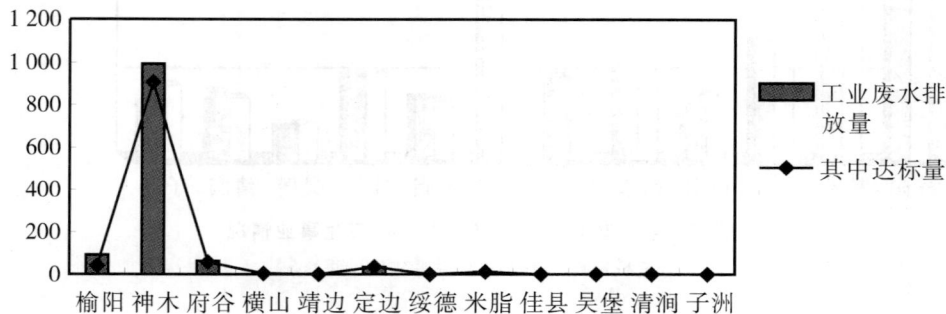

图 4-1-21　2005 年榆林市各县(区)工业废水排放情况(单位:10^4 t)

资料来源:《榆林统计年鉴》(2005 年)。

表 4-1-17 2000～2005 年榆林市各县(区)工业废气排放量 (单位：$10^4 m^3$)

县(区)	2000 年	2003 年	2005 年	县(区)	2000 年	2003 年	2005 年
榆阳	495 462	633 540	1 843 446	绥德	1 420	2 083	2 301
神木	736 308	1 276 596	4 002 801	米脂	4 393	6 071	13 346
府谷	460 428	1 037 712	1 470 739	佳县	434	3 098	2 518
横山	52 028	120 298	375 108	吴堡	15 948	20 916	7 056
靖边	24 031	33 420	79 744	清涧	1 744	2 734	7 129
定边	6 925	13 074	17 824	子洲	1 433	2 896	3 563

资料来源：《榆林统计年鉴》(2000 年、2003 年、2005 年)。

表 4-1-18 2005 年榆林市工业废水排放情况 (单位：$10^4 t$)

县(区)	工业废水排放量	其中达标量	县(区)	工业废水排放量	其中达标量
榆阳	92.15	41.5	绥德	0.13	0
神木	992.61	906.32	米脂	11.5	11.5
府谷	62.77	58.17	佳县	0	0
横山	4.1	4.10	吴堡	0	0
靖边	1.4	0	清涧	0.28	0
定边	35.65	34.21	子洲	0.05	0

资料来源：《榆林统计年鉴》(2005 年)。

工业废水排放的情况和工业废气相似，如图 4-1-21 所示。由于水资源非常匮乏，水资源的保护尤为重要，北六县(区)的工业废水排放量远高于南六县。

南北差距不仅是个经济问题，还是重要的政治问题、社会问题，直接关系到榆林市跨越式发展的实现。综合以上的分析，可以得出以下结论。

第一，南北在社会发展上确实存在明显差距，且从 GDP、财政收入和人均收入等指标上看，南北差距有扩大趋势。

第二，南北差距主要是产业发展水平上的差异，具体而言主要是工业发展水平上的差距，其根源主要是南北的资源禀赋差异，而不是各产业在发展中形成的竞争力，即北部六县(区)的产业优势面临着不可持续的问题。在农业方面，北部六县(区)并不存在明显优势，而且，南六县的第三产业更有发展潜力。

第三，如果把环境价值计算在内，南北差距的程度未必像 GDP 等指标所显示的那样大。

二、榆林市实现跨越式发展存在的问题及其原因

(一)城乡发展差距逐渐扩大

1. 城乡发展差距的表象

榆林市近年的 GDP 和财政收入迅猛增长，与城市经济相比，全市农村经济状况不容乐观，城乡收入差距逐年拉大，二元经济特征越发明显，全市城市化水平大大低于全国、全省的平均水平。作为经济快速成长的资源型城市，目前 12 个区县中有 10 个国家扶贫开发

工作重点县。城乡差距已经成为制约经济发展的一个瓶颈因素。

首先，工农业部门泾渭分明，城市经济与农村经济处于分割状态，工业对农业的带动力不足。根据表 4-2-1 中所显示的状况，农村劳动力在第二产业中的就业人数远远低于第一产业。能源产业在经济发展中占据重要地位，但对农村经济发展的促进作用还较弱。城市经济可以依托大企业发展一些生活服务业，而农村经济却很难从关联效应中受益。相反，能源产业还给当地农村留下了生态破坏、环境污染等一系列问题。

表 4-2-1   2000～2005 年榆林市农村劳动力就业结构   （单位：万人）

年份	劳动力总人数	第一产业	第二产业	第三产业
2000	117.82	93.91	10.96	13.55
2001	118.30	91.97	11.15	15.18
2002	122.76	93.68	12.40	16.68
2003	124.92	89.49	14.29	16.44
2005	136.29	90.36	17.80	28.13

资料来源：《榆林统计年鉴》（2000～2005 年）。

其次，农业生产率和经济效益明显低于工业。从表 4-2-2 可以看出，榆林市工业生产增长迅速，农业生产却增长缓慢，而且从 2002 年以来这种差距有扩大的趋势。

表 4-2-2   2000～2008 年榆林市工农业产值差距   （单位：亿元）

年份	农业增加值	工业增加值	年份	农业增加值	工业增加值
2000	24.01	40.25	2004	43.95	164.00
2001	23.30	56.45	2005	48.84	191.11
2002	32.03	77.67	2008	66.11	777.51
2003	33.90	113.30			

资料来源：《榆林统计年鉴》（2000～2005 年）、《2008 年榆林市国民经济和社会发展统计公报》。

最后，人民生活水平差异是城乡差距中最突出的问题。图 4-2-1 是城乡人民收入变化的对比图，从收入曲线的走势可以看出，相对于城镇居民的可支配收入而言，农民人均纯收入增长速度较慢，而且城乡居民收入水平差距逐渐拉大。

2. 造成城乡经济差距的原因

造成城乡经济差距的原因非常复杂，既有历史的因素，也有自然的因素，还有社会的因素。

第一，自然条件的不利影响。榆林市农业基础条件比较脆弱，全市植被稀少，林木覆盖率仅为 25%。水土流失严重，榆林市是黄河中游水土流失最严重的地区之一，流失面积达 3.9×10^4 km²，占总面积的 84.7%。北部地区风沙侵蚀尚未得到根本性遏制，南部 85% 以上是丘陵沟壑区的坡地。农业自然灾害频繁，十年九旱。1997～2001 年，榆林市连续五年遭受特大旱灾，持续时间长，范围广，涉及全市 12 个县（区），给当地的农业生产和人民

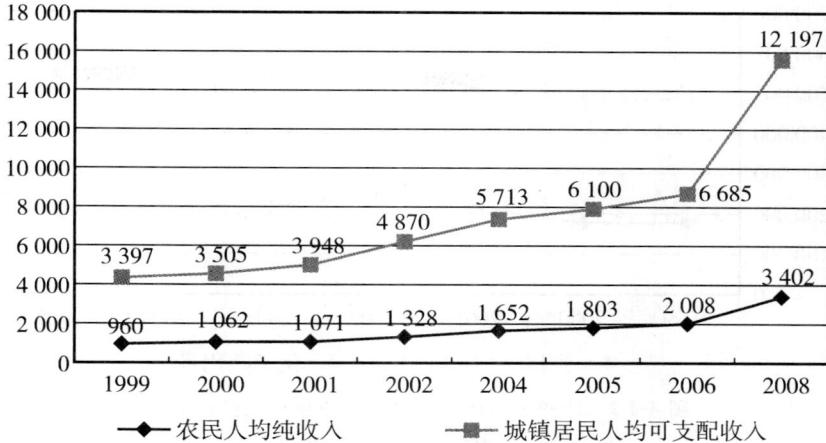

图 4-2-1　1999～2008 年榆林市城乡居民收入对比变化趋势（单位：元）

资料来源：《榆林统计年鉴》（1999～2006 年）、《2008 年榆林市国民经济和社会发展统计公报》。

生活带来严重的影响，粮食大幅减产，贫困面扩大，返贫人口剧增。基本农田面积少，全市仅有水地 140 多万亩，占农业耕地总面积的 17.2%，虽然农民人均耕地近 6 亩，但平地人均仅 1.4 亩，水浇地不足 0.5 亩，靠天吃饭的特征明显。由于水资源短缺、利用率低，加上水资源时空分布不均、水利工程建设滞后等因素影响，区域性、季节性缺水问题普遍存在。

第二，资源禀赋差异。造成城乡差距的根源，首先是资源型城市本身的特点。经济增长迫切需要开发资源，丰裕的能源使中省企业进驻，这种现实让榆林市把发展重点放在了能源产业和城市经济上，而农村经济由于基础薄弱、生态环境恶劣，必然在发展中处于滞后地位。从工业部门来看，工业增长能力主要建立在资源禀赋的基础之上，能源产业占据绝对优势，还谈不上具备了健全的工业体系。这种资源型经济的典型特征，造成了工业的后续发展能力不确定和城乡发展的巨大差异。

第三，农村经济基础薄弱。榆林市城区基础设施日趋完善，而农村地区的基础设施却十分落后，目前仍有 146 万人饮水困难，尤其是干旱山区，人畜饮水问题十分严重，农民把很大一部分时间和精力花在解决吃水问题上，水利设施老化，多年无人管理，水土流失严重，农田灌溉无法保证，这些已成为制约农业发展的主要因素。乡村公路等级普遍较低，2005 年，全市县、乡、村公路的油路里程只占公路总里程的 13.58%，全市 5 499 个行政村中，仅有 19% 的村通了油路。同时，农村产业结构不合理，农民收入来源少、渠道窄。虽然农村产业结构得到了初步调整，在农民收入来源中，农业占 2/3，林业和牧业占 1/3，但以粮食为主的种植业格局并未从根本上得到改变，二、三产业发展滞后。

第四，土地承载能力比较低。长期以来榆林市形成了广种薄收、粗放经营的生产方式，草场过牧、森林滥伐，导致土地荒漠化，更加恶化了农业生产的条件。同时由于农业产业化水平低、科技含量低，农村经济发展相当迟缓。我们选取化肥施用量和耕作机械使用量这两个指标来评价榆林市农业生产的现代化水平，从图 4-2-2、表 4-2-3 可以看出，从 1999 年到 2005 年，农业生产中的化肥和机械用量并没有显著提高，机械使用反而呈现下降趋势。

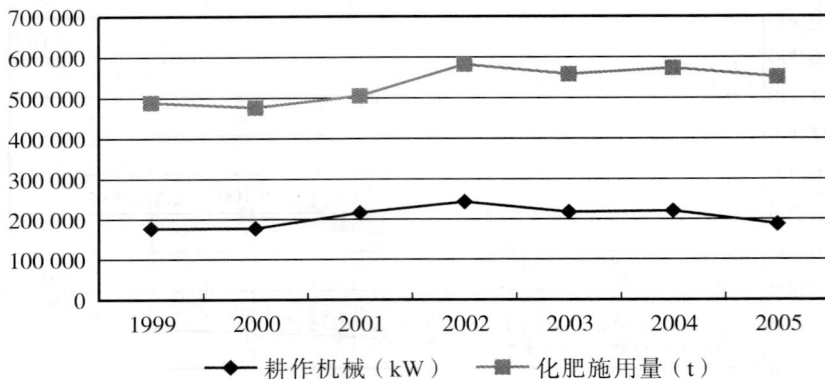

图 4-2-2　1999～2005 年榆林市农业生产现代化水平

资料来源:《榆林统计年鉴》(1999～2005 年)。

表 4-2-3　1999～2005 年榆林市农业生产机械化水平和化肥施用量

年份	农机总动力/kW	耕作机械/kW	排灌机械/kW	化肥施用量/t
1996	750 478	258 549	175 036	279 442
1997	910 615	242 986	186 277	279 209
1998	856 952	202 684	183 886	312 962
1999	948 800	176 809	174 405	311 864
2000	1 060 573	177 284	184 003	299 671
2001	1 271 014	216 467	186 697	288 843
2002	1 360 111	243 369	184 855	338 902
2003	1 463 091	217 847	190 361	340 442
2004	1 621 111	220 573	206 106	352 502
2005	1 775 154	187 449	211 758	364 153

资料来源:《榆林统计年鉴》(1996～2006 年)。

第五,农村主导产业不突出,规模小,仍然以零散小范围饲养和种植为主,全市没有真正意义上的规模化、集约化生产基地。农产品加工企业规模小,只占总产量的 30%(红枣粗加工的销售量仅占总产量的 12.5%),农业产业链短,农产品附加值低,农民很少能分享工商业利润;同时,农业龙头企业数量少、规模小、档次低,难以承担带动农户开拓市场的重任,虽然草、羊、枣、薯四大主导产业和荞麦、笼养鸡、豆类、油料等区域特色产业产业化的各个环节都有不同程度的发育,但产销各环节关联度不高,还没有一项产业形成真正意义上的产业化经营格局。虽然政府有政策和资金方面的引导,可是后续产业发展滞后,未能形成完整链条的良性循环,难以营造大规模、高效益的局面。尤其是南六县,主要以农业和农产品加工为主,缺乏真正拉动县域经济的优势产业和企业,经济总量低,发展缓慢。表 4-2-4 和图 4-2-3 所示数据都表明,随着农业产值的增加,农业生产的中间消耗也迅速提高,中间消耗是衡量产业生产水平的重要标志,由此可见,榆林市的农业生产水平还是比较落后的。

表 4-2-4　2000～2005 年榆林市农业生产增加值和中间消耗值　　（单位：亿元）

年份	中间消耗值	增加值	年份	中间消耗值	增加值
2000	10.35	13.66	2004	18.58	25.38
2002	13.57	18.46	2005	20.24	28.61

资料来源：根据《榆林统计年鉴》（2000～2005 年）整理。

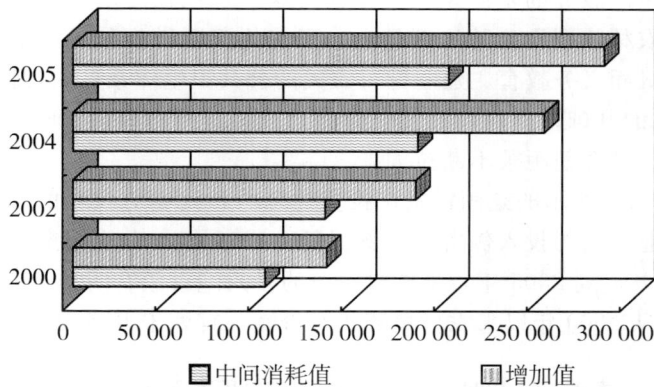

图 4-2-3　2000～2005 年榆林市农业生产增加值和中间消耗值（单位：万元）

资料来源：《榆林统计年鉴》（2000～2005 年）。

第六，农产品生产和市场脱节。道路不畅和距离偏远，使榆林市的农产品在地缘上处于竞争劣势，农民只是低价卖出原始产品，加工、流通在农业体系外部进行，农民获利较少。信息相对闭塞也使得榆林市的农业生产经营处于竞争劣势。另外，产品本身没有形成深加工、高价值的名优产品，因而和发达地区没法竞争。虽有大面积种植的土豆和全国知名的红枣，但由于资金、技术和销售经营等因素的短缺和落后，没有形成深加工的知名品牌，加之没有一个成套的服务体系，也给农产品走向市场造成一定的困难。

第七，农村产业化组织少，服务功能较差。榆林市农村现有各种专业合作组织 143 个，一个乡镇平均不到一个，不能及时为农民提供生产技术、市场信息等必要的服务，使农产品进入市场的成本较高。

第八，经济结构不合理，发展不平衡。榆林市经济发展的特点是严重倾斜于工业，而工业又严重倾斜于资本密集型的重化工业，农业资源的开发和产业化发展程度很低，不仅三次产业之间比例严重失调，而且三产之间的就业结构严重错位。2005 年，三次产业结构为 8∶68∶24，而同期就业结构却为 55.99∶13.62∶30.39。城镇地区在重化工业的带动下，经济社会发展迅速，而农村却依然延续"靠天吃饭"的传统增长模式，这是导致城乡差距扩大的一个重要原因。

第九，城乡利益均衡机制缺失导致农业经济投入和环境成本补偿不足。由于税制结构不合理，地方税税种虽然较多，但各税种之间缺乏统一规划和相互配合。从收入结构看，地方税仍以营业税、城建税和企业所得税为大头，本应成为主体税种的财产税没有起到应有的作用。由于所有税种都由国家统一制定，地方只有执行权，这往往造成地方税收的流失和税源缺失，使资源开发地区缺乏休养生息和加快发展的资金支持。

第十，农业发展需要大量财政资金支持，而地方财政能力有限。根据国家发改委产业研究所的一项调查，新农村基础设施建设的全国平均投入水平约为对农民人均投入5 000元，按农民280万人计算，榆林市需要140亿元。如此大的资金需求是地方财政力量无法支撑的。同时，资源开发的税费政策使地方得到的利益很少，榆林市地方财政收入还不到财政总收入的1/3。

地方财政收入水平的低下，直接造成了政府资金分配上的困难。有限的资金要先用到城市建设和为工业生产服务的基础设施等方面。这种现象在固定资产投资方面，表现为固定资产投资中用于农林牧副渔业的比例较小，当前的资源税收分成体制使当地县级财政无力进行扶贫攻坚、巩固义务教育、建立针对农民的公共卫生体系(如果地方财政收入能多留1/3，则全市贫困村的基础设施建设在两三年内就可以全部解决)，而城市基础设施建设的步伐却在不断加快，城乡差距被不断拉大。

表4-2-5和图4-2-4所示的是固定资产投资的总额和其中对农业的投入额。通过数据的比较，可以得知农业方面的投入额所占比例很低。1999年，农业固定资产投资额占固定资产投资总额的0.54%。到2005年，虽然对农业的投入绝对额有明显上升，但也仅占投资总数的1.37%，而且从2000年以来农村投资相对份额一直处于下降状态。

表 4-2-5　1999～2005 年榆林市农村固定资产投资情况

年份	投资总额/(亿元)	农林牧副渔业投资/(亿元)	农村投资比重
1999	50.72	0.27	0.54%
2000	61.57	1.49	2.42%
2001	61.12	1.42	2.33%
2002	75.00	1.14	1.52%
2004	157.94	1.55	0.98%
2005	150.85	2.06	1.37%

资料来源：《榆林统计年鉴》(1999～2005 年)。

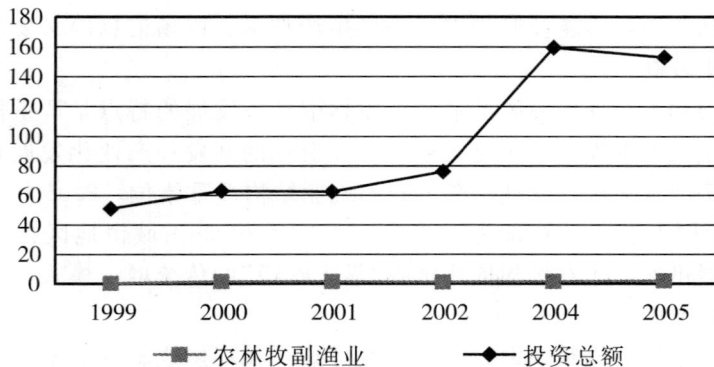

图 4-2-4　1999～2005 年榆林市城乡固定资产投资情况(单位：亿元)

资料来源：《榆林统计年鉴》(1999～2005 年)。

　　财政分配体制的问题，导致当地农民不能直接从资源开发中获利，同时，又难以充分获得财政的帮助。当地农民收入主要是工资性收入、家庭经营性收入、财产性收入和转移性收入，如表 4-2-6 所示，后两者收入所占比重很小。这表明当地的能源企业给农民的补偿额度是很低的。农民为资源开采付出了环境和生存的双重成本，却没有得到相应的收益和补偿。

表 4-2-6　2008 年榆林市农民收入来源

	家庭经营性收入	工资性收入	财产性收入	转移性收入	合计
收入/元	1 583	1 303	188	329	3 403
比例	46.52%	38.29%	5.52%	9.67%	100.00%

资料来源：《2008 年榆林市国民经济和社会发展统计公报》。

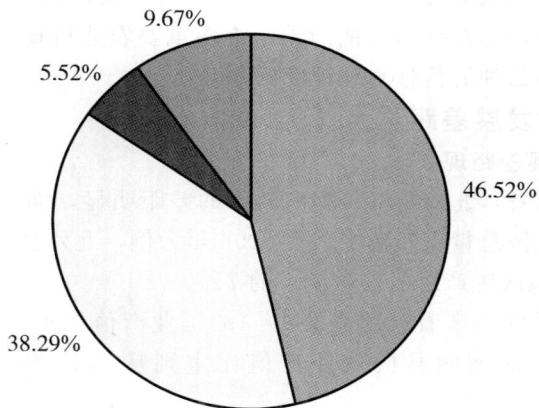

图 4-2-5　2008 年榆林市农民收入来源结构

资料来源：《2008 年榆林市国民经济和社会发展统计公报》。

　　第十一，农村经济缺乏金融支撑。一方面，金融资本集中于能源开发地区，广大农村的资金来源渠道很窄；另一方面，金融机构在农村的撤并精简也导致农村资金投入的不足。目前，乡镇一级仅剩下农村信用社，其资金存量很少，对农金融政策趋紧，使得农民除在信用社获得小额贷款外，在其他机构很难获得金融支持。

　　第十二，农业投入方向上存在的问题。近年来，农业投资虽有增加，但多数是国家投资，基本上集中在改善生态环境、农业扶贫开发等一些大项目上。从表 4-2-7 可以看出，财政支出中用于农业生产和农业综合开发的比例不高。

　　第十三，文教卫生水平的差异。人力资源开发是经济发展的关键因素，教育是开发人力资源、增加人力资本的首要渠道。榆林市城市人口和农村劳动力受教育的情况差别比较明显。2005 年，农村劳动力平均受教育年限仅为 7.2 年，在 16～45 岁青壮年劳动力中，初中以下文化程度占 45%，初中文化程度占 47.72%，两者占到该年龄段劳动力总量的 92%，有一定专业技能的劳动力更少。

表 4-2-7　2000～2005 年榆林市财政对农业的支持

年份	财政支出/(万元)	农业生产和综合开发支出/(万元)	财政对农业的支持比重
2000	130 415	942	0.72%
2001	178 511	979	0.55%
2002	213 874	837	0.39%
2004	330 087	20 691	6.27%
2005	454 030	22 197	4.89%

资料来源:《榆林统计年鉴》(2000～2005 年)。

第十四,农村劳动力转移困难。榆林市农村剩余劳动力中绝大多数只有初中以下文化水平,70%以上的无专业特长,无法适应劳动力转移。农业劳动力转移渠道不畅,组织化程度低。目前,农村剩余劳动力基本上没有专门的管理服务部门,农民文化素质低,农业科技含量不高。文化层次和专业技术的整体偏低与欠缺是影响农民收入提高的直接因素。农村劳动力应用新知识、新技术的能力差,许多重要农业科技成果不能很好地在生产中转化利用,农民对高新品种的信息掌握程度低。

(二)南北经济发展差距扩大

1. 南北经济发展差距现状

从地区生产总值看,北六县(区)和南六县的差距明显,面积和人口各占全市 23.9% 和 42.3% 的南六县,经济总量不断减少。以 2006 年为例,北六县(区)的地区生产总值占全市的 93%,南六县的地区生产总值仅占全市的 7%。

从工业产值地区分布来看,北六县(区)的工业产值比重从 1978 年的 72.93% 上升到 2005 年的 98.62%,而南六县的工业产值比重则从 1978 年的 27.07% 下降到 2005 年的 1.37%。

从企业南北分布来看,无论是国有企业,还是集体及其他所有制工业企业,大多数分布在北六县(区),南六县较少。

从工业生产力区域布局来看,轻工业在南北地区分布比较均衡;但是,重工业布局严重失衡,这是导致南北地区经济发展差距扩大的主要原因之一。2003 年,南六县重工业产值只有 5 090 万元,仅占全市重工业产值的 0.59%;北六县(区)重工业产值高达 863 084 万元,约为南六县的 169 倍。

从财政情况看,南北县(区)经济发展失衡问题突出,南六县财政普遍困难,主要靠转移支付。随着时间的推移,南北经济的差距明显扩大,北部财政收入在 1999 年为南部的 5.6 倍,到了 2005 年,北部资源大县神木的财政收入竟相当于南六县同年财政收入总和的 30 倍。2006 年,北六县(区)地方财政收入 15.72 亿元,占县级地方财政收入的 96.3%;南六县区财政收入完成 0.68 亿元,占县级收入的 3.7%。

从人均经济指标看,南北人均经济指标呈现差异过大。榆阳等北部县(区)人口合计为 199.13 万,占总人口的 58.85%。但资源禀赋的差异带来了人均经济指标的差异,北部区县的总产值占全市的 93%,地方财政收入占县级地方财政收入的 96.3%;以人均份额来计算,北部人均总产值是南部的 9.29 倍,北部人均地方财政收入是南部的 18.2 倍。从动态看,这种失衡仍在不断加速,县域经济发展的严重不平衡,已对区域经济的跨越式发展形成了严重的障碍。

2. 南北经济发展差距的原因分析

第一，资源禀赋与发展阶段的差异。南北经济发展的差距是能矿资源富集区与非能矿资源富集区的差距。北六县（区）拥有丰富的矿产资源，而南六县矿产资源相对匮乏，有市场需求的能源矿产资源虽然在南六县有不同程度的探明储量，但总体上储量小、埋藏深、开发成本高。即使在能矿资源富集的北部地区，能矿资源富集区与非能矿资源富集区的差距也相当大。资源和环境因素固然不可忽视，但南北差距的根源还是在于自主增长能力的差异。南北分别处于工业化过程中的不同阶段。北部已经完成了原始积累，开始走上技术升级和产业扩张的道路；而南部依然为缺乏主导产业和资本不足等问题所困扰，思想意识落后和人力资本缺乏也是制约南部发展的重要因素。

第二，投入水平的差异也促使差距不断扩大。地区差距与资源和投入水平密切相关。2005 年，北六县（区）的财政支出达到 23.88 亿元，而南六县的财政支出为 10.78 亿元。在表 4-2-8 和图 4-2-6 中的五类项目中，南六县的支出水平都明显低于北六县（区），其中，社会保障补助、农业和林水气事业三项的南北差距非常大。

表 4-2-8　2005 年榆林市南北财政支出比较　　　　（单位：万元）

	农业	林水气事业	教育科技	医疗卫生	社会保障补助
北六县（区）	13 808	9 555	54 973	9 155	4 851
南六县	4 717	3 949	39 098	5 906	752

资料来源：《榆林统计年鉴》(2005 年)。

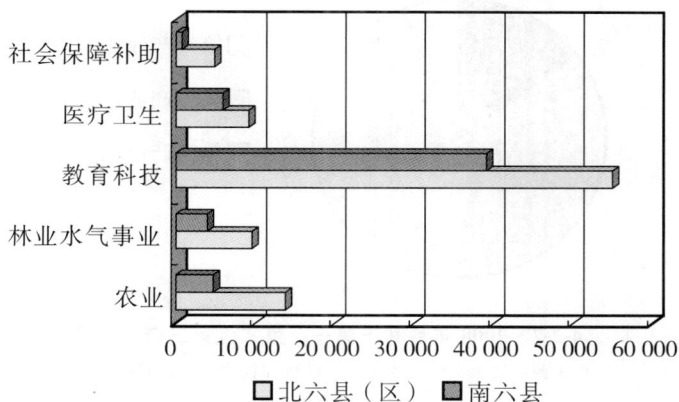

图 4-2-6　2005 年榆林市南北地区财政支出比较（单位：万元）

资料来源：《榆林统计年鉴》(2005 年)。

第三，产业发展程度的差异是根本原因。南北差距是在工业化进程中形成并扩大的。沿长城的北六县（区），在中国经济东部、中部、西部三级阶梯形成的背景下，资源型产业发展迅速，以能矿资源开发为主导的工业化进程快速推进，正处于资本投入对经济增长的高贡献率阶段。南六县经济基础差，发展缓慢，经济主体仍然是自然经济，城镇经济主要是一些规模小而且非常分散的工业、商业、服务业，工业还处于资本原始积累阶段，工业经济整体上发展缓慢，缺乏真正拉动县域经济的优势产业和企业，以农副产品加工为主的工业，季节性强，层次低，受资金、技术、人才等方面的因素制约，产业成长乏力，生产规模不大，市场竞争力不强。

　　经济发展需要一个良好的经济社会环境，而南六县目前面临的既有资金不足的困扰，也有资金分散、利用效益低和引资艰难的问题。解决这些问题，需要建设开放、竞争、协作的经济社会环境。

　　第四，人才问题也是南北发展差异的重要问题。以基础教育为例，从师资力量来看，北六县（区）普通中学的专职教师比南六县多了 4 847 人。2005 年，北六县（区）在校普通高中生升大学的人数是南六县的两倍多。在人才培养和吸引方面，南部各县还没有符合市场经济的政策保障机制和竞争奖励机制，没有为人才营造一个宽松的创业环境。在农村经济发展中，广泛存在专业技术人才短缺、人才闲置、浪费等现象，基础、环境和人才因素都制约着南部经济的增长。

（三）经济结构特别是产业结构失衡

　　榆林市经济结构失衡的问题严重，特别是工业产业结构呈现明显的重型化、初级化、刚性化特征，"一条腿长、一条腿短"的问题极为突出。

　　第一，从一、二、三产业发展来看，第一产业发展缓慢，农业科技含量低，综合实力不强，比较收益较低的状况没有得到根本改善。第二产业迅速发展，成为推动区域经济快速发展的主导力量。第三产业规模太小，特别是现代金融业、信息服务业、旅游业、通信业等现代服务业发展还比较滞后，规模还不够大，第三产业发展明显缺乏活力。2008 年榆林市第三产业比重只有 14.80%，第二产业比重接近 80%。

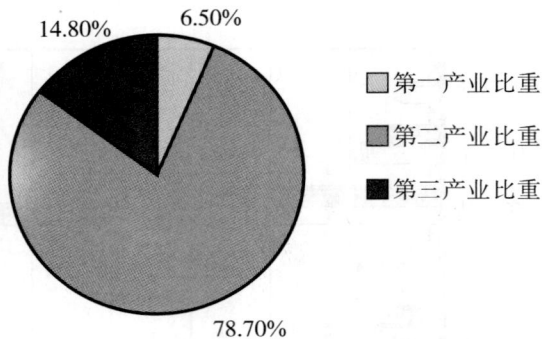

4-2-7　2008 年榆林市第一、第二、第三产业比重
料来源：《2008 年榆林市国民经济和社会发展统计公报》。

　　第二，从农业内部结构来看，尽管农业经济结构发生了一些积极的变化，特别是畜牧业发展较快，成为发展农村经济的重要力量。但是，农业种植结构调整缓慢，粮食种植面积一直居于支配性地位而且没有实质性变化，再加上农村非农产业还不够发达，成为制约农业经济效益提高的基本因素之一。

　　第三，从工业内部结构来看，重工业快速发展，轻工业相对萎缩，形成工业发展过分依靠重工业的格局。从 1978 年到 2005 年，重工业产值从 4 534 万元增加到 195.30 亿元，增长了 429.75 倍，轻工业产值从 9 293 万元增加到 3.21 亿元，仅仅增长了 2.45 倍；重工业产值占规模以上工业总产值的比重从 1978 年 32.80% 上升到 2004 年 98.60%，轻工业产值比重则从 67.20％下降到 1.40％。工业结构呈现明显的重型化特征（图 4-2-8）。

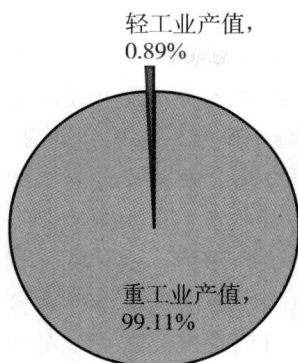

图 4-2-8　2008 年榆林市规模以上轻重工业结构

资料来源：榆林市统计局《榆林工业 2008》（2009 年 2 月）。

第四，从重工业内部结构看，煤炭采选业、石油天然气开采业、非金属矿采选业等采掘工业和石油加工及炼焦业、化学原料及化学制品制造业、非金属矿物制品业等原材料工业发展最快，产值比重最大，而装备制造业等加工工业发展较慢。2005 年，煤炭采选业、石油天然气开采业、非金属矿采选业、石油加工及炼焦业、化学原料及化学制品制造业、非金属矿物制品业六个行业的产值达到 161.75 亿元，占规模以上工业企业总产值的比重上升到 81.48％。2008 年，煤炭开采和洗选业、石油和天然气开采业、石油加工和炼焦业、化学原料及化学制品制造业、电力热力生产和供应业五大支柱行业工业总产值为 1 164 亿元，占全市规模以上工业总产值的 94.8％（图 4-2-9）。重工业发展呈现明显的初级化特征，资源消耗较高、环境代价较大、经济效益较低的状况亟须改变。

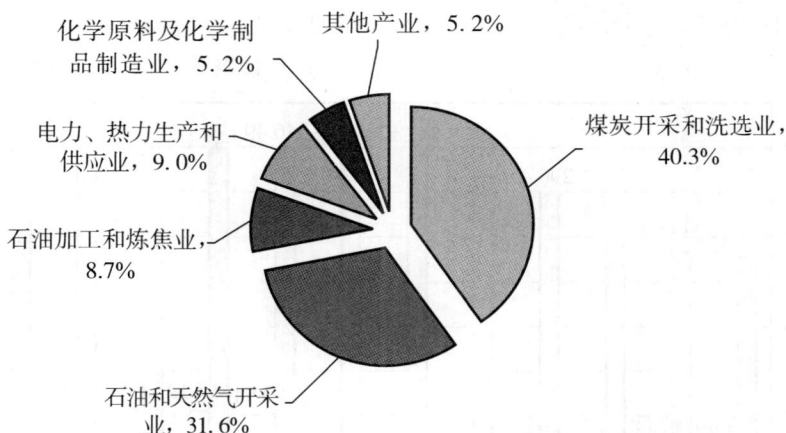

图 4-2-9　2008 年榆林市规模以上工业行业产值结构

资料来源：榆林市统计局《榆林工业 2008》（2009 年 2 月）。

第五，从工业生产力行业布局来看，全市规模以上工业企业多数分布在重工业中，而在轻工业中较少；在重工业中，大多数企业分布在资源开采和原材料生产行业，而在加工工业和装备制造业中比较少。从工业生产力区域布局来看，工业生产布局特别是重工业布局在南北之间严重失衡，重工业大多布局在北六县（区），而南六县相当少，轻工业在南北地区分布比较均衡。

此外，经济结构失衡还突出表现在以下两个方面。

第一，从中省经济与地方经济结构来看，地方经济无论是在规模方面还是在综合实力方面都处于相对较弱的地位。20世纪80年代以来，随着能矿资源的开发，中省经济得到迅速发展，成为区域经济发展的重要力量。在建设国家能源化工基地的新时期，中省经济将仍然在区域经济发展过程中扮演重要的角色，不可或缺。但是，也应该看到，中省经济快速发展对地方经济也有消极作用。这是因为，榆林能矿资源虽然丰富，但却是不可再生资源，数量毕竟有限，中省企业与地方企业之间必然存在资源开发竞争、产品销售市场竞争和技术实力竞争。在这些竞争中，目前地方经济明显处于弱势。另外，中省经济与榆林区域经济的契合度不高，其在西部大开发中富民强区的作用相对有限。榆林地方经济规模较小，科技实力较弱，综合实力不高，是产业发展结构不合理的一个重要体现。

第二，从所有制结构来看，国有经济的比重比较大，集体经济以及其他民营经济的规模还比较小，民营经济在发展区域经济中的战略地位和作用还不够明显。在个别地区，国有工业经济甚至占据绝对优势。

（四）城镇化进程缓慢，城镇化总体水平不高

城镇化水平是一个地区现代化和工业化发展程度的重要标志，城镇化是工业化的必然结果。改革开放以来，榆林市工业经济得到较快发展，工业总产值占社会总产值的比重从1978年的20.27％提高到2005年的60.27％，总体上已经从传统的农牧业社会发展进入工业社会。但是，榆林的工业化是"嵌入式"的，这就决定了这种工业化不能有效带动当地农民的转移。因而，榆林城镇化虽然已经取得一些成就，但是从总体上看，城镇化进程缓慢，总体水平不高。

如图4-2-10所示，榆林市总人口从1978年的227.52万增长到2006年的353.41万，非农业人口从15.37万增长到61.66万[1]。 城镇化率从1978年的6.76％提高到2006年的

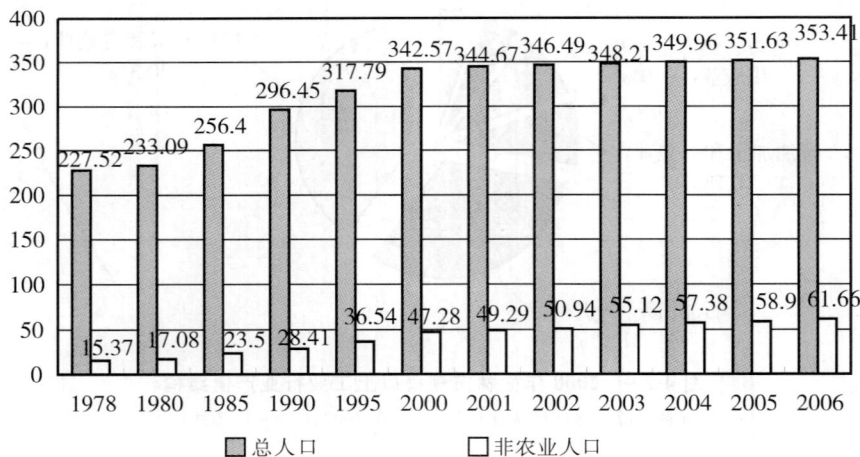

图 4-2-10　1978～2006年榆林市总人口和非农业人口（单位：万人）

资料来源：《榆林统计年鉴》（1978～2006年）。

---

[1]　见《领袖袖珍统计手册》（2006年），第34页。

17.45％①（不同于榆林政府报告中的数据），在近 30 年中，城镇化率仅仅提高了 10 个百分点（图 4-2-11）。

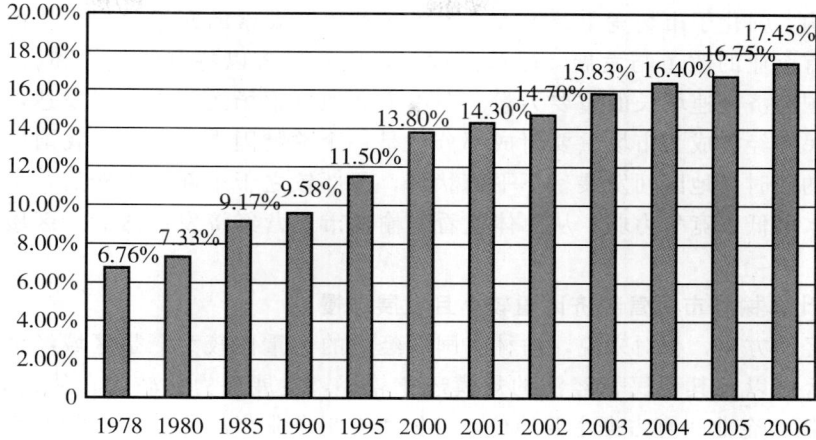

图 4-2-11　1978～2006 年榆林市城镇化水平

资料来源：根据《领袖袖珍统计手册》第 34 页数据计算。

从全市 12 个县（区）来看，城镇化水平普遍较低（图 4-2-12）。2006 年，城镇化水平较高的榆阳区只有 34.61％，比全国平均水平低 10 个百分点；子洲的城镇化水平不到 10％，横山、清涧、定边、靖边、米脂五县的城镇化水平不到 15％。与快速工业化相比，城镇化进程严重滞后，城镇化水平低严重制约区域经济的跨越式发展。

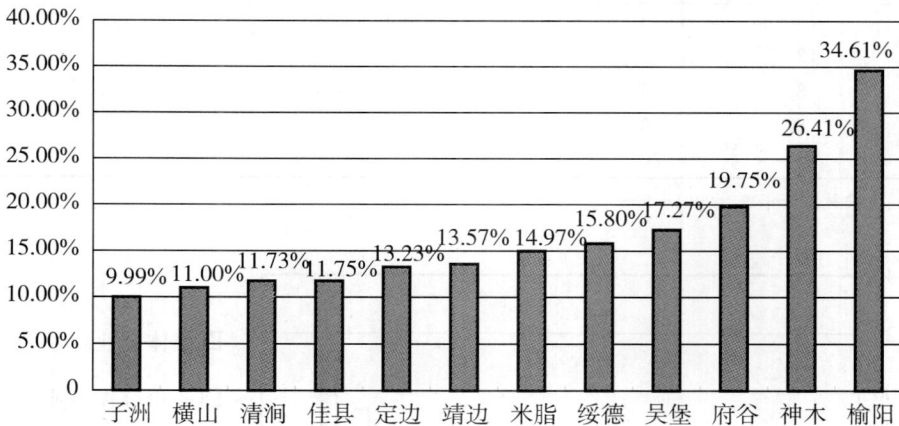

图 4-2-12　2006 年榆林市 12 县（区）城镇化水平

资料来源：根据《领袖袖珍统计手册》第 44 页数据计算。

（五）民营经济发展滞后

民营经济是市场经济的重要组成部分，是推动我国经济发展新的增长点。民营企业的生产经营活动主要靠市场来调节，其资金、原材料、技术、劳动力等生产要素都要从市场

---

①　限于统计数据的可获得性，我们用非农业人口数与总人口数之比表征榆林城镇化水平，下同。

中来，产品要在市场出售，销售价格要由市场来决定，从而形成一股强大的推动经济发展的力量。更重要的是，民营经济的发展改变了以往国有经济一统天下的局面，打破了单一的所有制结构，强化了市场竞争，大大提高了各种生产要素的配置效率，从而以外力促进和推动着国有企业的改革与发展。改革开放后，民营经济以特有的生机和活力蓬勃发展，成为拉动我国经济高速增长的重要力量。东南沿海地区市场经济之所以发达，市场机制的作用很大，民营经济成为市场重要组成部分则是一个关键因素。但是，我国民营经济在整体快速发展的同时，地区间发展呈不平衡状态，西部较之于东部严重滞后，主要表现为总量少、发展水平低、竞争力弱。从总体上看，榆林市民营经济发展滞后，区域经济发展缺乏活力。

1. 纵向比，榆林市民营经济比重较小且发展缓慢

在工业经济方面，相对来说，榆林市国有经济的比重比较大，是区域经济发展的重要力量。集体经济以及其他民营经济的规模还比较小，发展潜力比较大。从企业数量来看，2004 年以前国有企业一直占据主要地位，集体所有制企业非常少。以 2003 年为例，全市规模以上工业企业中，国有工业企业有 76 家，占 56.72％；集体企业 8 家，仅占 5.97％；其他所有制企业有 50 家，占 37.31％。

从 2001 至 2005 年，非公有制经济发展极其缓慢，其非公有制经济中工业企业个数只在 2005 年有小幅度的增长，之前几年均表现出停滞状态（表 4-2-9、图 4-2-13）。

表 4-2-9　2001～2005 年榆林市非国有制企业数量　　　　　　（单位：个）

年份	集体企业	股份合作企业	私营企业	联营企业	股份制企业	外商投资企业
2001	10	3	8	3	20	3
2002	12	2	10	3	18	3
2003	8	3	19	3	23	2
2004	8	3	19	2	32	1
2005	94	20	116	4	64	3

资料来源：《榆林统计年鉴》(2001～2005 年)。

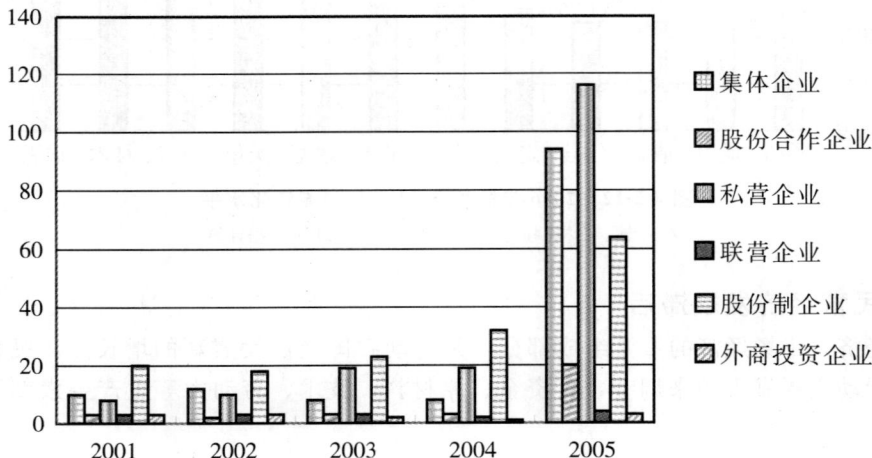

图 4-2-13　2001～2005 年榆林市非国有制企业数量变化

资料来源：《榆林统计年鉴》(2001～2005 年)。

从图 4-2-13 中可以明显地看出，2005 年私营企业、集体企业、股份合作企业和股份制企业的数量增长最为迅速，分别为上一年的 6.11 倍、11.75 倍、6.67 倍和 2 倍。而 2001 年至 2004 年，各类非公有制企业个数均保持不变，甚至有些类别的企业数量有减无增，发展状况严重滞后。

2. 横向比，榆林市民营经济发展落后

内蒙古自治区的鄂尔多斯市经过"十五"的快速发展，地方经济迅速起飞，地方著名的大集团公司有鄂尔多斯、伊泰、伊化、亿利、蒙西、万正、东达蒙古王等。这些地方企业不仅带动了经济的发展，而且带动了整个民营经济的发展。

第一，鄂尔多斯市非公有制经济发展速度明显加快。非公有制经济数量、从业人员和注册资金呈较快增长态势。截至 2004 年 12 月 31 日，鄂尔多斯市非公有制经济总数为 4.53 万户（其中私营企业 3 854 户、个体工商户 4.14 万户）较 2003 年同期增长 11.72%；从业人员 15.3 万人，较 2003 年同期增长 16.75%；注册资金总额 124 亿元，较 2003 年同期增长 40.6 亿元，增长 48.7%。

第二，鄂尔多斯市非公有制经济发展规模不断扩大。规模以上非公有制企业资产总计为 1 567.31 亿元，从业人员达到 3.9 万人（表 4-2-10）。

表 4-2-10　2004 年鄂尔多斯市规模以上非公有制企业基本概况

	资产总额/(亿元)	资产过亿企业个数	从业人数/(万人)
规模以上非公有制企业	1 567.31		3.90
煤炭业	420.77	28	0.89
纺织业	233.28	21	1.00
石油加工业	150.39	13	0.38
化学原料及化学制品业	160.59	31	0.55
黑色金属冶炼及压延业	340.07	13	0.33
合计	2 872.41	106	7.05

资料来源：根据调研资料整理。

第三，鄂尔多斯市非公有制经济发展领域不断拓宽。鄂尔多斯市非公有制经济从事第三产业的商贸及餐饮业人数相对居多，从事第二产业的采矿业、制造业、电力、燃气及水的生产和供应业等的人数明显增长，占到民营企业总数的 46%。2004 年非公有制企业中从事采矿业的企业数量增长最快，已达到 744 户，较 2003 年同期增长 170 户，增长了 29.62%；从事制造业的 946 户，较 2003 年同期增长了 330 户，增长了 53.57%。

第四，鄂尔多斯市非公有制产业结构逐步优化。据初步核算，鄂尔多斯市个体、私营等非公有制经济以第二产业为主，生产总值 190 亿元，第三产业次之，生产总值 68 亿元，第一产业最低，生产总值为 40 亿元，产业构成比例为 13：64：23，个体、私营等非公有制经济中第二产业占有绝对主导地位。

可以看出，与鄂尔多斯市相比，榆林市的民营经济发展仍然比较滞后，没有发挥出民营经济的活力，也没有表现出民营经济对地方经济的带动作用。

3. 榆林市民营经济发展滞后的原因

第一，与发展战略和发展目标有关。目前的发展思路以经济增长最大化为核心，鉴于如何有丰富而廉价的矿产资源和上大项目、有大带动观念的指导，其产业发展基本上以做大重化工业基地为主线。这样能使能源经济迅速发展，经济总量迅速增长，并吸引大量的资本和外来企业。但是，能够进行大量的资金投入和资源开发的企业只能是中省企业。这些企业自成体系，缺乏与本地民营企业的产业配套与连接，由此导致民营经济的发展明显落后。

第二，缺乏有利于民营经济创业的良好环境。民营经济是市场经济，只要有适宜的土壤和环境，民营经济就会蓬勃发展，而政府的任务在于营造民营经济发展的良好环境。

第三，经济发展政策失衡。由于将外来企业、中省企业作为发展重点，本地大量的游资和民间资本没有受到足够的重视；同时，由于缺乏特色产业的培育，无法形成民间龙头企业的支撑。在产业发展的现有格局下，发展特色产业和民营经济还有赖于政府的政策支持，应根据本地的市场需求、要素供给、企业结构，提供政策支持和进行发展引导，形成一定数量、具有现实或潜在比较竞争优势的产业或项目，努力促进民营经济在高新技术、环保技术、与当地物产结合紧密的特色轻工业等产业领域的发展，以改变区域经济发展失衡的局面。

第四，民营经济的发展受到资本、技术、人才、管理等多方面的约束。由于多种复杂的原因，目前大量民间资本没有参与到民营经济的发展之中，大量民间资本外流严重削弱了当地经济发展的能力。民营产业和企业发展中技术支撑的作用也不太明显，限于财政能力有限，各区县政府对科技的投入不够，企业的科技投入也很有限，产业发展急需的科技人才和企业经营人才比较缺乏。

(六)现行税制导致利益分配失衡

1. 现行财政税制的不完善导致资源开发过程中利益机制失衡

榆林是一个资源型地区，工业化现在处于起步和成长阶段，仍然以资源为依托，以基地建设为重心。近年资源开发使当地财政收入快速增长，但脱贫速度远远滞后。榆林市财政收入过去几年翻了几番，已排全省第三。但这个财政大市 12 个区县中有 10 个国家扶贫开发工作重点县，2 个省级扶贫开发工作重点县。全市 35% 的行政村尚未脱贫，农民人均纯收入还达不到全省平均水平，贫困人口全省最多。究其原因，与当前实行的税制和利益分配机制有着直接的关系。

1994 年开始实施的分税制财政体制，经过十多年的实践，较好地实现了增强中央政府财政宏观调控能力的初衷。随着经济的快速发展和改革的不断深入，这种税收体系逐渐暴露出一些问题。对于区域经济发展来讲，这种体制没有充分考虑地区经济发展的差异和财力的悬殊，一刀切地将流转税的主税种增值税按中央与地方 75：25 进行分配，并以 1993年的实际收入作为基数进行返还。榆林市作为资源开发大市，收入很小，出现了"富资源、穷财政"的现象，很不利于资源开发区县社会经济的全面发展。

如图 4-2-14 所示，2001～2008 年，全市财政总收入从 14.79 亿元增加到 213.70 亿元，增长了 13.45 倍；地方财政收入从 7.88 亿元增加到 70.01 亿元，增长了 7.88 倍。但是地方财政收入所占比重却一直呈下降趋势，2001～2008 年，地方财政收入所占比重从 2001 年的 53.28% 下降到 2008 年的 32.76%（图 4-2-15）。这些数据充分说明，现行财政税制的不完善导致资源开发过程中利益分配机制失衡，非常不利于资源所在地区经济社会的可持续发展。

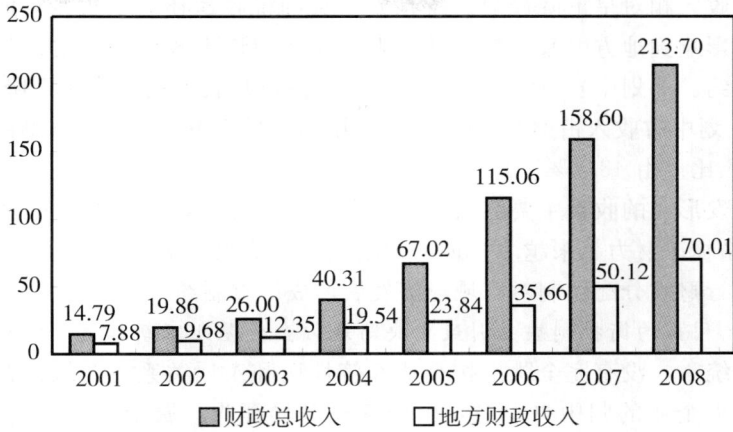

图 4-2-14　2001～2008 年榆林市财政总收入和地方财政收入情况（单位：亿元）

资料来源：《榆林统计年鉴》(2001～2007 年)；2008 年数据系调研所得。

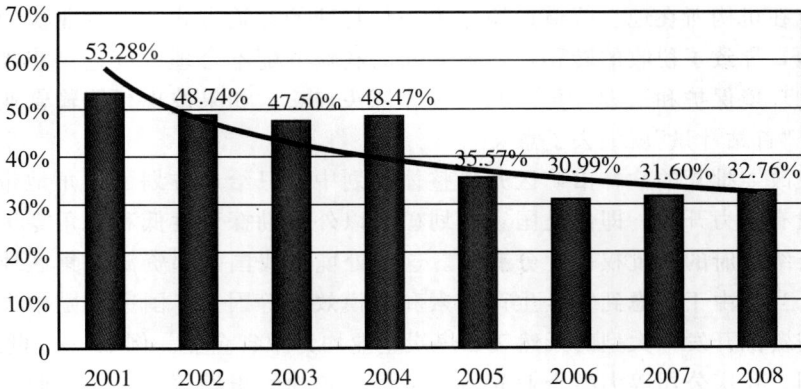

图 4-2-15　2001～2008 年榆林市地方财政收入比重变化趋势

资料来源：《榆林统计年鉴》(2001～2007 年)；2008 年数据系调研所得。

　　榆林市财政支出基本结构仍然属于"吃饭型"财政。保吃饭、保运转的支出比重较高，占 69.3%，而支持经济建设和社会事业发展等方面的资金仅占 30.7%。如果按照收入分配制度改革后维持机构运转和提供公共服务最低资金需要，全市 12 个县（区）有 10 个县的财政将出现缺口。

　　2. 现行税制利益分配的失衡导致的区域发展失衡效应

　　（1）效应一：利益均衡机制缺失导致中省、市县财政收入结构失衡问题突出

　　现行税制把收入来源稳定、税源集中、增值潜力大的税种，都列为中央税或中央与地方共享税，把收入不稳、税源分散、征管难度大、征收成本高的税种留给地方。由于缺乏科学、规范的转移支付制度与之配套，现行税收返还制度，直接导致中省、市县收入分配的不均衡，严重影响了地方经济的发展。例如煤的开采，目前每吨煤的纯利润在 80～120 元，但对县财政的贡献仅为 5 元。煤炭价格近几年涨了 10 倍，但是在煤炭采空区，一些大

型煤矿仍然按 20 世纪 80 年代每吨 0.2 元的水平进行补偿。

近年来，随着国家能源化工基地的建设，榆林市财政收入增长较快，但增收的大头上划中省，留市县收入相对呈下降趋势。特别是中央的税收返还力度很小，而对地方财力的集中越来越大，影响到地方财政发展。地方财力小，使地方政府统筹协调经济社会发展的能力受到严重制约。上划中省收入比重逐年上升，留市县收入比重逐年下降。从 2002 年到 2006 年，全市上划中省收入占财政总收入比重由 51.3% 上升到 69.0%（剔除免抵调减增值税），留市县收入比重由 48.7% 下降到 31.0%。

由于资源开发形成的收益主要流向了中省企业和上级财政，因此地方财政仅是"吃饭财政"；中省集中榆林市财力越来越多，地方财政收入比重明显偏低，资源开采对地方经济贡献十分有限；现行财政分配体制对区域经济发展形成严重制约。

（2）效应二：利益均衡机制缺失引致中央与地方企业差距不断加大

税种划分不统一，没有完全跳出按企业经济性质和隶属关系划分收入的旧框架。企业所得税，属于中央企业的归中央财政，由国家税务局征收；属于地方企业的归地方财政，由地方税务局征收。这种按隶属关系将其收入在各级政府间进行分配的做法，严重影响了企业之间的公平竞争，也不利于打破条块分割的旧体制。例如，天然气利用具有"开采集中、跨省受益、产销一体、统一核算"的特点，按照现行《营业税暂行条例》规定，交通运输业的纳税地点在机构所在地。管道运输作为一种特殊的运输方式，把营业税的纳税地点放在机构所在地，导致了税收的转移，使地区间的利益分配不合理程度进一步加剧，不利于资源开发地的环境保护和治理，更不利于税收源头控管。如果按现行管输营业税在其机构所在地征收，"首站计量"就失去了意义。

在国家发改委批复的榆林市矿区开采整体规划中，只给地方划了边角地带，大量的优质资源地方没有权力开采。即便是国家规划矿区以外的勘探程度低和边角零星分散的煤炭资源，市、县级政府的审批权也十分有限。这种处境是我国西部资源富集区地方政府普遍面临的状况。当前由于考虑到安全生产因素和规模效益等因素，国家鼓励中央和省级大型企业积极参与资源开发，大型的天然气和煤炭企业均为中省企业。例如，20 世纪 80 年代以来，神华集团、长庆公司等大型企业先后负责煤田和油气田勘探开发，全面启动了榆林的资源开发，但是这些企业的注册地往往都在北京、上海或省会城市，根据现行税收政策，其所应交纳的地方税大都交给了注册地，这样又拿走了相当部分的地方税收收益。资源的转移导致了税收的转移，这使区域间利益分配不合理状况进一步加剧。

20 世纪 80 年代以来，随着能矿资源的开发，中省经济得到迅速发展，成为榆林市经济发展的重要力量。在建设国家能源化工基地的新时期，中省经济将仍然在榆林市区域经济发展过程中扮演重要的角色。从全部工业来看，中省企业产值比重不断增加，地方企业产值比重不断下降；从财政收入比重看，中省企业收入比重在不断扩大，地方企业收入比重在不断缩小。

从当前资源开发方式看，煤炭、天然气等资源开发方式是一种没有统筹发展、与当地经济关联度较小甚至隔离的开发方式。这表现在，资源开发者主要是中央、省里的大企业以及外来的投资者，由于大企业采用机械化作业方式，技术含量高，要求作业者掌握更多的技术知识，因此当地文化程度低的农民根本无法到企业就业。所以从经济上看，资源开发促进了整个国民经济的发展，但是对当地人民脱贫的贡献甚微，造成当地的干部群众心理不平衡，对构建和谐社会带来负面影响。在各类煤矿中，如果沿用传统的开采方式，至少可以容纳几万农民工就业。但是机械化采煤机、皮带传输系统的运用，不仅大量减少了就业岗位，而且使当地农民多年来筹资购买的简易采掘机械大量闲置，不少家庭因此背上了沉重的债务。

（3）效应三：产业结构失衡突出

近年来，榆林市经济增长速度稳居全省第一，工业经济快速发展，但在工业主导地位越显突出的同时，产业结构失衡严重。

产业结构失衡在财政收入上也体现明显，来源于三次产业的财政总收入之比由 2002 年的 3.0：71：18.1 变化为 2006 年的 0.4：81.2：15.2，第一产业比重下降 2.6 个百分点，第二产业比重上升 10 个百分点，第三产业比重下降 3.1 个百分点。第二产业的比例过大，发展过快，而第三产业收入增长较慢，比例严重失调。

从财政收入结构来看，取消农业税后，第一产业收入有所下降，2002 年到 2006 年，第一产业收入由 0.59 亿元下降到 0.47 亿元，占财政总收入的比重由 3.0％下降到 0.4％；第二产业收入由 13.97 亿元增加到 93.39 亿元，占财政总收入的比重由 70.2％上升到 81.2％；第三产业收入由 3.60 亿元增加到 17.53 亿元，占财政总收入的比重由 8.8％上升到 15.2％。

因此，无论从产业整体结构，还是从第二产业内部结构来看，产业结构失衡都越发突出。

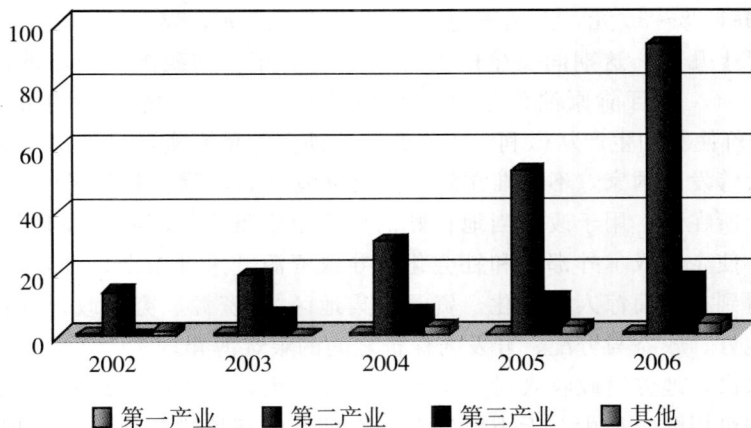

图 4-2-16 2002～2006 年榆林市各产业税种收入年际变化（单位：亿元）

资料来源：根据《榆林统计年鉴》（2002～2006 年）整理。

表 4-2-11 2002～2006 年榆林市各项税收年际变化情况 （单位：亿元）

产业	2002 年	2003 年	2004 年	2005 年	2006 年
第一产业	0.59	0.50	0.55	0.34	0.47
第二产业	13.97	18.88	29.96	52.61	93.39
第三产业	3.60	6.62	7.34	11.15	17.53
其他	1.75		2.47	2.93	3.67

资料来源：根据《榆林统计年鉴》（2002～2005 年）整理；2006 年数据系调研所得。

（4）效应四：工业反哺农业、城市支持农村的利益均衡机制缺失

"十五"时期，虽然全市年均农业总产值增长了 30.45%，但工业反哺农业利益机制的缺失，致使农业产业化水平仍然较低。2006 年全市生产总值 436 亿元中，农业总产值达 34.5 亿元，占 8%。也就是说，全市总人口约 80% 的农业人口分享 8% 的社会财富，这是区域经济发展的巨大失衡。

世界经济发展的实践表明，一个国家在工业化初始阶段，农业客观上承担了为工业化、城市化提供积累的任务；当工业化、城市化达到相当程度后，自身积累和发展能力不断增强，就具备了反哺农业、支持农村的能力。这是加快推进现代化建设的成功之道。作为国家能源化工基地，由于现行税制的制约，榆林经济的腾飞并没有为工业反哺农业、城市支持农村、北六县（区）与南六县互联互动带来相应的利益均衡机制。

财政分配体制的问题直接制约着当地工业反哺农业、城市支持农村的能力，而农业不仅不能直接从资源开发中获利，而且还面临农业经济投入和环境成本补偿缺失的问题。缺乏有效的生态补偿机制，没有相应的法律、规章和专门的管理机构，造成资源开采的环境成本评估和价值补偿等一系列工作无法开展。

与此同时，农村经济缺乏金融支持，对农金融政策在不断趋紧，广大农村的资金来源渠道在不断减少，加重了农村资金投入的不足。

（5）效应五：经济增长与资源、环境的矛盾加剧

我国资源税的征收一直按照 1994 年实施的《资源税暂行条例》执行。征收的标准是"从量计征"，原油每吨 8～30 元，天然气每千立方米 2～15 元，煤每吨 0.3～5 元等。至今这一标准已执行了十几年，这期间发生的变化是，1993 年以前我国国内原油产量大于需求，油价只有 500 元/t，而目前原油价格已上涨超过 2 000 元/t，是 1993 年的 4 倍多，超过 2 000 元/t 的油价使石油生产从微利变为暴利，石油资源税率实际已下降至 6‰ 左右。在澳大利亚、加拿大等发达国家，不管谁在矿区投资开发资源，除去各种税收，利润的 50% 左右都要留在资源所在地，用于改善当地百姓的生产生活条件。而我国在现行税制下，资源被廉价地使用，使企业成本外部化和社会化，导致资源开采的浪费；环境无偿使用，使得生态破坏无法得到补偿而惊人地恶化。资源富集地区"富资源、穷财政、穷百姓"问题的背后，是中央与地方、收益与分配、开发与保护之间的艰难博弈。

对榆林市来讲，地方财政收入对资源的依赖性过大，由于收入结构不合理，市财政收入中留给地方的可用财力很少，无力对资源开发破坏的环境进行保护和治理；同时，资源开发破坏了当地的水源、土壤等生态环境，不但没有使当地百姓迅速脱贫致富，反而正在制造许多生态危机和隐患，导致当地贫困地区的农民更为贫穷。仅神木、府谷两个产煤大县就有 32 km²、4.2 万亩农田严重减产或无法耕种，十多条河流断流，许多村庄出现水危机，有的要到十几里外拉水，有的则要以每吨 3～6 元的高价买水。资源开发还导致当地的地下水位迅速下降，河流、水库、湖泊渗漏严重。

（七）科技支撑作用没有得到应有发挥

1. 科技作用领域狭小

（1）科技对不同产业的贡献率不同

榆林市的农业产业化进程才刚刚起步，很多地区的农业生产还停留在靠天吃饭的水平。目前，农村地区缺乏利用本地农副产品进行深加工的龙头企业，现有的加工企业带动力不

足，导致发展优质高效农业和山区农业综合开发基地建设进展缓慢。某些农业资源优势还不能转化为现实的经济优势。造成这种局面的一个重要原因，就是农业科技进步程度较低，科技对农业的贡献率不高。而从全国范围来看，科技进步对我国农业发展的促进作用日益明显。目前全国农业科技进步贡献率平均已经达到 48％ 左右，一些重大技术已在国际上形成了竞争优势。

在农村产业中，畜牧业占有重要地位。但是畜牧业仍然存在着生产方式落后、养殖水平低的问题，主要表现为：良种繁育体系建设滞后，良种供给能力严重不足；产业链条短，产业化程度较低；动物防疫基础薄弱，畜产品质量安全形势依然严峻。这些问题的出现，也是科技对农业作用不足的例证。

与此同时，以能源产业为代表的工业部门依靠科技进步，走新型工业化道路，充分发挥了技术的优势。在能源产业的发展过程中，大型企业致力于工艺创新、开发成套新技术，解决了一系列技术难题，一些企业还建立了先进的信息网络和管理系统。以煤炭采掘业为例，神东煤炭公司采用世界一流的生产设备，主要矿井全部采用高产高效采煤工艺，先后从美、英、德等 8 个国家 20 多家公司引进世界一流的先进生产设备 95 种，1 330 台（套）。在生产过程中，矿区的 5 个大型骨干煤矿全部采用了自动化技术，自动化水平世界第一。在科技的带动下，大型能源企业在生产规模、生产效率及管理上都达到了世界先进水平。

科技作用的这种不均衡现象，一方面造成弱势产业发展缓慢，使产业结构失衡的问题更加严重；另一方面也制约着产业之间关联度的提高。产业之间缺乏联系，将对产业内部结构的优化、产业的前向和后向作用的发挥、产业链条的延伸以及整个区域经济体系的健全等产生不利的影响。

在能源产业中，技术对中省企业和当地企业的作用差别很大。大型国有企业和当地企业的实力相差悬殊，与科技因素密切相关。这一问题在能源产业中表现得最为突出。大型国有企业通过科技进步，创造了很多世界领先的经济技术指标。如神东煤炭公司在 1998～2006 年期间，原煤产量增长了 15 倍，年产量达到 11 468×10^4 t，全员工效是美国平均水平的 3 倍，达到了生产规模化、技术与装备现代化，以信息化带动产业技术升级，形成了技术先进的千万吨矿井生产格局。而绝大多数小煤矿生产能力都不高，全市在籍地方煤矿 390处，生产能力全部在 30×10^4 t 及以下，生产技术和装备水平很低，缺乏基本的技术管理。现阶段，我国重点煤矿的回采率平均为 65％，而榆林当地煤矿的回采率远远低于这个水平。

（2）科技作用的领域过于狭小

社会发展的各个领域都离不开科技的作用，但在榆林市的发展过程中，科技的力量主要体现在产业成长方面，科技的辐射面还不够宽泛。这一现象与资源型地区的特征有关。因为资源丰富，资料相对价格低（成本低），因而更易于采取粗放型的增长方式，忽视社会经济的综合效益。虽然科技对榆林市工业生产起了重要的支撑作用，但不应该局限于生产领域。实际上，区域经济的发展有很多领域需要依靠科技的力量。

在环境保护领域，科技的作用还不够充分。随着工业的发展及城市人口的增加，环境问题越来越受到重视。水环境问题是其中比较突出的。近年来，全市水体的污染呈上升趋势，而污水处理与利用尚未起步，污水处理能力几乎为零。榆林市水资源并不丰裕，采用先进的技术，遏制污染，治理水环境，实现水资源高效循环利用，已经成为迫在眉睫的任务。

在工业生产中，企业受利益的驱使，往往注重产能和效益的提高，而忽视了环境问题。如大型国有煤炭企业，虽然能够利用先进的技术提高采掘能力，但因为回采率高，而更容易造成塌陷。目前，全市已经形成采空区 180.99 km²，采空塌陷面积 58.19 km²，而且塌陷面积正逐年递增。采空区在塌陷之后很难恢复，往往造成矿区土地的沙化，地下水水位下降，植被枯死，农作物无法存活，影响农业生产。

在节能降耗和资源高效利用领域，应该依靠科技的力量缓解资源浪费问题。水资源短缺是榆林市面临的一个严峻问题，而近年来农业生产用水浪费严重，工业万元产值用水额平均为 252 m³，最高达 964 m³，重复利用率仅为 15% 左右，生活用水中也存在浪费现象，有限的水资源没有得到循环和节约利用。此外，煤利用率不到 40%，煤矸石利用率不到 20%，粉煤灰利用率只有 48% 左右，土地资源利用也处于粗放状态。

在社会发展方面，应该借助科技的力量提高社会文明程度。一方面完善信息网络的建设，以适应新经济的发展需求；另一方面，提高人民的科学文化素养，为科技进步培养更多的载体和主体。

（3）科技发展后备力量不足

这一点突出表现为人才缺乏问题。榆林的发展急需大量人才，农林、土木、煤炭、化工、水力、电力、建筑等行业都存在缺口。目前，榆林社会管理型人才很多，而且富有创新精神，但煤炭、农牧、区域经济人才缺口较大，亟须培养大批人才投身建设。尤其是农村，科技教育比较落后，教育基础差，师资力量薄弱，教育质量相对较低，群众受教育程度不高，虽然劳动力资源丰富，但劳动者素质低下，造成科学技术推广难度大，其经营能力也难以适应经济发展的需求。

2. 制约科技发挥作用的原因

（1）受制于区域产业不均衡状况

榆林市产业发展不均衡即第一、第三产业发展缓慢，第二产业比重过大，工业内部又是重工业占据绝对优势。由于资源储量丰富，大部分企业仅靠开采和出售资源就可以获取丰厚利益，使技术改造偏重于提高采掘量和降低成本，造成资源就地转化利用率低。反过来，这种产业结构也制约了科技进步，因为第二产业的生产特点使技术进步作用的发挥受到限制；而第一、第三产业由于基础薄弱，无力完成技术改造，缺乏技术进步的动力和支持。

科技作用受到制约，还与产业整体关联度差、产业链条断裂有关。由于缺乏产业之间的关联，单个产业的技术进步状况对配套产业、上下游产业的影响力不足，从而缺少技术进步的联动效应。在现实中表现为高附加值的加工业规模小，缺少整体优势，新兴产业、高新技术产业整体发展缓慢。

（2）受制于企业发展状况

科技作用受到制约，还与当地企业规模小、力量分散，中省企业带动力不足有关。科技作用的发挥需要资金、人才的支持。总体上看，榆林市的产业成长并不缺乏资金，丰富的资源禀赋吸引了巨额的外来资本，还有大量的民间游资得不到充分利用，亟待有效整合。问题在于缺乏有实力、有规模的当地企业。现有的当地企业的技术力量一般都比较薄弱，缺乏科技人才，技术改造的主动性和动力不足。

中省企业技术力量雄厚，但是它们采取"隔离式"的开发方式，其科技在榆林的扩散非常有限。落户榆林市的几家大型的煤炭和石油公司，由于科技研发的针对性和保密性，既没有为当地积累大规模的人力资本，也没有从实质上推动当地其他产业的技术升级。

（3）科技促进机制不完善

科技作用的关键是体制保障，但目前榆林市科技促进体制还需要进一步完善。在研发促进方面，榆林市还没有大型的重点实验室或工程技术中心。在与高校的合作中，需要确立与地方经济社会发展密切相关的重点技术领域；在投入机制方面，目前全市科技事业的投入仍然是政府主导型投入模式，社会多元投资体制还未建立。在成果转化机制方面，当地还没有企业孵化器。科技服务体系以政府主导型技术服务为主，龙头企业的作用不足。缺乏以科技成果商品化、服务有偿化、经营企业化、单位实体化、运行机制市场化为主要内容的科技产业化的科技服务体系。

（八）资源环境问题已成为发展的桎梏

榆林市能矿资源丰富，以丰富的煤炭、石油、天然气资源为依托，逐渐形成了以煤炭、石油、天然气、化工为支柱的产业结构，在一定程度上促进了榆林市经济的发展。从表4-2-12、图4-2-17 中可以看到，榆林市近年来地区生产总值呈逐年增长趋势。

表 4-2-12　榆林市近年来地区生产总值及其增长速度

年份	地区生产总值/(亿元)	增长速度/%	年份	地区生产总值/(亿元)	增长速度/%
2001	105.05	10.80	2005	320.04	18.10
2002	129.31	15.20	2006	439.47	17.00
2003	162.83	14.30	2007	474.25	20.10
2004	204.76	17.50	2008	1 008.26	23.00

资料来源：《榆林统计年鉴》(2001～2007 年)；2008 年数据系调研所得。

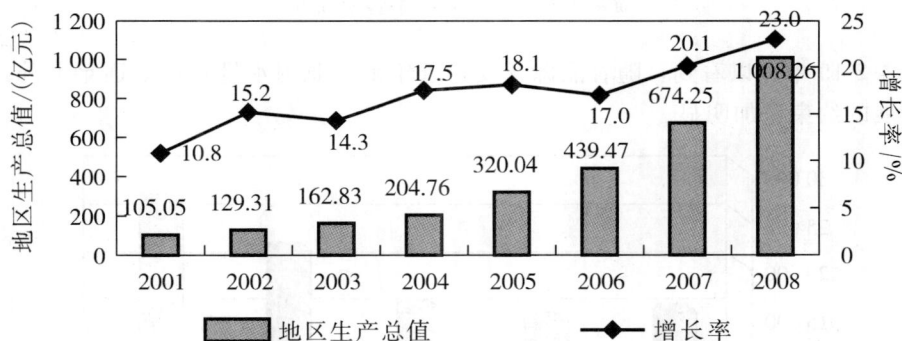

图 4-2-17　榆林市近年来地区生产总值变化

资料来源：《榆林统计年鉴》(2001～2007 年)；2008 年数据系调研所得。

自然资源开发有力地推动了经济发展。但是，由于多方面的原因，日益严重的资源浪费、生态环境退化等负面问题也相伴而生。

1. 水资源短缺问题极为突出

（1）水资源总量不足，保证远期供应还有一定难度

表 4-2-13、图 4-2-18 列出了 2006 年各部门的用水情况。数据显示，工业和农业用水合计占总用水量的 86.8%，为用水量最高的两大部门。特别是农业，占 72.5%。由于农业生产水平不高、科技含量较低，一些地方还处于"靠天吃饭"的落后状况，这给节水工作带来了一定的困难。

表 4-2-13   2006 年榆林市各部门用水量

用水部门	农业	林牧渔畜	工业	城镇生活	农村生活	总计
用水量/(10^8 m^3)	4.86	0.37	0.86	0.24	0.37	6.70
占全市总量/%	72.5	6.8	14.3	3.6	5.5	100

资料来源：表中数据系实地调研所得。

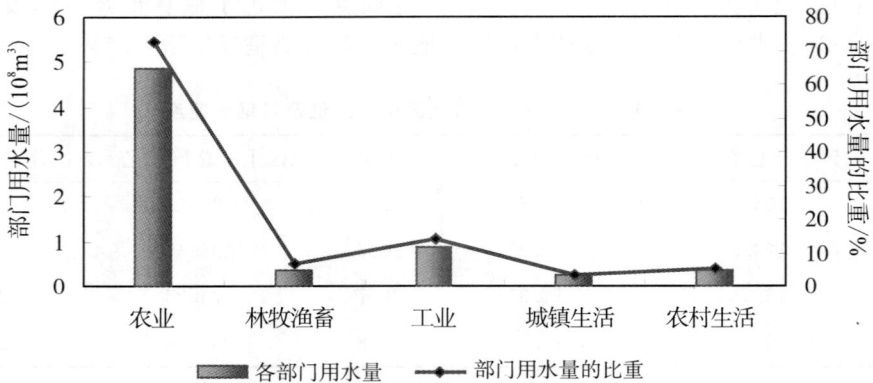

图 4-2-18   2006 年榆林市各部门用水量情况

资料来源：表中数据系实地调研所得。

从图 4-2-19 中可以看到，随着能源开发，近年来工业用水量基本上逐年上升，水资源对经济发展的约束愈加明显。

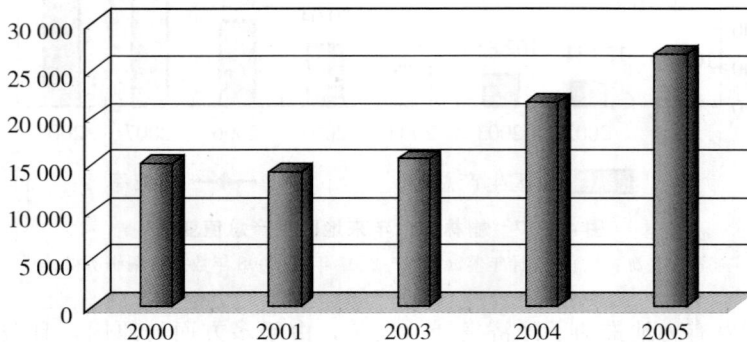

图 4-2-19   2000～2005 年榆林市工业用水量

资料来源：《榆林统计年鉴》(2000～2005 年)。

表 4-2-14　榆林市近年来工业用水量变化

年份	2000	2001	2003	2004	2005
工业用水量/(10^4 t)	15 036	14 250.19	15 532	21 679.26	26 666.01

资料来源：根据《榆林统计年鉴》(2000～2005 年)整理。

(2)水资源分布不均

地处北部风沙区的榆阳、神木、府谷、横山、靖边、定边六县(区)是陕西省煤炭、石油、天然气等矿产资源的主要开发区，也是国家和陕西省能源化工基地的重点建设区，这一地区的水资源总量占全市自产水资源总量的80.8%。同时，沙区河流年径流量的年际年内变化相对较小，水资源开发利用条件相对较为优越，为北六县(区)经济发展提供了有利的水源条件。南六县均处于丘陵沟壑区，地形破碎，且含流沙量大，水资源埋藏较深，开发利用难度较大，属水资源贫乏地区，不利于经济发展。另外，南六县多年平均降水量只有405 mm，而且主要集中在每年7月、8月、9月，其他时间降水较少。

(3)存在水资源浪费现象

近年来，榆林市工业万元产值用水额平均为 252 m^3，最高达 964 m^3，重复利用率仅为15%左右；生活用水也存在浪费现象。农业用水 $5.23×10^8$ m^3，按 2005 年实灌面积$99.96×10^3$ hm^2 计算，平均用水 332 m^3/亩。

(4)水资源遭到破坏，水环境每况愈下

工业污染造成水体污染，使饮用水安全受到威胁；矿产资源的开采造成地下水层遭到破坏；而不顾总体规划乱采超采地下水则使地下水水位明显下降。据调查，近10～20年时间里，地下水水位平均下降了 2～2.5 m，榆阳、靖边、定边、神木等县区的局部地方已达 6 m。

2. 资源的开采利用带来环境污染和生态破坏

相对于自然原因，人为因素对自然资源的破坏更为严重，主要表现在资源的过度开采和资源浪费等。自然资源是自然环境中的重要组成部分和主要内容，自然资源和自然环境之间，存在着彼此作用、融为一体的关系，资源的流失与衰竭，不可避免地造成环境污染和生态破坏。目前，榆林市的生态环境总体状况可以概括为：生态普遍脆弱，生态保护能力低下，面临一系列严重的生态环境破坏及退化问题；城市环境问题突出，污染治理水平较差；整体可持续发展能力低下。以 2005 年为例，总财政收入 67 亿元，其中地方财政收入 23 亿元，而要修复资源开发所造成的环境破坏却需要 89 亿元。

(1)采空区地面塌陷，地质灾害频繁发生

煤炭是一种埋藏在地下的资源，当地下煤层采出后便形成地下采空区，使得原来处于平衡状态的覆岩失去支撑，平衡结构遭受破坏。因此，采空区上方和覆岩会产生冒落、断裂、弯曲等一系列破坏与变形，随着采空区逐渐增大，这种破坏和变形就反映到地表，形成塌陷。

近年来，由于煤炭资源开发而形成的采空塌陷区面积与日俱增，仅神华集团采煤形成的塌陷区就达 40.5 km^2。据有关部门调查，目前全市已形成采空区达 180.99 km^2，已塌陷58.19 km^2。据调查，目前仅神木、府谷两县就已形成塌陷区 32 km^2，4.2 万亩农田和林草地受到影响，10 多条地表水体断流。

资源开发带来的负面影响，给当地群众的生活工作和生命财产造成了危害和损失，神府矿区新民区和神木北部区域尤为突出。虽然矿区和责任方采取了搬迁、复垦等综合治理措施，但其效果与破坏和受影响的程度相差甚远。

（2）湿地萎缩，生物多样性锐减

榆林市是陕西省唯一有内陆湖泊分布的地区。但是，随着煤炭、石油、天然气、盐等资源的开发，以及受围河造田、开荒种地、水利化农业和连年干旱的影响，湖泊、河流、水库渗漏严重，地下水水位急速下降，湿地大面积萎缩。据统计，榆林市大小湖泊从 20 世纪 70 年代的 869 个锐减到现在的 79 个，总面积由 10 533.7 hm² 下降到 9 809.8 hm²，比开发前减少了 6.87%。

全省最大的内陆湖红碱淖，由于周边自然环境的改变和人为活动的影响，近 6 年水位下降了 3 m，平均每年面积缩水 6 000 亩，湖水面积由 6 年前的 10.5 万亩缩减到不足 7 万亩，面积缩小了近 1/3。有专家预测，继续下去红碱淖将会成为新的"罗布泊"而从人们的视野中消失。同时，红碱淖湿地的渔业资源和生物多样性也都受到了一定程度的破坏，导致湿地部分功能丧失。湿地大面积萎缩以及水质的下降使其生物链内的动植物受到威胁，鲤鱼、鲫鱼、大银鱼等经济鱼类的捕捞产量急剧下降，遗鸥等珍稀动物可能失去赖以生存的家园。

（3）植被破坏，水土流失严重

煤炭开采不仅会使土地的表层受到影响，还影响下层的土层，进而影响到土壤含水层，含水层的破坏，使当地居民饮水出现困难，生态环境也受到严重影响。

资源开发过程中，矿井、油气井、道路修建、管线铺设等大面积地破坏地表形态和植被。据统计，仅陕京、陕宁等四条天然气输气管线，就扰动地表、破坏植被 100 km²。资源开发引起的山体崩塌、滑坡，导致区域水土流失，泥石流、沙尘等自然灾害频繁发生，一些重点开发区侵蚀模数逐年增加。仅油气开发，在靖边和定边两个县就累计破坏植被约 14 万亩，弃土覆盖植被约 5 万亩。靖边县的地表侵蚀模数由开发前的每年 1.1×10⁴ t/km² 增加到现在的每年 1.5×10⁴ t/km²，部分地区已经出现了强劲的沙化趋势。

（4）环境污染加重

煤矿井下涌水直接排放造成土地、河流的严重污染，河水、河床到处沉积着煤泥、油污。大柳塔、榆家梁等煤矿生产能力成倍增长，现已达到千万吨级规模，但在环境保护方面的投入远未跟上。运煤抛撒形成的二次扬尘污染，使道路两侧土地不能耕作。长庆等油田开发企业缺少地下水保护措施，使当地水源水质不断恶化。长庆油田 2 万多口泥浆油井未进行固化和无害化处理，造成靖边县小河乡群众人畜饮水水源受到含油废水、岩屑等污染，引起了国家环保总局的高度重视。

榆林市出现水位下降、水源枯竭、地表塌陷、地貌改变等现象。大量尾矿、废渣、矸石随处堆放，经雨水冲刷、淋溶，使硫、石油、酚等多种有害物质渗入水体。生产、生活污水及弃渣排入河道使水体污染加剧。榆林市 11 条主要河流有 9 条受到不同程度的污染，窟野河水体中总悬浮物比开发前增加 93 倍。乌兰木伦河因淤积河床抬高 4 m，河床上矿点密布，整个河道被挖得七沟八壑，倾倒的弃土弃渣达 310×10⁴ m³，800 m 宽的河床被占去 90%，有些河段已不足百米宽，严重阻碍正常排洪。

（5）城市面临严重的工业污染，城市环境质量受到影响

从表 4-2-15 中可以看到，从 2000 年到 2005 年间，榆林市工业废水、废气、二氧化硫、烟尘以及工业粉尘的排放量都呈现出上升趋势。工业固体废弃物排放量曾于 2001 年降到最

低点，但自此以后又迅速回升，保持在较高的水平。根据《榆林统计年鉴》中的数据，这些工业废弃物的排放主要集中在神木、府谷两县，其次是榆阳区。以 2005 年排放量为例，神木的工业废水排放量为 992.61×10⁴ t，占榆林市总量的 82.16%；工业废气排放量中，神木、府谷、榆阳分别占 51.15%、18.79% 和 23.56%；工业二氧化硫排放量中，神木占 56.62%。

表 4-2-15　2000～2005 年榆林市环境保护主要指标

年份	工业废水排放量/(10⁴ t)	工业废气排放总量/(10⁴ m³)	工业二氧化硫排放量/t	烟尘排放量/t	工业粉尘排放量/t	工业固体废物排放量/(10⁴ t)
2000	741.94	1 800 554	19 760.00	19 711.00	17 141.00	24.84
2001	791.55	2 328 222	13 475.00	17 163.91	14 736.66	3.68
2002	729.12	2 972 544	22 844.95	16 636.69	11 706.46	17.54
2003	761.83	3 152 438	26 422.34	22 916.63	14 875.74	21.18
2004	1 083.71	4 958 492	57 506.21	35 222.03	21 635.56	20.10
2005	1 208.19	7 825 575	84 373.84	56 881.85	40 930.04	22.71

资料来源：《榆林统计年鉴》(2000～2005 年)。

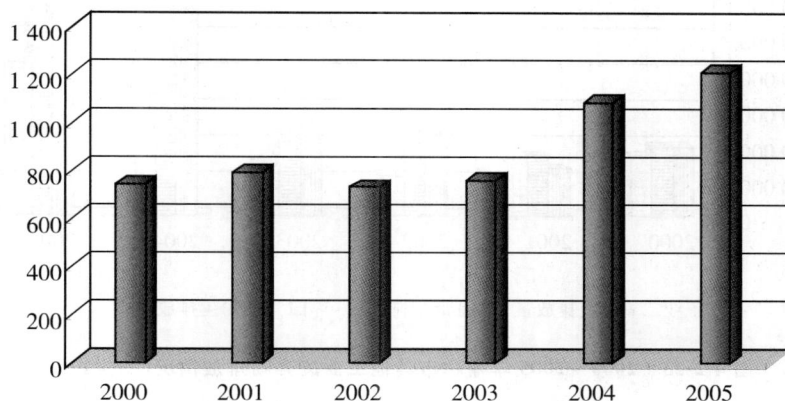

图 4-2-20　2000～2005 年榆林市工业废水排放情况(单位：10⁴ t)

资料来源：《榆林统计年鉴》(2000～2005 年)。

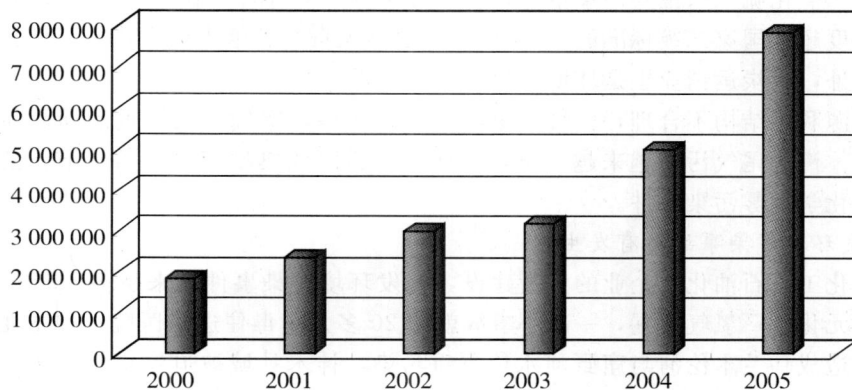

图 4-2-21　2000～2005 年榆林市工业废气排放情况(单位：10⁴ m³)

资料来源：《榆林统计年鉴》(2000～2005 年)。

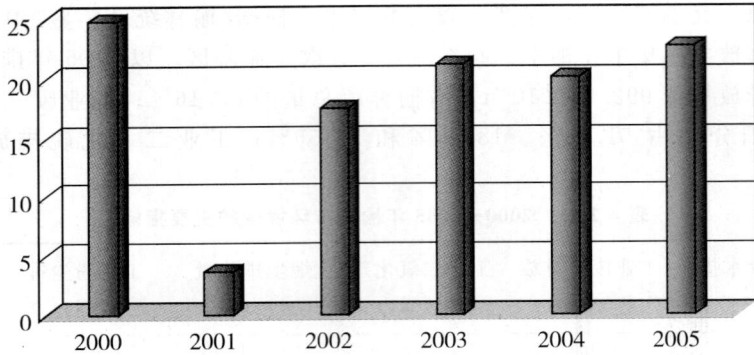

图 4-2-22　2000～2005 年榆林市工业固体废物排放情况（单位：10^4 t）

资料来源：《榆林统计年鉴》（2000～2005 年）。

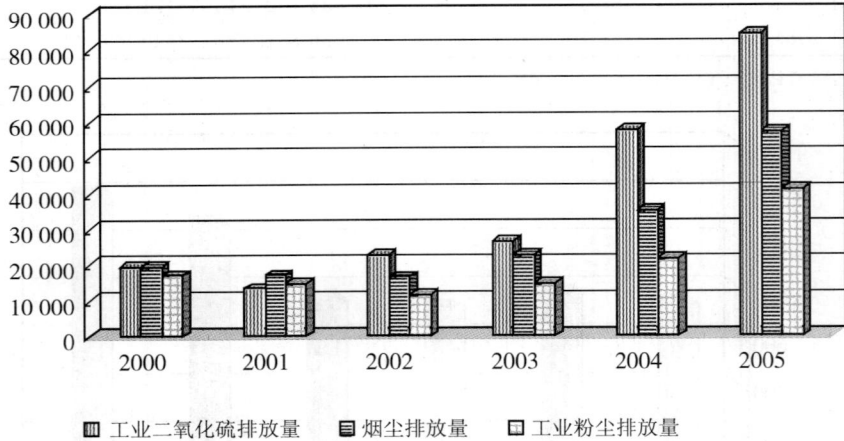

▦ 工业二氧化硫排放量　▤ 烟尘排放量　▤ 工业粉尘排放量

图 4-2-23　2000～2005 年榆林市其他工业废弃物排放情况（单位：t）

资料来源：《榆林统计年鉴》（2000～2005 年）。

　　大气污染严重，燃煤、炼油和炼焦是大气的主要污染源。大柳塔镇大气中氮氧化物、悬浮微粒、二氧化硫三项主要污染指标，分别是煤田开发前的 4 倍、17 倍和 24 倍，总悬浮微粒日均浓度超过国家二级标准的 57.9 倍。加之堆煤自燃、烟尘低空排放，使大气污染日趋严重。此外，煤炭运销业也是环境恶化的一个重要因素。

　　城镇能源利用结构不合理，大气污染治理步伐缓慢，空气污染严重的局面尚未从根本上得到扭转。汽车尾气污染越来越严重，一些重点路段在典型气象日条件下，已经开始发生轻度的光化学烟雾污染事件。

　　（6）突发环境污染事故时有发生

　　随着煤化工、石油化工企业的大量建设，突发环境污染事件越来越多。2004 年神木锦界开发区北元化工厂氯气泄漏，一次小事故就使 20 多人中毒住进了医院；神木龙华集团焦油罐泄漏，造成乌兰木伦河与窟野河水体严重污染，神木县城被迫停止供水 7 天，引起了沿河两岸人民群众的恐慌；米脂县昌盛焦化厂氨水池泄漏，导致两个村庄 9 口饮用水井严重污染。

严峻的事实已经发出了警告，日益恶化的生态环境不仅影响榆林市对外开放、投资环境建设、旅游事业发展，影响区域经济的发展，而且对人民的生存与发展构成了严重威胁。

3. 资源环境问题产生的原因

与西部其他地区相比，榆林市拥有得天独厚的资源优势，所以可以依靠资源开发来发展经济。但是，这些矿产资源是不可再生的，总有枯竭用尽的时候。而在开采这些资源的过程中，生态环境遭到了严重的破坏，许多破坏不可逆转。因此，榆林市的资源、环境现状令人担忧，造成这种情况的原因是多方面的。

（1）粗放式的经济增长

粗放式的经济增长是通过生产要素数量的增加获得经济增长，是经济发展水平处于低级阶段呈现的状态。粗放的经济增长方式以经济为中心，片面强调经济的增长速度，忽视社会发展的协调性和持久性，引发资源的掠夺性开采和巨大浪费。

粗放式的经济增长的特点是主要依靠大量增加物质投入，投入产出率低，经济效益低。这种增长方式不可避免地会增加资源支持系统的负担，加剧资源稀缺的程度。例如，府谷县 2004 年生产总值占全市比重的 8.8%，但原煤消耗占 34%，电力消耗占 38.4%。

榆林市采用的粗放式的经济增长方式，导致企业技术进步和发展缓慢、工艺设备落后。以煤炭工业为例，榆林市现有地方煤矿普遍以炮采为主，高档普采、轻型综采等先进的采煤方法没有得到普遍应用。落后的采煤方法，不仅给煤矿安全生产带来了很大隐患，而且造成了资源的极大浪费。因为开采水平低、规模小、管理粗放、开采利用率不高，资源的开采浪费惊人。采煤吃"白菜心"现象严重，吃肥不吃素；只开采厚煤层、易采区，难采的边顶角煤则白白扔掉。以府谷县为例，煤炭资源的开采率仅为 30%。这种增长方式会因其强烈的扩张冲动和投资饥渴而与环境保护争夺资金。在局部利益和眼前利益的诱惑下，它不仅挤掉了直接的环保配套投资，还挤占了与环境保护相关的基础设施投资；不重视设备更新，低水平的设备导致能源和原材料消耗过大；不重视加强环保观念的教育，导致人们漠视资源、环境，浪费严重，加剧污染。

（2）产权的不明晰

明晰的产权是市场机制正常运转的前提，但是，对于大多数自然资源而言，其产权往往难以界定，从而导致对资源的任意使用和破坏。

产权的不明晰导致了外部效应。外部性的存在是榆林市生态环境恶化的重要原因之一，它造成了私人成本和社会成本的不一致。我国已多次明确提出要建立并完善有偿使用自然资源的经济补偿机制，坚持"谁开发谁保护、谁破坏谁恢复、谁使用谁付费"的制度。其原因在于，一方面，由于各级地方政府财政资金不足，支出压力大，难以从其他方面筹集资金用于解决资源开发所导致的生态环境问题；另一方面，政府也不应当独立解决生态建设所需的资金。但在实际执行中，受益最大的资源开发者凭借着对环境、资源的无偿或低价占有而获取了超额利润，却没有对环境、资源给予足够的补偿，从而造成了严重的环境污染、资源浪费和生态破坏。当人们可以通过滥用环境来逃避生活或生产成本时，对利益最大化的追求就会使滥用行为迅速扩散，环境恶化不可避免。

为使资源得到有效利用，生态环境得到有效保护和恢复，必须把由资源开发企业造成的外部不经济性内部化，使企业承担环境成本，促使自然资源的开发者加强生态环境保护和资源的有效利用，从而构建起一种良性运转的资源开发补偿机制，促进生态保护和恢复建设。

第五章 榆林市区域经济"跨越式发展"的思考和建议

一、榆林市区域经济"跨越式发展"的内涵和基本特征

作为中西部落后地区、生态脆弱地区、资源富集地区，榆林不仅要在经济上实现对发达地区的跨越赶超，而且还要承担生态环境保护的艰巨任务。因此，研究榆林市区域经济的"跨越式发展"，需要对榆林市经济"跨越式发展"目标体系的实质、内涵予以科学把握。

(一)对"跨越式发展"的一般认识

所谓"跨越式发展"，是指落后国家或地区在特定环境条件下，借鉴和吸收先进国家、地区的先进经验，充分发挥后发优势，打破经济发展的常规和摒弃经济发展的一般步骤，以技术创新、产业升级的跨越带动社会生产力的跨越发展，用较短时间跨越发达国家、地区发展绩效的过程，最终实现经济发展水平的整体跃升。"跨越式发展"的核心是科技、体制和管理的创新，通过技术跨越、产业升级、结构优化、经济运行质量提升，实现生产力水平的快速提高。它强调非均衡推进和超常规增长，强调速度和效益的均衡，而不是简单的规模扩大和单纯的加速。作为一种超常规发展方式，"跨越式发展"是后工业化国家和地区追赶工业化发达国家、地区的一种理想途径。

从理论上说，"跨越式发展"是对非均衡发展现象的概括，是一种反梯度推移的理论。根据梯度推移理论，每一个国家和地区都处在一定的经济发展的梯度上，世界上每一种新行业、新产品、新技术都会随着时间的推移，由处在高梯度上的国家或地区向处在低梯度的国家或地区传递，通过扩散效应，达到区域经济发展的目的。这一理论表达了常规的经济发展模式，但它忽视了落后地区的积极因素，忽视了一些国家或地区的特殊性、多样性。相反，反梯度理论认为落后国家和地区也可能存在着许多潜在优势和后发优势，一个时期内经济文化的暂时落后并不妨碍后起国家或地区直接吸收和利用世界最新的文明成果，而吸收技术成本要比最初的技术开发成本低得多。同时，一般来说，在拥有同样资金、技术成本的条件下，落后地区还具有劳动力成本、资源成本低的优势，只要能把潜在的优势转化成现实的优势，就可能发展起新的优势产业，赶上或超越先进国家和地区。

超常规发展、利用后发优势、非均衡发展、制度创新、技术创新是"跨越式发展"的基本特征。

(1)超常规发展

对于先行者来说，因为没有参照系，只存在与其自身纵向发展历程相比在各阶段上的发展快慢问题，不存在发展时间上的跨越问题。而赶超是后起国家或地区经济发展的必然逻辑，如果只是简单重复先行者走过的路则不属于跨越。只有落后者打破先行者的常规发展模式，采取超常规措施，避免先行者发展阶段上的曲折而实现快速追赶或跨越才属"跨越

式发展"。在现实中，已有许多国家或地区通过跨越式跟进，缩短了和发达国家、地区在经济发展水平上的差距。以人均产出翻一番为例，英国在1780～1838年实现了人均产出翻一番，花了58年的时间，美国在1839～1886年花47年时间实现人均产出翻番，日本从1885～1919年用了34年，土耳其用了20年，巴西用了18年，韩国在1966～1977年将翻番缩短为11年，而中国从1977年到1987年实现翻一番只用了10年时间。

（2）后发优势

在社会经济发展中，由于发展的承接性和发展动力的规律性，落后者具备的后发地位可在一定条件下转化为发展动力的特殊益处，这就是"后发优势"。后发优势是一种发展的潜力，是实现"跨越式发展"的必要条件，但不是充分条件。由于"后发式"国家或地区进行现代化建设时有现代化的先例可资借鉴，客观上可能形成后发优势。这主要表现在两个方面：一是可以利用"原发式"国家或地区创造的先进科学技术成果、富余资金，同时还可借鉴"原发式"国家或地区经济发展的经验教训，少走弯路，加快现代化进程。二是后进者有精神上的优势。落后能引发强烈的社会变革意识，这种革新精神能迅速地引导全社会资源投入到发展进程中去。落后者可以在系统总结历史和遵循发展过程规律的基础上，进行全面创新，推进"跨越式发展"。

（3）非均衡发展

"跨越式发展"实施的是不平衡发展战略，它不是全面、平行地推进，而是在不同领域有先有后，有所侧重，先在重点行业、重点领域和重点地区率先突破，并带动和促进其他行业、其他领域和其他地区快速跟进，最终实现整体发展水平的跃升。

（4）制度创新

"跨越式发展"必须在制度上实现创新。制度创新是指可以使创新者或创新集团通过制度的调整与变革取得潜在利益的一种活动。制度创新可以大大降低经济结构调整的交易成本，为新的经济提供一种生存和发展的环境，改变新产业发展的成本—收益比，使新产业的发展大有可为，可以大大地加快科技转化为生产力的进程，从而有利于新产业的发展和产业结构的升级。制度创新成为"跨越式发展"的组织条件和保证，它是技术创新的基础，一切科学技术的研发都需要有良好的制度保证。

（5）技术创新

"跨越式发展"需要技术创新的推动。技术创新是对生产要素、生产条件、生产组织进行重新组合，以建立效能更好、效率更高的新生产体系和获得更大利润的过程。它包括引入新的技术或工艺、开发新的产品或改进旧的产品、开辟新的市场、获取原材料的新供给、采用新的管理与组织形式等。"跨越式发展"同工业经济时代的科技革命紧密联系，科学技术的"跨越式发展"是后进国家追赶并超过先进国家的根本道路。从近代历史轨迹看，"跨越式发展"的奇迹主要产生于英国产业革命以来的几次世界生产力发展高潮期：如19世纪中叶到20世纪初的化工技术革命，为德国这个落后的农业国创造了赶超英国的科技条件；第二次世界大战后的技术综合创新，为日本这个落后于西方的国家创造了成为世界经济大国的科技条件。

（二）榆林市区域经济"跨越式发展"的内涵和基本特征

（1）榆林市区域经济"跨越式发展"的内涵

从经济成长的阶段看，榆林市还处于经济起飞前的准备阶段，与发达地区相比还有较大差距，地域二元经济结构特征明显，城镇化水平低，城镇经济结构单一，城乡经济联系少，乡村经济基本处于封闭的自给自足的自然经济状态；工业高度依赖自然资源，基本上属于传统粗放型初级加工工业。

榆林经济实现单纯数量上的跨越较为简单，而实现真正意义上的跨越则面临的问题较多。榆林市社会结构复杂，地域空间区位特殊，不仅要实现对发达地区的经济跨越赶超，而且还要承担生态环境保护的艰巨任务。榆林市经济"跨越式发展"的目标体系除了包含经济增长、城镇化、经济结构优化等基本目标以外，还包含生态环境保护和修护、文化挖掘、共同富裕等目标。因此，必须在科学发展观的指导下跨越过去那种"先污染、后治理"的传统产业发展模式，通过技术跨越、产业跨越实现产业结构优化和城乡协调发展，最终实现地区经济、社会、文化的同步可持续发展目标。

（2）榆林市区域经济"跨越式发展"的基本特征

第一，榆林的"跨越式发展"首先是一种超常规的发展。它不同于以往经济发展的渐进、常规顺序的过程，绝不仅仅是重复先行者走过的路，而是以一种高速、突进的过程，打破先行者的常规发展模式。它要求在较短的时间内实现常规经济发展过程需要较长时间才能完成的经济目标，它通过生产力水平的迅速提高，实现产业的快速升级进而带动经济社会的整体跨越，因此"跨越式发展"的战略思想应该贯穿于其经济发展的全过程。

第二，榆林的"跨越式发展"是非均衡的发展。"跨越式发展"意味着实施不平衡发展战略，它是一个时间过程，要遵循客观规律，它不是一种全面齐头并进的发展模式，而是一种以点带面的方式，因此要坚持有所为有所不为，在不同领域的发展应该有先有后、有所侧重，先集中人力、物力、财力，在基础好、具备发展条件的重点领域、重点产业、重点区域重点突破，进而带动和促进其他行业、其他领域和其他地区快速跟进，最终实现整体发展水平的跃升。

第三，榆林的"跨越式发展"应该充分发挥后发优势。榆林市的经济要在较短时间内快速发展、实现赶超，就必须充分汲取其他地区经济发展中的经验教训，达到高起点、高效益、高速度的最佳效果，这也是"跨越式发展"最为重要的内涵。榆林市可以通过借鉴和引进国内外发达地区的一批较为成熟的制度、技术等现代文明成果为本地区的经济发展服务，从而缩短在"黑暗"中摸索的时间，使本地区经济发展起步风险小、成本低、收益大；同时，可以通过改善投资的软环境和硬环境，在发达地区市场趋于饱和的情况下，利用市场后发优势，吸引大量的外部资金"借鸡生蛋"，从而大大缩短积累资金的时间；此外，可以直接采用国内外先进的技术和管理方法，并结合自己的特点，在较短的时间内快速通过发达地区曾经的历程以及必须经历的历史过程，为实现现代化赢得时间。

第四，榆林的"跨越式发展"必须走"区域开放"和"区际合作"之路。"跨越式发展"不是任何时期和地点都会发生的，必须具备一系列满足"跨越式发展"的初始条件，即经济落后的"位差"和对先进地区的开放，经济落后、技术落后拉大了同经济发达、技术先进地区的距离，产生了可以跨越的空间，而通过对先进发达国家、地区的开放，可以引入先进的经济要素，特别是先进的科技要素和管理经验，大幅度增加资本和技术投入，实现超常规发展；同时，区域合作可以使区位优势出现超常的变化，为榆林市产业升级和要素的优化组合提供内外动力；在"开放"和"区域合作"的基础上，更为重要的一点是对民营经济的"开放"和"合作"，同时要加强政府的监管与引导。只有这样，才能真正地适应现代经济实惠的发展需要，实现速度与效益的良性发展。

第五，榆林的"跨越式发展"是发展质量、发展水平的整体跃升。榆林的"跨越式发展"应该是经济发展质量和水平的整体跃升，既要有数量的赶超，又要着力于提高区域经济的整体素质。榆林的"跨越式发展"应该是有质量、有效益的发展，是在结构调整基础上协调、持续、健康的发展。"跨越式发展"不仅要看当前，更要讲后劲；不仅要看规模，更要讲质量；眼前有增长并不等于有后劲，规模大并不等于结构优，速度快并不代表质量高。跨越发展应当是数量、结构、质量、效益的统一。

第六，榆林的"跨越式发展"必须归结于可持续发展。榆林的"跨越式发展"不应该囿于经济总量的快速增长，局限于GDP等经济指标的改善，而应是一种真正意义上的快速、全面的"跨越式发展"。这种"跨越式发展"应该采取超常规的措施，最大限度地避免"线性经济"和传统经济发展模式的弊端，避免走发达国家先污染、后治理的道路，切实跨越所谓倒U形环境库兹涅茨曲线（EKC）所示的环境污染和破坏历程，为实现经济可持续发展探索一条切实可行的道路；"跨越式发展"要求通过生产力水平的迅速提高，实现产业的快速升级进而带动经济社会的整体发展，要求以经济发展为基础，实现社会、资源、环境、科技等方面的全面提高和系统发展，要求全面改善人民的生活质量，而不能急功近利，以资源和环境为代价实现一些短期化的利益和目标。

第七，榆林的"跨越式发展"必须力求全面创新。榆林的"跨越式发展"首先是一种超常规的发展，因此其"跨越式发展"必须推进"全面创新"，谋求创新效应，在观念创新上不拘一格，在体制创新上深谋远虑，在机制创新上高人一筹，在科技跟进和创新上力求突破，集中力量解决全面性、战略性的重大问题。并不断研究新情况，解决新问题，提出新思路，创造新方法，打破常规，求新求为。

第八，榆林的"跨越式发展"必须立足于科技进步和教育振兴。榆林的"跨越式发展"不应该是拼资源、拼财力、高投入、低产出、低效益的增长，而必须是以减少投入、节约资源、降低成本（特别是降低环境治理成本）为前提，迅速增加产出的高效益的发展。它既追求高速度，又注重高效益，因此其基本动力不能仅限于资源开采，而必须来自于产业科技的革新和进步，必须立足于科技进步和教育振兴。在以知识提升区域发展动力和改善区域发展环境的同时，必须改进传统技术，研制开发与利用环保技术、节能技术、新材料技术、生物技术等新技术，建立清洁、环保、生态、可持续发展的"绿色"工业技术体系。

（三）榆林市"跨越式发展"的三大基础跨越

（1）城镇化"跨越式发展"

城镇化水平是一个地区现代化和工业化发展程度的重要标志。改革开放以来，榆林市依托资源优势快速发展，总体上已经从传统的农牧业社会发展进入工业社会。然而，与快速工业化相比，榆林市城镇化进程较为缓慢，从1978年的6.76%提高到2005年的17.01%，城市化水平仅仅提高了10个百分点，比全国平均水平低20多个百分点。从全市12个区县来看，城镇化水平普遍较低，子洲、横山、佳县三县的城镇化水平不到10%（表5-0-1、表5-0-2）。榆林市城镇化水平低已严重制约区域经济的"跨越式发展"。为此，应该以"新型国家能源重化工基地"和"晋陕蒙能源金三角中心城市"（100万人口）建设为突破口实施北上战略。

表 5-0-1　1978～2006 年榆林市人口与城镇化率变化情况

年份	总人口/(万人)	非农业人口/(万人)	农业人口/(万人)	榆林城镇化水平
1978	227.52	15.37	212.15	6.76%
1980	233.09	17.08	216.01	7.33%
1985	256.40	23.5	232.9	9.17%
1990	296.45	28.41	268.04	9.58%
1995	317.79	36.54	281.25	11.50%
2000	342.57	47.28	295.29	13.80%
2001	344.67	49.29	295.38	14.30%
2002	346.49	50.94	295.55	14.70%
2003	348.21	55.12	293.09	15.83%
2004	349.96	57.38	292.58	16.40%
2005	351.63	58.9	292.73	16.75%
2006	353.41	61.66	291.75	17.45%

资料来源:《榆林统计年鉴》(1978～2006 年)。

表 5-0-2　2006 年榆林市各区县人口与城镇化率

区县	总人口/(万人)	非农业人口/(万人)	农业人口/(万人)	各区县城镇化水平
合计	353.91	62.14	291.77	17.56%
子洲	33.24	3.32	29.92	9.99%
横山	33.92	3.73	30.19	11.00%
清涧	22.51	2.64	19.87	11.73%
佳县	27.74	3.26	24.48	11.75%
定边	32.27	4.27	28.00	13.23%
靖边	29.32	3.98	25.34	13.57%
米脂	23.71	3.55	20.16	14.97%
绥德	36.78	5.81	30.97	15.80%
吴堡	8.57	1.48	7.09	17.27%
府谷	22.78	4.50	18.28	19.75%
神木	38.43	10.15	28.28	26.41%
榆阳	44.64	15.45	29.19	34.61%

资料来源:《榆林统计年鉴》(2006 年)。

(2)跨越环境库兹涅茨曲线(EKC)

自 20 世纪中后期以来,随着世界经济的飞速发展,各种危及人类生存的恶性环境事件不断发生,经济发展中的环境退化问题成为社会关注的焦点,对环境退化(压力)和经济发展(增长)之间关系的讨论日益增多。EKC 所示的状况是区域工业化初期一种常见的现象,而 EKC 的提出使环境与经济关系的定量研究成为可能。EKC 是指,在经济发展早期,环境质量逐渐恶化,经济发展到一定水平后,环境质量会逐渐改善,即环境压力和经济增长之间呈倒 U 形关系。这种关系与库兹涅茨提出的收入差别与经济增长之间关系相似,所以 EKC 被称为环境库兹涅茨曲线(图 5-0-1)。

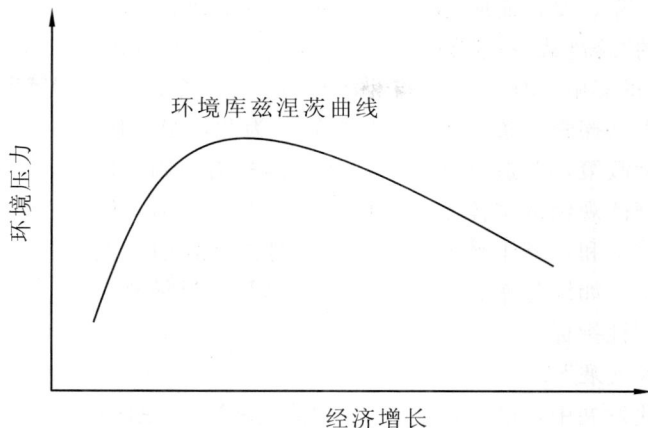

图 5-0-1　经济增长与环境压力的倒 U 形关系

从世界各国经济增长道路可以看出，一些发达国家（地区）的经济增长实际上就是环境库兹涅茨曲线所反映的"先污染，后治理"的典型过程。而发达国家（地区）在积累了强大的经济基础之后，转而大力进行环境治理，已开始走上经济发展和环境改善齐头并进的道路。

但是榆林市区域经济发展不能走 EKC 所反映的过程，而必须实现跨越，这是由于该地区不具备进行传统工业化的条件和环境。

第一，从整体情况来看，榆林虽然属于资源富集地区和我国中西部落后地区，但也同时属于生态脆弱地区，其脆弱的生态承载不了传统工业化的压力，加之我国工业化过程中资源缺乏的国情和发展方式转变的势在必行，决定了榆林不能再选择高消耗、高污染的经济发展道路。经济发展中的资源消耗和环境污染是正相关的，降低经济发展的资源消耗也意味着在一定程度上控制了环境污染，因此榆林必须走低消耗、低污染、生态环保的可持续发展道路。

第二，在现实中，未来环境改善的现值往往难以弥补现期环境破坏的成本。一般而言，EKC 上升的区段需要很长的时间才能越过，如果走 EKC 所反映的过程就意味着榆林市在较长的时间里要承受环境污染给人们的生活质量带来的影响。榆林市目前的生态、环境状况已不容乐观，下一步发展乃至生存都已面临威胁，在这种情势下，已没有余地听任现有经济模式的运行，而应当将发展经济、解决环境问题和提高人民的生活质量有机结合，走循环经济之路，走可持续发展之路，绝不能被动等待经济增长后再解决环境问题。

第三，在现行税制和资源开发的利益分配机制下，绝大部分利益被中省拿走，地方财政仅是维持型的"吃饭财政"，目前已无力有效解决生态、环境问题，将来资源开采殆尽、生态环境进一步恶化之时，用于解决环境、生态问题的资金由从何而来更不可知，因此榆林市的区域经济发展必须真正地跨越；要改变现行税制和利益分配机制事关国策，在试图改变现有机制的同时，榆林的"跨越式发展"必须面对实际，立足实际，做好充分准备，做好最坏打算，以现有税制和资源开发的利益分配机制为背景来研究战略和政策。在国际能源日渐稀缺、竞争压力不断增大的背景下，即使国家想改变现行税制和资源开发的利益分配机制，也会有个过程，而在这个难以确定的过程中，榆林地区的"跨越式发展"绝不能怨天尤人，绝不能等、靠、要，而应主动地寻找科学发展的对策、创造科学发展的良性环境。

因此，榆林市的"跨越式发展"必须避免走发达国家"先污染、后治理"的道路，必须探讨环境政策对 EKC 的影响，探讨环境与经济相对立的"两难阶段"是否可以缩短甚至避免，为实现经济可持续发展探索一条切实可行的道路。为此，必须优化榆林市的环境政策设计，通过制定适宜的环境政策，营造合理引导经济主体行为的制度环境，将环境核算纳入经济核算，从而有效规制微观经济主体不合理的生产、经营行为，进而有效缓解环境和经济的对立矛盾。在制定政策和考核干部时，应考虑修订指标，引进其他反映和衡量生态、社会经济福利水平的指标，如绿化率、空气质量优良率等，倡导科学的政绩观，使环境保护成为衡量地方发展的硬性指标。

(3)产业"跨越式发展"

在目前榆林产业发展中，已经存在典型的"荷兰病"[①]，三次产业的结构严重失衡，产业结构中工业比例过大，工业内部结构中能源开采业比例过大，而一些具备一定发展优势的固有产业日渐萎缩，环境、生态日渐恶化，不仅极大地制约了地区经济的健康发展，而且对当地人民生活的改善形成了严重的负面影响。由此，榆林区域经济的"跨越式发展"首先是产业的"跨越式发展"，必须以现有产业的发展支撑经济向高科技、高附加值的产业跨越，向低污染、低消耗的清洁化工业跨越，必须充分整合当地资源，使产业实现向旅游、文化等人文经济产业的跨越。

要以产业"跨越式发展"支撑北上战略的实施。根据自然、地理、资源、经济条件，规划、发展从东南向西北自然延伸的"川"字形区域经济三大产业带：东南方向为特色农业经济产业带，西北方向为草牧经济产业带，中部为工业经济产业带。

要确立六大主导产业，夯实建设百万人口中心城市的产业基础。以能源化工及配套工业、房地产业、特色产业、商贸服务业和环保产业为产业支撑，实施百万人口中心城市的"跨越式发展"。

第一，以能源化工产业促进装备制造业发展。依托能源资源优势，以建设新型国家能源基地为契机，大力发展能源重化工工业；围绕"三个转化"，打造产业链，做大做强煤炭、油气、电力以及化工等主要产业；依靠科技进步，走新型工业化道路，在打造"国内一流、国际知名"能源化工基地的同时，带动装备制造业的发展，做大与能源化工工业配套的装备制造业是建设国家能源重化工基地的重要组成部分，也是参与周边区域产业协作和竞争的重要力量；以经济开发区和工业园区为载体，促进产业集群的发展，大力发展能源可持续生产和消费模式。

第二，以房地产业促进城镇化进程。房地产业是城市发展的重要支柱和基础，要借鉴国内其他城市发展经验，树立经营城市的理念，"以城造市，以市招商，以商引资，以资建城"，形成一个良性发展的循环链条。要以房地产业的发展支撑财政，以财政支持和加快城市基础设施建设，维护和促进房地产业持续、健康的发展。

第三，把大力发展特色产业提高到战略地位。目前榆林市产业发展存在三大不足：产

---

① "荷兰病"是指荷兰、德国鲁尔区等西方国家曾经发生的由于资源开发带来经济失衡的一种典型现象。资源开发短期利益的驱使，导致原有产业尤其是制造业的衰落、非能源产业的竞争力下降，并带来一系列的负面效应，这种资源转移效应被称为"荷兰病"。

业发展不均衡，"一条腿长、一条腿短"的产业发展格局严重制约着榆林市区域经济的"跨越式发展"；产业发展与地方经济的黏合度低；产业发展存在严重的"荷兰病"，丰富的矿产资源廉价地开发，对当地的制造业和农业形成了沉重的打击。要实现榆林市区域经济"跨越式发展"，必须摒弃这种"见物不见人"、以追求产出增长为中心的工业化发展思路，转向以追求效益、就业增长为中心的产业发展之路。榆林拥有许多具有发展前景的特色产业，如清涧的红枣和石板、绥德的石雕、横山的羊，以及榆林羊毛地毯制造业、小杂粮和薯类加工业等，榆林还拥有很多独具特色的文化旅游资源，开发这些特色资源，发展特色产业，对于繁荣地方经济、增强地方经济活力、增强区域经济自组织能力、增加就业、提高收入、解决民生问题等意义重大。

第四，以商贸服务业促进区域合作和第三产业的发展。加快发展以能源化工产品物流为主，购物、餐饮等为辅的传统商贸服务业，大力发展以金融、信息、文化、旅游等为主的现代服务业，将榆林市建设成为重要区域商贸服务中心、金融中心、文化旅游中心。

第五，以环保产业促进高新技术产业的发展。在国际上，环保产业方兴未艾，在国内，环保产业也正在兴起，因此榆林在以知识提升区域发展动力和改善区域发展环境的同时，必须改进传统技术，研制开发与利用环保技术、节能技术、新材料技术、生物技术等新技术，建立清洁、环保、生态、可持续发展的"绿色"工业技术体系。

第六，大力发展文化产业。榆林市是众所周知的文化资源大市，古今文化资源荟萃，得天独厚，但文化产业却是薄弱点。文化产业是一个内容较为宽泛的概念，它是指以市场运作的方式来实现文化的经济价值的产业，是为满足社会与人们的文化消费需求而出现的一种产业。

文化产业主要有三种形态：生产和销售以相对独立的物态形式呈现的文化产品行业，如生产和销售报刊、图书、影视、音像制品、电子出版物，以及雕刻等工艺品行业；以劳务形式呈现的各类文化服务行业，如音乐、书法、绘画、舞蹈、戏剧、体育、表演业、娱乐业、旅游业、教育培训业、会展业、广告业等；为社会和人们进行文化消费提供各种设备、器材、用品的行业，如文体用品、娱乐用品及玩具制造业等。

从整体上看，榆林市文化资源丰富，但是文化产业发展比较落后，尚没有实现"事业型"文化向"产业型"文化的转变。榆木市文化产业发展具有三个显著特征：文化资源多和文化产业小；初级文化产品多而高技术含量、高附加值文化产品少；本地文化产品多而延伸领域小。

榆林市文化产业发展存在的问题主要有以下几个方面。

● 产业意识淡薄，文化产业政策法规体系不完善。由于一直以来受计划经济思想的制约，政府部门缺少创新精神，只有文化事业的概念而没有文化产业的观念，更没有认识到文化只有走产业化道路，才能在市场经济中生存发展。产业意识淡薄，直接导致了政府相关部门对发展文化产业的忽视。

另外，保障文化产业发展的政策法规体系很不完善。文化法规是市场经济条件下整个文化工作运作管理的基本规则，但目前可用作文化产业发展依据的文化法规严重缺乏，许多文化建设缺乏法规保障的规范秩序，文化事业体制改革的政策不足，文化建设准入及吸纳社会力量办文化的政策措施缺乏等。

政策法规的不完善，首先导致文化市场秩序的混乱。在非法经营者损害正当经营者的合法利益时，由于政策与法规的缺乏与不到位，违法者得不到有力的惩处，守法者得不到应有的保护，合法经营处于无助状态，这不仅损害了经营者的利益，也损害了消费者的利益，影响了社会文化市场的发展进程。其次是导致文化产业政策落实不到位。文化产业政策是发展文化产业的重要依据和保证，在文化部关于文化产业发展规划和各地经济社会发展总体规划要求下，近年来虽已有一些产业政策相继出台，但落到实处的却不多，有的因相关政策变化而难以实施。

● 文化体制改革滞后。从文化产业的管理体制和运行机制上看，榆林市的改革力度还不到位。文化主管部门在文化产业发展中的主要责任是研究、制定文化产业发展的政策和法规，监督、矫正文化产业运行和发展方向，在防止、克服文化产业发展完全商业化弊端的同时，要大胆采用市场运作机制来实现文化产品的两个效益。从近几年文化产业发展状况来看，随着机构改革和政府职能的转变，榆林市文化主管部门的主要职能虽然已开始从直接管理向以间接管理为主转变，但这种转变的速度太慢，力度不够，不能完全适应快速发展的文化产业发展要求。

● 文化产业投入不足，投资渠道单一。政府投资能力的低下和社会综合实力的不足是制约文化产业发展的重要因素。要使文化产业有一个大发展，一方面政府要加大投资力度，另一方面还要鼓励社会力量办文化，多方位增加对文化的投入，形成投资渠道多样化、投资主体多元化、管理方式法治化、经营方式市场化的格局，这是文化产业所必需的生存和发展环境，目前榆林市文化产业的这个基本环境尚未发育成熟。从政府对文化产业的投入角度来看，虽然近年来对文化艺术建设的投资逐渐加大，但政府投资占财政支出的比重长期偏低，从未达到1%。从社会力量投资文化产业角度看，目前社会力量对投资文化产业缺乏积极性。从全局来看，发展文化产业的思路和对策不够明晰，作为一种产业，尚未形成明确的产业发展原则和目标。在产业发展目标上，没有根据自身文化的优势确立重点扶植和发展的产业；在产业发展形态上，没有形成明晰的文化产业发展规划和实施步骤，导致了社会投资文化产业的不稳定性，出现了社会力量抢滩文化产业市场的盲目性、无序性和非规范性，这直接导致守法经营者投资积极性减弱。这些无论是观念认识问题，还是投资经营和管理运作问题，都阻滞着文化产业的整体发展。

另外，由于文化市场管理体制较混乱，管理部门主次错位，职责不清，一些管理部门擅自扩大自己的职权范围，越位越权，等等原因致使那些有心涉足文化产业市场的投资者望而生畏。管理上的滞后严重影响了文化产业市场的健康发展，阻塞了社会文化事业发展的投资渠道，抑制了社会力量投资文化产业的积极性，也使得文化产业市场缺乏有效的竞争力和生存活力。

● 产业经营人才缺乏。发展文化产业的根本在于人才，尤其是需要经济和文化兼通、懂得文化产业经营的人才。北京、上海等地的文化产业的发展速度之所以较快与其拥有大批高素质的产业经营人才有很大关系。文化名城与大都市的优势地位使北京、上海等地人才济济，云集了大批文化人才，其中不仅包括许多享誉全国乃至世界的作家、画家、导演、演员、歌唱家、舞蹈家、学者和教授等文化名人，而且还包括众多的文化领导人才和经营管理人才。目前榆林市文化产业的大多数单位普遍缺乏懂经营、善管理、业务精、作风正的文化产业人才，其人力资源状况远远满足不了文化产业领域高速发展和现代化管理的需要。应当说，经营人才的缺乏是制约榆林市文化产业发展的重要因素。

　　文化产业是微利时代的新的经济增长点，属于朝阳产业，具有广阔的发展前景。随着经济发展和收入水平的提高，以自我实现和张扬个性为特征的文化消费将占有重要地位。要高度重视、大力发展文化产业，要以文化旅游产业促进榆林的开放和发展，争取把文化产业发展成为区域经济的支柱产业、城乡居民增加收入和就业的主要领域，打造一批立足本土文化资源、利用先进的市场运作手段和数字化载体技术、集传统与创新于一体的拳头文化产品，组建和培育一批支撑文化产业发展的现代企业集团。

二、榆林市实现"跨越式发展"的基本思路

(一)指导思想

　　榆林市实现"跨越式发展"的指导思想：坚持可持续发展，贯彻循环经济理念，加快结构调整，通过制度创新，创造公平竞争、开放有序的发展环境，实施"东进、北上"战略，建设晋陕蒙能源化工工业特区，成为国家重要的综合性、绿色生态型能源化工基地，带动城镇化和地方社会经济发展，推进区域经济一体化。

　　坚决贯彻一个重要原则，即资源开发、富民为先的原则。西部大开发的初衷是加快发展西部，缩小其与东部的发展差距。简单地说，西部大开发的宗旨就是富民强区。榆林市依托资源开发促进了经济大发展，但总体上仍未摆脱贫困，而且与东部的发展差距不是缩小了，而是进一步扩大了。科学发展观的核心是以人为本，关注民生是以人为本的主要内容。在以科学发展观为指导建设和谐社会的新时期，资源开发要有新思路，资源开发政策也要有所调整。首要的一条，就是要转变观念，牢固树立和坚持资源开发、富民为先的原则。

　　正确处理两个重要关系。一是资源开发与生态建设和环境发展的关系。榆林地区生态环境脆弱，资源开发与环境保护之间、经济发展与生态建设之间存在深刻的矛盾，要通过生态建设产业化和产业发展生态化，创造性地适应环境，化解这个矛盾，彻底跳出传统的以破坏生态环境来谋求经济发展的圈子，实现经济发展与环境建设的双赢，实现治沙与治穷的统一。二是国家能源重化工基地建设与区域经济发展的关系。榆林市能矿资源丰富，建设国家能源重化工基地对于榆林市区域经济发展来说是一个难得的机遇。

　　明确两个功能定位。榆林区域经济发展应具有两大功能：一是建设国家能源重化工基地；二是建设"首都区"可持续发展的生态屏障。榆林市要充分发挥资源开发优势，一方面通过资源开发支持东部和全国经济的发展；另一方面也要利用这个机会求得自身经济社会的"跨越式发展"。除了建设国家能源重化工基地以外，区域经济发展还有一个重要的功能定位，即建成"首都区"可持续发展的生态屏障。

　　榆林要实现"跨越式发展"，应该有新的发展思路。要"跳出陕西发展榆林"，立足晋陕蒙，服务"首都区"。一方面，"首都区"要实现可持续发展，对能源和生态环境具有迫切需求；另一方面，包括榆林市在内的晋陕蒙接壤区要以能源资源优势和生态保护满足"首都区"可持续发展的需求，并把自己与"首都区"的发展紧密联系起来，努力成为"首都区"发展的广阔腹地。"首都区"是我国重点发展的区域之一，要实现该区域经济社会的可持续发展，除了通过资源开发获得晋陕蒙能源动力支持以外，还需要依靠晋陕蒙提供的生态环境屏障作用。榆林市生态环境本来就很脆弱，如果在开发资源的过程中不注意生态建设和环境保

护，不仅对其自身发展不利，而且必将影响到"首都区"的可持续发展。所以，在未来发展中，榆林要注意"四个治理"，即治穷、治污、治沙（土）、治愚，坚持"三个结合"，即把能矿资源开发与生态环境建设相结合、农业生产发展与水土流失治理相结合、经济发展与社会发展相结合。总之，既要通过资源开发优势建设国家能源重化工基地，以提供能源动力支持东部地区特别是"首都区"的经济社会发展，也要以资源开发促进本地的生态建设和环境保护，把榆林建设成为生态宜居城市，以提供良好的生态环境服务来支持东部地区经济社会的可持续发展。

（二）发展方向、定位和发展方针

坚决实施"北上、东进"方略。所谓北上，是指榆林市区域经济发展的重心要向北移动。主要有两层含义。第一，以建设国家能源重化工基地为契机，将榆林市行政区域内部经济建设的重点放在北部，使各种生产要素向北部地区移动。目前来看，北部地区的自然条件、资源条件、经济发展基础都要比南部好很多，而南部人口较多。要注意通过市场化机制，再加上政府的合理引导，使社会资本、劳动力以及其他经济资源向北快速流动。第二，以国家能源重化工基地建设参与晋陕蒙能源金三角地区的产业分工合作与竞争。榆林市要充分利用这个区位优势，以"跳出榆林发展榆林"的新思路获得更快更好的发展。所谓东进，是指榆林市区域经济"跨越式发展"必须与"首都区"经济发展绑在一起。要"跳出陕西谋榆林"，站在一个更广阔的区域空间来审视榆林市区域经济"跨越式发展"。"首都区"是国家既定的优化发展的重点区域，但是"首都区"未来的可持续发展离不开晋陕蒙的能源动力支持和生态屏障支撑，从功能上看，榆林市区域经济"跨越式发展"完全有必要、也有可能纳入"首都区"的发展范畴。

要把榆林建成"四个基地和一个通道"。要实现榆林市区域经济"跨越式发展"，有必要合理定位发展目标。要具有前瞻性、全域性，既要充分发挥资源优势，又要注重可持续发展。要把榆林建成我国的综合性绿色能源工业基地；建成全国经济环境协调和可持续发展的生态环境建设示范基地；建成全国重要的红色旅游和人文旅游基地；建成陕西重要的特色农业和畜牧业生产基地；建成首都经济区的绿色屏障和陕西省进入首都经济区的通道。

坚持"新观念、快发展、抓转化、保和谐"的发展方针。推进榆林"跨越式发展"，要树立一个"新观念"，即要淡化行政区划经济，确立"跳出陕西谋榆林"的眼界，努力把榆林建设成为"首都区"可持续发展的重要支点。所谓"快发展"，就是确立经济高增长目标，实现区域经济特别是能源经济的"跨越式发展"。所谓"抓转化"，即要高度重视优势资源和特色资源的加工转化，建立起具有竞争力的产业集群，建设成为国家级的能源工业化基地，也要高度重视把榆林的资源优势转化成经济优势，把资源优势转化为地方收入优势，把资源优势转化为居民收入优势。所谓"保和谐"，就是要解决发展与生态建设间的矛盾，确保可持续发展，建设循环经济示范基地。

三、政策建议

（一）推进三个"一体化"

1. 统筹城乡产业结构的战略性调整，促进城乡经济一体化

（1）调整工业化结构，注重发展地方工业

由国家推动、国有企业主导的重工业化对榆林市区域经济特别是县域经济发展的贡献

不大，带动作用不大。调整工业化结构的方向是由国家工业化转向地方工业化。具体来讲，一是轻工业化，二是民营化。要由国家推动、国有企业主导的重工业化快速转向由地方政府推动、非国有企业和民营经济主导的轻型工业化。要认真研究工业产业结构内部的转型问题，在高度关注工业化的进程时，还要改善工业化的内部结构，使重工业向着轻型化方向发展。要大力发展地方工业化，地方工业与榆林市区域经济特别是县域经济的黏合度高，可以吸纳更多的农村剩余劳动力，可以大大增强区域经济的自组织能力，特别是可以大大激发县域经济的活力。

　　(2)以高新技术改造、复兴传统产业

　　翻开榆林工业经济发展史，纺织、轻工、服装、食品、医药等传统产业曾经留下了辉煌的足迹。虽然随着能矿资源的开发和国家能源化工基地的建设，能源产业成长为榆林工业经济的支柱产业，这些传统产业的发展相形见绌，但是榆林工业经济发展的基础却是由这些传统产业奠定的。例如，榆林工业经济的先驱是传统纺织产业而不是其他。1950年榆林创建了第一毛纺厂，1985年筹建了第一纺厂，1986年成立了榆林羊绒分梳厂。这三家毛纺企业犹如三驾马车拉起了榆林市的工业经济大车，依托地方羊毛绒资源优势，逐步形成了选、洗、梳、纺、针织等一条龙生产流水线。在其繁盛时期，产品生产能力很强，可以年产毛毯35万条、羊毛线1 400 t、无毛绒70 t、羊绒纱48 t、羊绒纱10件、粗纺呢绒60×10^4 m、精纺呢绒120×10^4 m。纺织企业创造利润和就业的能力非常强。1988年榆林毛纺厂一家企业实现利税2 228万元，超过了全市财政总收入的1/3，成为国家大型二档企业，在毛纺企业就业的员工最多时曾经达到6 000人。除此而外，服装制造、丝绸、食盐、地毯、皮革、食品和药品制造等也是具有特色的传统产业。其中有些产品具有深厚而独特的传统文化内涵，如榆林羊剪毛挂毯融入塞北独特风情，韵味无穷；榆林地毯图案更是千姿百态，色泽艳美，富有感染力。但是，由于各种各样的原因，这些曾经叱咤风云的传统产业都不同程度地陷入经营困境，有些企业破产了，有些长期处于停产半停产状态。

　　要从战略高度充分认识振兴传统产业的重要意义。一方面，发展传统产业的资源是可再生资源，大力发展传统产业可以使丰富的畜牧林业等可再生资源实现高效利用，对环境污染少；另一方面，传统产业多是劳动密集型产业，大力发展这些产业能创造更多的就业机会，既可以增加地方财政收入，又可以使当地百姓脱贫致富。在大力发展能源经济的同时，必须居安思危。能源经济越发展，传统产业就越显重要。

　　振兴传统产业是一项系统工程，需要多方面的共同努力。

　　就政府而言，首先，要为振兴传统产业创造良好的发展环境。要转变观念，打破所有制禁区，大力发展民营企业，鼓励民营资本投资兴办传统产业。要规范企业竞争行为，防止过度竞争；规范市场秩序，依法打击各种假冒伪劣非法行为。要鼓励企业争创名牌，更要依法保护名牌；提倡质量强企，质量兴业。

　　其次，政府要提供优质服务并减轻企业的负担。榆林市过去有许多知名品牌和企业，当其繁荣时，由于需要上缴大量的利税以供地方财政之用，或者因为短暂繁荣而安于现状，而没有投入进行扩大生产规模、改造生产技术、提升产品档次，一旦受到市场冲击，这些企业就难免遭受淘汰的厄运。例如，榆林毛纺厂极盛时一年上缴的利税就超过全市财政总收入的1/3，后因"羊绒毛大战"而陷入经营困境。清涧丝绸厂从1965年到1986年累计上缴利税近千万元，占地方财政收入的40%以上，后因国际产品和原料市场影响而破产。榆林皮革厂在 20 世纪成为榆林市骨干企业，每年上缴利税超过地方财政收入的 1/3 以上。榆林市最大的服装生产企业横山"四九"防寒服厂在繁荣时与其他服装厂共同安置下岗职工 5 000 人，年产值超过亿元，上缴利税几千万元，后因"防寒服大战"而退出市场。因此，一个企业的死亡并不是像表面上那样发生于市场动荡之时，而早在市场繁荣之时就已埋下了隐患。这似乎是国有企业的通病，是一个值得特别关注的惨痛教训。

再次，要处理好发展能源经济与发展传统产业的关系。从市场角度看，经济本性决定了资本、技术、人才都必然流向利润高的产业和行业。榆林煤炭、石油、天然气等自然资源非常丰富，这些自然资源作为"意外的横财"具有强大的吸引力，就像磁铁一样不仅吸纳了市场"看不见的手"的力量，而且吸纳了政府"看得见的手"的力量。如今能源产业已经是工业经济的绝对支柱，其地位短期内不可动摇。但是，仍然需要指出，榆林经济发展已经受到"资源的诅咒"，传统产业的衰落、农村的贫困化、矿区的生态环境破坏等都是典型的征兆。从政府角度看，作为具有公共意志的管理者，政府有责任也有能力超越市场经济本性，从可持续发展出发，处理好发展能源经济与发展传统产业的关系，一是规范能源产业发展，特别是规范资源开发秩序，提高能源产业进入门槛（包括技术、规模、环境补偿、税收），提升能源产业发展质量；二是采取政策措施（包括资金、技术、税收、人才、服务等），鼓励和扶持传统产业的发展；三是通过发展能源经济来支撑传统产业发展，主要通过财政税收手段将资源开发利润集中起来，设立产业转型发展基金，为传统产业发展提供经济支撑。

最后，要突出重点、集中力量提升传统产业规模和档次，提升传统产品品牌形象和市场竞争能力。从农牧业资源特色出发，重点振兴纺织、服装、轻工、医药和食品五大行业，重点培育龙头骨干企业，组建企业集团，加强生产基地建设，形成规模经营，重点引导企业实施品牌战略。一是整合重组榆林毛纺集团；二是整合组建榆林服装集团；三是组建榆林地毯集团；四是改制重组天宁制药集团；五是建立皮革生产基地；六是培育发展壮大食品工业基地。榆林传统产业曾经涌现出不少知名品牌产品，如"绣鸡牌"纯毛线、"牧王牌"呢绒、"6505"纯毛毯、"天舟牌"羊绒衫、"四九牌"防寒服、"梅花牌"丝绸、"古城牌"皮革、天宁寺青黛丸等。这些品牌产品曾经在国内外市场享有良好的声誉。如清涧丝绸厂（1958 年创办）生产的"梅花牌"白厂丝被誉为"软黄金"，"古城牌"皮革产品远销日本和韩国，榆林地毯畅销意大利、俄罗斯和日本，"四九牌"防寒服一度轰动全国市场等。但是这些品牌产品在兴盛时期的各种市场大战如"羊绒毛大战"、"防寒服大战"中，有些因为过度竞争和假冒伪劣而销声匿迹，有些品牌市场信誉受到严重侵蚀。一旦品牌信誉因产品质量而受到损害，需要克服重重困难才能重塑其市场品牌形象，需要付出多倍的代价才能赢回市场和消费者的信心。

（3）发展现代服务业

加快发展以能源化工产品物流为主，购物、餐饮等为辅的现代物流服务业，大力发展以金融业、信息服务、边塞文化、旅游等为主的现代服务业，将榆林市建设成为重要区域商贸服务中心、金融中心、文化旅游中心。

（4）以文化旅游产业促进榆林的开放和发展

榆林市是众所周知的文化资源大市，古今文化资源荟萃，得天独厚，但文化产业却是薄弱点。现代社会，文化的传播和推介需要很好的载体和推广途径，因此，文化产业的发展必然是文化旅游产业的发展。

榆林市人杰地灵,文物古迹和自然景观居多。既是历史名镇,又是革命老区,亭台楼阁、名寺古刹、摩崖石刻、天然湖泊、名泉古潭、沙漠绿洲、革命旧址会聚于此,荟萃了众多风姿独特、雄奇壮美的自然人文景观;文化底蕴深厚,民风淳朴性情豪放,黄土文化与草原游牧文化会聚交融,其浓郁的黄土风情和丰厚浑朴的生活底蕴风靡海内外,拥有发展文化旅游产业的深厚基础。

文化旅游是朝阳产业、富民经济和品牌工程,是带动社会经济的全面发展、加快人民脱贫致富、提升城市品位、提高城市知名度的最好途径。要建成文化大市就必须提高认识,加强领导,把创建文化和旅游城市作为工作重点,全面提升城市品位,加强文化旅游基础设施建设,提高文化旅游服务水平和质量,争取在5～7年把榆林建成全国文化旅游名市,以文化旅游产业促进开放和发展。

一是走区域合作之路。文化旅游产业虽然效益长久,但投资额度很大,现代文化旅游产业的竞争,已由单个企业的竞争、单个市场层面的竞争,发展到区域一体化的联合和竞争阶段,榆林市文化旅游业要在激烈的市场竞争中做大做强,就必须走开放和区域合作之路,在更宽、更高层次上参与市场竞争,推进文化旅游产业的一体化。以"市场开放、优势互补、资源共享、合作共赢"为原则积极开展旅游产业的竞争与合作。

二是确立比较优势,实施品牌战略,构建风格迥异的文化旅游功能区。根据文化特色,结合景点和地理条件,以区域合作为动力,加强品牌塑造,走精品名牌之路,开发独具特色的专项旅游产品,如宗教文化游、民俗风情游、长城—大漠风情游、考古发掘游、专项旅游、绿色长城游、塞上江南游等,做到各有侧重,形成南、北、西、东的扩张和合作态势,打造五大功能区域,形成系列的精品旅游线路和文化旅游产业空间布局网络。

● 南部"红色旅游区"。与延安红色旅游相融,形成"陕北红色旅游区"。整合榆林革命老区50余处革命历史资源,以沙家店、青阳岔、绥德师范、袁家沟村、白云山等地为重点,以老一辈无产阶级革命家曾战斗过的8县30多个村庄为基地(如争取在米脂杨家沟设立中央党校杨家沟分校、考虑建设"陕北工农红军榆林博物馆"等),以毛泽东、周恩来、李子洲、霍世英等一批革命先烈和著名人士为人物主线,把榆林红色旅游纳入到陕北革命老区红色旅游的大局中,实现优势互补和资源共享,进而以陕北红色旅游革命基地为依托,跻身全国著名特色旅游行列。

● 北部"长城—大漠风情旅游区"。与鄂尔多斯市旅游资源相融合,形成"长城—大漠风情旅游区"。以红石峡、镇北台、沙地植物园—红碱淖、二郎山、大柳塔、民俗生态游景点—成吉思汗陵为主线,形成看沙、赏绿、玩水、领略长城大漠风光、体验边塞草原民俗风情、品味酒文化底蕴的"大漠特色风情游"。

● 西部"气海盐湖观光旅游区"。榆林—沙漠高速公路—菠萝影视城、统万城、油气场景—盐湖风光、五里墩长城、民俗生态景点—沙湖,主要游沙漠绿洲,赏盐湖风光,看油气开发。

● 中部"黄土风情休闲旅游区"。以米脂和绥德为中心,以淳朴的陕北民间文化、民俗民歌、黄土风情和丰厚浑朴的生活底蕴为版本,利用陕北风情、民歌等品牌影响,构建陕北"黄土风情休闲旅游区"。以青云寺、黑龙潭—白云山、香炉寺、佳洲古城—杨家沟、姜氏庄园、李自成行宫、女子家政学校—扶苏墓、蒙恬墓、汉画像石馆、千狮桥、新建民俗村等为主线，挖掘和开发米脂婆姨、绥德汉、民歌、秧歌、黄土高原风情休闲、陕北民俗特产、庙宇文化等"黄土风情休闲文化"产业内容。

● 东部"黄河景观、文化旅游区"。以已编制的黄河旅游开发规划为指导，打造"晋陕蒙黄河旅游金三角区"和"晋陕黄河峡谷旅游经济区"。晋陕蒙三地文化源远流长，都属于黄土文化和游牧文化的交会地区，人缘、地缘、文化缘相同，为共同打造这一新型区域性旅游品牌提供了巨大潜力和现实可行性。三地先后提出了相容的发展思路（榆林市提出"特色文化大市"，山西忻州等地提出"晋陕黄河峡谷经济区"，鄂尔多斯提出"大文化、大旅游、大运输"的思路），因此，榆林东部"黄河景观、文化旅游区"面临新的机遇与挑战。

三是均衡把握文化旅游产业开发和发展的各种关系。处理好经济发展与社会和谐的关系，将社会和谐功能目标的实现与经济利益的实现有机地结合起来。无论是项目选择、规划建设、组织宣传、教育培训、管理服务，还是在指导思想、工作目标确定等方面，都既要考虑到文化旅游产业对广大群众的带动，又要按经济规律、旅游规律办事，使得地方政府、投资建设者、管理服务者、当地居民的合理经济利益均能够实现。处理好保护和利用的关系，对待革命历史文化、自然生态环境和人文社会环境，不能为保护而保护，进而限制了文化旅游产业资源的开发利用，也不能重开发利用而轻保护修缮，更不能竭泽而渔、杀鸡取卵，必须要有效保护、科学开发和实现可持续发展的目标。处理好内容与形式的关系，将文化传承与旅游活动有机结合起来，在每个项目、每项活动、每个环节上都精心策划，实现内容和功能的相互结合。做好方式、途径的选择，将红色旅游、自然生态旅游、历史文化旅游、民俗社会旅游有机结合起来，即所谓的"红绿结合、红古结合、红彩结合"。这种结合也有板块式的初级形态和水乳交融式的有机结合，如在红色旅游目的地、线路、产品、项目中巧妙地体现自然之美、生态观念、深厚历史、丰富文化、精彩民俗、浓郁风情等。

四是谋划"特色文化大市"的重大突破。文化旅游项目的质量和效益，首先取决于策划水平的高低，需要专门研究分析市场需求、资源基础、配套条件、项目性质、优势特色，在此基础上选择项目并搞好产品、项目的主题定位和目标市场定位。因而，积极开发独有的文化旅游特色资源，要坚持高起点、高品位，面向国内外市场，借鉴阳朔等地的发展经验，谋划"特色文化大市"的重大突破，加快文化开发和重要旅游景点建设，着力发展旅游经济、假日经济和会展经济。

五是科学策划、统筹规划、区域协调、资源整合、衔接配套、规范指导、加强教育、做好宣传。在供求协调、区域统筹的前提下科学编制开发建设规划，整合各种资源进行开发建设，包括硬件设施建设和人力资源、客源市场的开发，出发点和目标是扬长避短、突出特色、衔接配套，以形成具有吸引力、竞争力的产品；广泛开展文明城市、文明村镇、文明行业、文明单位等精神文明创建活动，加强特色民俗文化开发，举办榆林民间文化艺术节，建设陕北文化村，保护和发扬具有陕北特色的民俗、民间优秀传统文化，赋予鲜明的时代内涵，提高传统文化综合优势和品位，推动特色文化产业发展；整合旅游资源，打造精品线路，发展历史文化名城游、黄土文化游、历史宗教文化游和能源化工基地游，使文化旅游业成为全市经济新的增长点。

六是加强政府引导和服务，为文化旅游业发展搭建平台。政府各部门首先要在思想和行动上实现跨越，实现体制创新、服务创新和管理创新，进一步提高政府文化旅游业的服务和管理水平，加强政府导向，制定和修改有关地方性政策，向区域合作倾斜，完善各类旅游人才的培养模式，建立共享旅游信息；其次要调动各方面的积极性，解放思想，广泛开发旅游项目，鼓励景区、景点的群众积极参与，加快百姓脱贫致富步伐。

七是加快培育市场化运作体系和中介组织。要建立科学合理的文化旅游市场管理体系，政府文化主管部门要由传统管理模式向现代市场经济管理模式转变，加快培育市场化运作体系和中介组织；政府职能主要是进行文化产业的战略规划、政策指导、协调监督、服务及外部环境建设，通过各种经济的、法律的和必要的行政手段调控市场，引导企业的生产经营活动；要充分发挥行业管理的作用，从而保证文化旅游业快速、健康、协调发展。

八是实现规模化、集团化经营。榆林市要尽快培育起一批能带动全局发展的支柱企业，通过组建跨地区、跨行业、跨所有制乃至跨国经营的市场竞争力较强、规模化经营效益较好的文化旅游产业集团，培育和鼓励相关企业向跨省市、集约化、网络化、品牌化和国际化方向发展，形成一种集团化、集约化的经营模式和管理模式，以集中力量应付国际、国内的各种风险和变化。

九是注重打造、包装和宣传。镇北台是万里长城第一台，红碱淖是中国最大沙漠淡水湖，白云山是全国著名道教圣地、西北最大的明代古建筑群，但外地知道的人很少，因此一定要把宣传作为重要的工作来做，主动与外对接。一方面要积极参加区域内外的一些论坛、研讨会和洽谈会，借助这些平台大力宣传和提高榆林市文化旅游的知名度；另一方面，应积极邀请外地同行来考察文化旅游环境、组织论坛，与全国乃至世界各地文化旅游业实现资源共享，互换信息，互为服务，共谋发展。

十是接轨北京，建立稳固的客源市场。以北京为突破口，主动搭车，借台唱戏，初步建立稳固的客源市场。在利用一切方式向北京推介的同时，积极参与北京召开的文化旅游推介会、说明会或洽谈会，推出各有特色的旅游产品和旅游线路，共同招徕游客。

（5）把发展特色产业提高到应有的战略地位

目前榆林市产业发展基本上是一种以追求产出增长为中心的发展思路。我们认为，要实现榆林市区域经济"跨越式发展"，必须摒弃这种"见物不见人"的传统工业化发展思路，转向以追求"和谐增长"为中心的产业发展之路。未来产业发展必须要完成"人的转变"，即众多从事农业的劳动者转移到非农产业中，众多乡村的农民变成城市的市民，以及使更多的城乡居民摆脱贫困状态。为此我们建议，榆林市应从战略高度来重视发展特色产业。

特色产业具有一定的区域性和区域文化属性，是在比较独特的自然环境中并基于某种区域文化而发展起来的产业，在市场经济中具有一定的比较优势。目前榆林拥有许多具有发展前景的特色产业，如清涧的红枣和石板、绥德石雕、横山羊以及榆林羊毛地毯制造业、小杂粮和薯类加工业等，还拥有很多独具特色的文化旅游资源。开发这些特色资源，发展特色产业，对于繁荣地方经济、增强地方经济活力、增强区域经济自组织能力、增加就业、提高收入、解决民生问题等意义重大。但是，在各区县实地调研中，我们发现这些特色产业发展正面临着诸多不容忽视的问题，如企业规模小、技术水平很落后、人才缺乏、管理水平亟待提高、产业化程度低等。在产业发展的现有格局下，发展特色产业还有赖于政府的政策支持。政府应采取有力措施，一方面，改善特色产业发展环境；另一方面，吸引人才和资本开发既有的特色资源，发展特色产业。在这些方面，政府大有可为。

总之，要针对榆林产业结构严重偏态、能源工业又与农民增收关联度低的实际，抓住国家推动工业化、快速发展的机遇，顺应城乡经济融合和三次产业联动发展的趋势，通过产业结构的战略性调整，形成区域分工合理、特色优势鲜明的产业结构和空间布局，使不同的区域都有相应的产业支撑，利用产业的聚集效应促进工业化和城镇化发展，逐步实现城乡经济一体化。

2. 统筹城乡规划建设，促进城乡建设一体化

按照优化城乡生产力和人口布局的要求，把城乡的基础设施、生态环境、社会事业作为一个整体进行规划和建设，着力形成中心城市、县城、重点镇、中心村一体化，基础设施、生态环境、社会事业相配套的体系和建设布局。

（1）以"晋陕蒙能源金三角中心城市"建设推进城市化"跨越式发展"

榆林地处西北干旱、半干旱地区，水资源短缺，生态环境脆弱。榆林农业人口多，而且过于分散，现有的人居方式、生产方式和行为方式与自然环境之间存在比较尖锐的矛盾，导致其陷入经济发展与环境建设的"两难"困境。化解这些矛盾的一个重要途径是大力推进城市化，最大限度地减少农业生产活动对本已脆弱的生态环境的破坏，努力实现经济发展与环境建设的统一。

城市化是一个地区现代化和工业化发展程度的重要标志。一般而言，工业化的快速发展必然带来城市的相应扩张。改革开放以来，榆林市总体上已经从传统的农牧业社会逐步发展进入工业社会，工业经济快速发展。但是，榆林城市化进程缓慢，总体水平不高。其原因很多，其中最根本的原因是榆林推进的是一种依赖资源开发而且初级化非常明显的、以重工业为主的工业化，一方面这种工业化本身属于资本密集型，虽然也能吸收劳动力就业，但是劳动所占相对份额较少，存在严重的资本对劳动的替代；另一方面自然资源开发优势吸引了丰裕的资本和人才，抑制了其他工业和农业的发展。结果是城市化的产业基础不坚实，城市没有能力创造更多的就业岗位，不能吸纳农村人口进入城市、农业人口转入非农产业。目前，工业化与城市化之间存在一种恶性因果循环，即城市化滞后是工业化不合理发展（过度重工业化）的结果，城市化滞后又反过来制约工业化发展的合理化。推进城市化"跨越式发展"，必须打破这个循环。

此外，城镇规模结构体系不合理也是阻碍榆林城市化进程的一个重要因素。从表5-0-3中可以看出，城镇规模结构不合理的最突出表现是缺乏区域中心城市。目前全市12个区县中，面积最大的城市榆阳区2005年总人口46.06万，其中非农业人口15.75万，农业人口30.31万，城镇化率只有34.19%。榆阳区作为市政府所在地，是全市的政治、经济、文化、信息中心，但是由于城市规模小，城市首位度低，其作为区域中心城市吸纳和集聚各种生产要素的功能不强，城市集聚经济效益很低。

城市化的前提是人口集中和产业集聚。城市化进程中的人口集中就是农业人口转入非农产业，农村人口变成城市居民。农民进入城市以后，要能长久待下去，首先必须有事做，其次要能在城市定居，还要能适应城市的生活秩序。建议市政府对现有的城乡政策进行进一步调整，放宽农民进城就业和定居的条件，建立平等就业制度。当然，还要对农民进行有计划的教育和培训，引导农民适应城市社会秩序，使之成为城市社会的稳定因素而不是破坏性因素，促进城市社会文明发展。

表 5-0-3　根据 2005 年实际人口排序的榆林市城市规模结构体系

区域	总人口/(万人)	非农业人口/(万人)	农业人口/(万人)	榆林市各区县城镇化水平
榆阳	46.06	15.75	30.31	34.19%
神木	37.68	9.94	27.74	26.38%
绥德	34.93	5.14	29.79	14.72%
横山	33.35	3.12	30.23	9.36%
定边	31.58	4.05	27.53	12.82%
子洲	30.35	2.71	27.64	8.93%
靖边	29.14	3.92	25.22	13.45%
佳县	24.52	2.37	22.15	9.67%
府谷	21.32	3.91	17.41	18.34%
米脂	20.84	2.92	17.92	14.01%
清涧	20.81	2.37	18.44	11.39%
吴堡	7.77	1.33	6.44	17.12%
合计	338.35	57.53	280.82	17.00%

资料来源：根据《榆林统计年鉴》(2005 年)整理。

人口集中的基础是产业集聚，因为产业在城市的集聚会形成巨大的需求，并凝结为城市对农村人口的拉力。对于榆林市而言，要实现城市化"跨越式发展"，最根本的一条还是产业大发展，即通过大力发展产业来为农民转入城市创造就业机会和生存条件。尽管榆林城市化严重滞后于工业化，然而城市化进程仍然需要依托工业化的发展。我们建议，除了依托现有的能矿资源开发优势、抓住建设国家能源化工基地的契机、大力发展能源经济以外，还要着力发掘其他特色资源，从战略高度重视发展特色产业，重视发展第三产业。要努力扭转目前工业发展"一条腿长、一条腿短"的状况，形成原材料工业与装备制造业共同发展、重工业与轻工业齐头并进的产业发展局面，促进工业化合理发展。要形成以工业化带动城市化、以城市化促进工业化的良性发展格局。

要制定详细的城镇发展规划，形成合理的城镇发展体系。

首先，要发展大城市，改变目前城市结构体系不合理的现状。大城市具有强大的集聚效应、扩散效应和辐射效应，具有明显的规模经济效应，可以集约利用土地等。发展大城市可以形成巨大的经济需求，为产业发展特别是第三产业发展提供广阔的市场空间，并进而带动区域内中小城市的发展。以新型国家能源重化工基地和晋陕蒙能源金三角中心城市(100 万人口)建设为突破口实施北上东进战略：在"晋陕蒙能源金三角"中心谋求城市"跨越式发展"，并以此造就巨大的经济需求；以中心城市"跨越式发展"带动全市城市化"跨越式发展"；以城市化拉动长城沿线和黄河沿线商品粮、菜、经济作物、肉基地建设，实施农业商品化、产业化的"跨越式发展"；实施生态移民、教育移民工程，变"生态灾民"为"生态移民"、"教育移民"，为农民移居城镇建立桥梁和机制，为各县区治理水土流失，实现经济、社会、生态"跨越式发展"创造有利条件。

虽然榆林市城镇化总体水平较低，但是榆阳区城镇化率达到 34%，已经从缓慢发展阶段迈入加速发展阶段。要充分利用建设国家能源重化工基地的机会，在榆阳区规划建设规模较大的(例如 100 万人口)地区中心城市，并以此为突破口积极参与晋陕蒙能源金三角地区的协作和竞争。

其次，沿着交通线建设城市群，发展城镇带。加快发展神木、绥德和靖边等次中心城市，作为建设国家能源重化工工业的重要基地，并与中心城市形成产业互补和协作联系。统一合理规划其他县域中心城市及县以下中心镇的发展和建设。利用交通便利的条件，在中心城市的带动下建设城市群落，发展城镇带，带动区域经济的发展。一方面应高度重视建设大城市；另一方面应高度重视建设城市群，发展城镇带。在进行城市开发和建设过程中要注意深化市场化改革，通过企业化运作，利用市场力量解决城市开发和建设中的一些重要问题，如融资问题、规划问题等。要注意把城市化、工业化、市场化三者结合起来，促进城市化"跨越式发展"。另外，要把城市化与解决"三农"问题结合起来，实现城乡协调发展，改变二元经济结构，这是推进城市化的一个根本性问题。从根本上说，只有减少农民数量，才能富裕农民生活，才能更好地建设新农村。

（2）积极争取中央支持政策，在榆林及晋陕蒙三角地区进行城乡一体化综合改革试验试点，为城乡一体化建设积累经验

榆林市在实现了第一次跨越以后，城乡差距大大拉大。这种差距，不仅是由自然的原因，更是由发展的原因带来的。城乡差距的扩大对榆林市区域可持续发展或者说实现全面建设小康社会的目标形成了严峻的考验，必须寻找缩短差距的有效措施。推进城乡一体化综合改革，是统筹城乡发展、缩小城乡发展差距的重大制度创新。建议积极争取国家政策，支持在榆林及晋陕蒙三角地区进行城乡一体化综合改革试验试点，积极探索工业反哺农业、城市支持农村的具体途径、机制体制、手段措施，积极探索统筹城乡协调发展的模式和缩小城乡发展差距的有效措施等，为推进城乡一体化建设积累经验，提供示范。积极推进土地资源市场化机制，以土地换资源、换股份，解决农民特别是失地农民的长远生计问题。

（3）统筹兼顾，加大工业反哺农业、城市支撑农村的力度

采取多种方式促进社会主义新农村建设，使全市人民共享资源开发和经济发展成果。要制定规划，努力推进各种形式的移民工程，加强农村基础设施建设，积极培训农民，提高其就业能力。企业要承担社会责任，结对帮扶贫困农村发展，积极探索和推进大企业、（县）中型企业、（乡）小企业与村结对进行扶贫。

（4）调整基础设施投资建设的方向和重点

近年来，榆林市在基础设施建设方面取得了丰硕的成果，但从总体上看，只是等级公路和市政工程的建设力度相对突出；而基础设施建设也存在着建设资金缺口大、乱开发乱建设等许多问题，面临着工业争水等严峻的形势。构建和谐榆林，仅仅提高供水供热绿化等基础设施的普及率是不够的，更重要的是必须真正站在跨越发展的战略高度，遵循可持续发展的规律，相应地调整基础设施建设的方向和重点，为下一步发展奠定基础。

一是加大生存、生活和生态基础设施的建设力度。虽然榆林市的基础设施建设取得了很大成就，但大多基础设施建设是围绕着煤炭和重化工工业基地的建设、推动物流业发展而展开的，这使榆林市原料开采工业能力的大幅度提高，而生存、生活和生态设施的基础建设力度明显滞后，生存、生活、生态基础设施建设问题既是诸多矛盾的集结点，也是破解经济社会可持续发展的关键点，直接关系到社会安定和经济繁荣，因此必须以生存、生活和生态基础设施建设的"跨越式发展"，推进经济、社会和环境的和谐发展。以水利建设为例，随着工业化、城市化的发展，水资源紧缺、供水设施不足成为一个明显的"瓶颈"问题，要想保证经济持续、健康的发展，就必须解决供水能力不足的问题。由于水利基础设施的

建设周期往往较长，水利投资对经济发展的影响一般在两年以后才会显现出来，为了保证水利建设能够满足经济社会发展的要求，必须通过政策倾斜和措施保障促进水利实现"跨越式发展"，为此必须围绕经济"跨越式发展"的总体目标、布局和重点，立足水利设施建设基础薄弱的现实状况，加大供水体系、农村用水体系、水资源保护体系、水土保持体系建设力度；加强城市与产业发展供水设施、农村水利建设，按照经济空间布局规划和产业发展方向，打造符合"跨越式发展"需要的供水保障体系；以兴建中型骨干水源为主，大、中、小、微并举，建设城乡协调供水保障体系，保障城市化进程和产业结构优化升级与生态安全；实施农村河道水系整治，推广清洁小流域建设模式，改善农村用水环境；采取计划单列形式加大对水利建设的支持，将新增企业的用水需求全面纳入经济社会发展规划，并启动水土保持生态环境建设规划；按照谁开发谁保护、谁受益谁补偿原则，建立生态补偿机制，专项用于水利基础设施建设与生态建设；加强水资源一体化配置，实现城乡水资源、地表水与地下水、主水与客水、传统水源与非传统水源的统一配置，取水、供水、用水、节水、排水、再生水回用的统筹安排，水量、水质、水能和水域的统一管理，促进水资源优化配置、高效利用。

二是改善城市基础设施建设。要建设 100 万人口的大城市，建设城市群、城镇带，推进城市化"跨越式发展"，就必须切实改善城市基础设施建设。对建设现代化中心城市而言，完善的基础设施是保障城市高效、畅通、有序运转的前提，现代化中心城市不仅需要建设高标准的宾馆、饭店、商厦、写字楼等，而且还需要建设高水平的科教、文化、体育、娱乐设施，适宜的居住区，完善的路、桥等城市交通体系和能力，通信网络的信息传递处理能力，水、电、气等能源供给系统和能力，垃圾无害化处理、污水净化能力，防灾减灾、消防、人防等设施。虽然近些年来榆林城市基础设施的投资水平有了很大提高，但由于长期以来缺口太大，基础设施不足仍是城市进一步发展的瓶颈。而搞好城市基础设施投资和建设，将带动和保证城市经济持续、稳定地运行；同时，对于小城镇的基础设施建设，必须因地制宜进行科学合理的规划，根据自身的客观条件及目前和长远发展的需要，采取不同建设形式和融资方式，走经济、生态、社会等全方位可持续发展之路。

三是基础设施投资向旅游、高科技等领域倾斜。要想摆脱产业失衡与发展困境，基础设施建设必须改变近年"以原料开采工业为中心"的局面，基础设施投资应该为产业的良性发展服务，为实现区域经济的"跨越式发展"服务，向旅游、高科技等人文产业倾斜。要解放思想，更新观念，切实增强市场意识、竞争意识和机遇意识，加快培育地方特色产业、高科技产业、旅游产业等，并带动相关产业的发展，促进全市经济社会的均衡、良性和可持续发展。政府相关部门应通过强化相关产业的基础设施建设与政策性资金投入，解决或缓解各种瓶颈制约；积极引进、充分利用国内外资金参与榆林市的社会、经济、文化建设；自然资源和各种历史、文化、社会资源必须在保护的前提下开发，形成产业经济与社会、资源、环境良性协调发展的格局。

四是基础设施建设向南部倾斜。南北分别处于工业化过程中的不同阶段，而南部依然为缺乏主导产业和资本不足等问题所困扰，从动态看，这种失衡仍在不断加速，地区经济发展的严重不平衡，已对区域经济的"跨越式发展"形成了严重的阻碍。由于经济基础薄弱，加之对南六县基础设施建设的支持有限，南六县的建设资金缺口较大，而对于基础设施建设的敏感度更大，基础设施建设对经济的促进效果更强。要想在南六县发展特色产业，进而改变区域经济南北的巨大差异，实现区域内资金、资源乃至产业的整合与整体发展，基础设施建设就必须向南部倾斜，并加大市场化融资力度，采取不同的建设形式和融资方式，最大限度地促进南部经济的发展。

五是向新农村建设示范基地、项目倾斜。结合现有农业重大工程项目和农产品优势区域布局，按照标准化生产、产业化经营、科学化管理和社会化服务的要求，重点加强农业基础设施项目建设，提高现代工程技术装备水平，提高农业科技创新和转化应用的能力；增加对农田水利等基础性设施的建设，加大对农业生产的基础性设施建设的投入力度，为农业生产的健康发展创造条件；围绕改善农民生活条件，积极开展农村小型公益设施建设，改善农民饮水（普及安全用水）、能源、道路（硬化村内道路）、居住、通信等条件，综合利用农业废弃物资源，搞好农村污水、垃圾治理，改善农村环境卫生，发展养殖场和养殖小区沼气工程，发展秸秆成型颗粒燃料、秸秆气化等新型能源技术；依托现有基础，突出乡村特色、地方特色和民族特色，加强村庄规划；建立电话、电视、电脑"三电合一"的农业信息服务平台。

3. 统筹南北县域经济发展，促进区域发展一体化

（1）大力发展县域经济

县域经济是以县级行政区划为地理空间，以县城为中心、乡镇为纽带、农村为腹地的区域经济。县域经济是榆林市区域经济的重要基础。榆林市现有 12 个县（区），84％的土地面积分布在县域，90％的耕地面积属于县域，87％的人口居住在县域，85％的地区生产总值产生在县域，92％的工业增加值发生在县域，94％的农业增加值发生在县域，88％的农村从业人员在县域就业，83％的社会消费品零售额在县域实现。大力发展县域经济对于实现榆林市区域经济"跨越式发展"具有极其重要的意义。但是，从总体上看，榆林市县域经济的发展不容乐观。在全市 12 个县（区）中，尽管出现了个别区域强县如神木县和定边县，但是中心城市对县域经济的辐射带动作用并没有充分发挥出来。特别在南部地区，可以说县域经济发展还相当落后。例如，2006 年，南部六县（包括绥德、米脂、佳县、吴堡、清涧和子洲）的地区生产总值只有 40.15 亿元，仅占全市地区生产总值的 9.14％，分别只有靖边县、神木县和榆阳区的 31.55％、33.52％和 61.61％；南部六县工业增加值只有 3.66 亿元，分别只有全市、靖边、神木和榆阳区的 1.26％、3.23％、4.07％和 15.52％；南部六县地方财政收入只有 6 798 万元，分别只有全市、靖边、神木和榆阳区的 1.91％、26.61％、10.05％和 26.12％。由于县域经济发展滞后，榆林市自然资源虽然丰富并得到大规模的开发，但在总体上并没有脱贫致富。

东部发达地区实践证明，大力发展县域经济是实现统筹城乡发展、缩小地区发展差距、实现富民强区的重要途径。榆林市快速工业化与缓慢城镇化之间的矛盾，既与工业化模式有关，也与县域经济发展滞后有关。要把加快县域经济发展作为实现榆林市区域经济"跨越式发展"的战略基础。大力发展县域经济，有必要借鉴东部地区县域经济发展的成功经验，也要吸取其历史教训。一要突出县域特色，关键是要形成自己的特色产业，突出龙头企业的带动作用。大部分县都有一定的特色资源，要加强对特色资源的发掘、市场营销、生产组织和进行县域内外的合作等，把特色资源具有的潜在比较优势挖掘出来，并转变成县域经济优势。龙头企业具有全面的带动作用，要紧紧依托生产加工龙头企业整合县域特色资源，增强县域经济发展的凝聚力、科技含量，提高发展质量和效益。二要深化管理体制改

革。积极开展扩权强县试点改革，以制度创新为加快发展县域经济提供强大动力，增强县域经济发展活力，加强县级政府在发展经济和社会管理中的主体职能建设。三要注意保护生态环境。榆林市生态环境相当脆弱，发展县域经济要把保护生态环境置于重要地位，坚决摒弃"先污染、后治理"的发展模式，以实现科学发展和可持续发展。

（2）加大对南六县的扶持力度

大力推进产业、财政、科技三项转移。产业方面，加大南六县的资源勘探力度，加快焦煤、岩盐开发步伐；同时，在南部县水土资源和交通条件好的城镇兴办特色农业产业化园区和加工工业园区。财政方面，要抓住"十一五"期间中央继续加大对西部地区财政转移支付力度的机遇，加大对南六县的投资，特别是项目配套资金投资。科技方面，要将中、省、市的各类科技计划项目向南六县倾斜，以期带动各种社会投资，推动南部县域经济的"跨越式发展"，促进全市区域经济发展一体化。

（3）大力推进产业"跨越式发展"

目前，榆林三次产业的结构严重失衡，产业结构中工业比例过大，工业内部结构中能源开采业比例过大，而一些具备一定发展优势的固有产业日渐萎缩，环境、生态日渐恶化，这不仅给地区经济的健康发展带来了巨大的制约，而且对当地人民生活的改善形成了严重的负面影响。榆林区域经济的"跨越式发展"首先是产业的"跨越式发展"，必须以现有产业的发展支撑经济向高科技、高附加值的产业跨越，向低污染、低消耗的清洁化工业跨越，充分整合当地资源，使产业实现向旅游、文化等人文经济产业的跨越。

根据自然、地理、资源、经济条件，规划、发展从东南向西北自然延伸的"川"字形区域经济三大产业带。

● 东南方向特色农业经济产业带。黄河沿岸峡谷地域造就了富含维生素、硒、个大、品质好的全国优质红枣基地和产业带条件；西南日照长、昼夜温差大的特殊气候造就了全国名优小杂粮（绿豆、荞麦等）产业基地条件。

● 西北方向草牧经济产业带。长城沿线以北草原地带广阔无垠，是全市最有希望开发和最好的耕地后备资源地区，牧业条件得天独厚，牧草面积超过总土地面积的1/3。应规划发展以畜牧和草产业为主的草牧经济产业带，建设陕西畜牧业基地，这将产生巨大的经济和生态效益。

● 中部工业经济产业带。依托矿产资源优势和交通基础设施，打造"人"字形千里工业走廊。一是榆—神—府煤、电、化工以及材料产业；二是榆—横—靖—定油、气、化工产业；三是榆—米—绥煤、盐、化工产业和农产品加工业；四是长城沿线发展制革、毛纺等轻工业。

（二）提供四个保障

1. 积极争取国家扶持，为区域经济"跨越式发展"提供政策保障

（1）加强研究建立国家能源开发特别经济区的政策

按照主体功能定位推进区域开发战略，是建设环境友好型社会的重大国策。我国区域发展理念不断完善，宏观区域经济政策也在逐渐调整。以前区域发展理念通常限于地理上的空间范围，如东部率先发展、实施西部大开发、促进中部崛起等。"十一五"规划纲要使区域发展理念超越了简单的地理空间范围，创造性地提出了"根据资源环境承载能力、现有开发密度和发展潜力，统筹考虑未来我国人口分布、经济布局、国土利用和城镇化格局，将国土空间划分为优化开发、重点开发、限制开发和禁止开发四类主体功能区",并要求"按照主体功能定位调整完善区域政策和绩效评价","规范空间开发秩序,形成合理的空间开发结构"。要贯彻好科学发展观、促进区域经济健康发展,就必须落实国家关于主体功能定位的区域开发战略。只有按照区域主体功能定位,规范空间开发秩序,调整产业方向,引导企业合理区域集中和规模经营,才能形成合理的空间开发结构,才有利于实现经济社会的可持续发展。

资源应被看作是人类共同的财富,应被所有各代人民共同享有。当代人没有理由认为只有自己有权耗费它们,而否认后代人享有它们的权力。现在榆林是国家能源化工基地,丰富的能矿资源正在被大规模开发。但是在建设国家能源化工基地的过程中出现了不少值得关注的矛盾,例如资源政策问题、生态补偿问题、地区差别问题、工业化与城镇化的关系问题、水资源的保障问题,等等。

建议尽快成立由高级专家组成的研究组,进行可行性和规划研究,研究将榆林市设为国家能源化工基地的特别经济区的政策,争取在建设国家能源化工基地的同时,与晋、蒙等区域联合组成特别经济开发区。向国家争取为榆林及晋陕蒙三角地区制定特殊的能源政策,获取长期、稳定、连续、直接的政策支持。尽快制定资源综合开发详规,结束卖豆腐式的开发方式。尽快提高地方经济自主创新能力,使地方经济能够占有一定份额的资源。要推行科学开发、综合开发、可持续开发,提高资源利用率。发展循环经济,努力建设资源节约型和环境友好型社会。

通过这个特别经济区的政策把国家能源化工基地建设中出现的各种矛盾统一解决,把国家利益、地方利益、当地群众的利益统筹兼顾起来。必须改变现在不可持续的开发方式,因为它忽视了地方和当地人民群众的利益,必须在以人为本、和谐社会建设的党的大政方针下,确立国家利益、地方利益和当地群众利益的共同推进政策,构建利益相关者的政策模型。在该模型中,国家、地方和当地群众利益都得到兼顾,都得到自己应当得到的最大份额。只有这个问题解决了,其他相关问题才得到解决。地方政府收入提高了,公共财政需要的教育支出、医疗支出、生态环境保护费用、水资源问题才能得到最终解决,才能实现可持续发展。

(2)划定重点矿区,建立资源保护范围,积极建立资源开发有偿使用制度和补偿机制

从国家法律法规和政策层面上看,国家有关法律法规对此已经有了明确规定。党的十六届五中、六中全会已经作出要健全资源开发有偿使用制度和补偿机制的决定。《矿产资源法》明确规定,国家实行探矿权、采矿权有偿取得的制度。2005年,国务院提出《关于促进煤炭工业健康发展的若干意见》(国发[2005]18号),要求"合理有序开发煤炭资源。进一步完善矿业权有偿取得制度,规范煤炭企业矿业权价款评估办法,逐步形成矿业权价款市场发现机制,实现矿业权资产化管理",同时印发了《关于全面整顿和规范矿产资源开发秩序的通知》。2006年10月,国务院批复财政部、国土资源部、国家发改委《关于深化煤炭资源有偿使用制度改革试点的实施方案》,在山西、内蒙古、河南、陕西等8个煤炭主产省区进行煤炭资源有偿使用制度改革试点。2006年11月,国务院召开深化煤炭资源有偿使用制度改革试点工作电视电话会议,进一步动员和部署改革试点工作,强调深化矿产资源有偿使用制度改革是促进矿业可持续发展的一项根本性措施,提出要完善具体的政策措施,严格执行矿业权有偿取得制度。

　　从我国矿产资源开发利用的实际状况来看，也迫切要求建立资源有偿使用制度和补偿机制。矿产资源是经济社会发展的重要物质基础。改革开放以来，我国矿产资源勘察开发取得很大成绩，矿业生产规模已居世界第三位，原煤、钢材、水泥和有色金属产量居世界首位。但是，我国矿产资源开发利用中还存在一些问题：一是资源储备相对不足；二是资源开采和利用效率较低，各种矿产资源的总回收率只有30%左右；三是矿业市场秩序比较混乱；四是矿山环境问题突出，安全生产事故时有发生。其根本原因在于矿产资源开发运行的体制机制不完善，矿产品作为一种有限和稀缺资源的价值还没有充分体现。所以，无论是从促进经济社会可持续发展、完善社会主义市场经济体制角度看，还是从整顿和规范矿业市场秩序、注重节约资源、提高资源开采和使用效率来看，建立健全矿产资源有偿使用制度和补偿机制都是一项必须要做好的工作。

　　从地区层面来看，部分省区近几年积极探索建立资源有偿使用制度，取得了很好效果，积累了宝贵经验。山西省2004年以来就积极探索煤炭价格形成机制，开征煤炭专项基金，主要包括能源基地建设基金、煤炭生产补贴款、专项维检费和计量费、水资源补偿费、价格调节基金五项，按普煤计，大约60元/t。在一定程度上校正了煤炭价格背离其价值的不合理现状。2004年3月，山西省在临汾、吕梁率先开始实施资源整合和有偿使用试点。2005年山西省提出了《关于推进煤炭企业资源整合有偿使用的意见》（晋政发［2005］20号），全面推动该项工作。2006年2月正式出台《山西省煤炭资源整合和有偿使用办法》，对现有煤矿采取收购、兼并、参股等方式进行有偿整合，明确煤炭资源价款，收缴的标准、方式、程序，分配比例，使用办法以及各有关部门的职责，以最终实现煤炭资源资本化的目标。2006年4月，国务院批准山西开展煤炭工业可持续发展政策试点。试点政策有四方面内容：一是存量资源矿业权出让收益，中央政府与山西省政府按2∶8分成；二是将能源基地建设基金调整为山西煤炭可持续发展基金；三是煤炭企业按规定提取矿山环境治理恢复保证金，每吨煤提取约10元；四是提取煤矿转产发展基金，每吨煤提取约5元。2007年1月，山西省开始开展"一金两费"制度试点，以促进煤炭工业可持续发展。"一金两费"是指向煤炭生产企业征收可持续发展基金、煤矿转产发展基金、矿山环境治理恢复保证金。其中，可持续发展基金按25元/t计提，矿山环境治理恢复保证金按10元/t提取，煤矿转产发展基金每吨煤提取5元。可持续发展基金主要用于解决各煤炭企业在以往生产中的历史遗留问题等；其余"两费"则专款专用。

　　陕西省是进行煤炭资源有偿使用制度改革试点的8个煤炭主产省区之一，而榆林市是陕西省的煤炭主产区。建议榆林市依据国家相关法律法规，从资源产业可持续发展的迫切需要出发，借鉴其他省区已有的经验，尽快制定《煤炭资源整合和有偿使用办法》，并划定重点矿区，建立资源保护范围，在全省率先开展煤炭资源整合和有偿使用试点工作，积极探索建立资源有偿使用制度和补偿机制。目前，各级政府都在不同范围内存在不同的征费行为，但是没有统一的制度可资依据，各自为政，各种征费行为比较混乱，宜尽早改变这种局面，建立统一依据、统一管理、统一标准的资源有偿使用制度和补偿机制。

　　（3）实施"榆林石油战略储备基地"的论证

　　战略石油储备的核心职能是应对战争、自然灾害等重大突发事件带来的石油供给中断和价格波动。近年来，能源紧张、油价飙升使许多国家相继启动或者扩大了石油储备计划，石油的战略地位日益显要，石油战略储备成为人们关注的焦点。

在榆林建设国家战略石油储备基地具有得天独厚的条件。首先，榆林是产油地，与其毗邻的延安也是产油地，石油和天然气资源非常丰富。无论是原油还是成品油，都可就地储备，运输成本低。其次，具有丰富的天然岩洞资源，储油成本低。榆林市不仅有石油，而且岩盐资源更加丰富，广泛分布在南部米脂、绥德、子洲、清涧等县，岩层厚，埋深 2 000～3 000 m。岩盐资源的开发尚处于初级阶段，如果及早规划，有序开采，并把岩盐开采后形成的天然岩洞改造成天然的"储油罐"，将对建设国家石油储备基地起到事半功倍的作用。再次，从军事方面来看，陕西省和榆林市地处内陆承东启西的重要战略位置，曾经是三线建设的重点地区。最后，榆林的输油基础设施条件较为理想。目前榆林已经成为西煤东运、西电东送、西气东输的重要基地，在现有基础上建设国家石油战略储备基地具有特殊的优势，可以迅速应对战争和自然灾害等意外事件的发生。所以，我们建议榆林市政府尽快组织权威专家对建设国家战略石油储备基地的可行性进行研究，并争取国家相关部门的支持。

（4）积极协调各有关部门，整合铁路运输资源

主要由于体制、利益冲突、管理等各种原因，现有部分铁路运输能力处于闲置状态，造成运输资源的巨大浪费。要积极协调各利益方面，并争取国家支持，充分利用铁路空返车皮，发展地方加工业、钢铁工业。

（5）加强与资源开发的各种税收政策的协调工作

争取中央在税收方面的相关政策，完善中、省企业征税办法，把目前从价计征改为按照资源实际消耗量计征有利于资源合理开发。争取中央财政扩大转移支付面及额度，提高矿业权价款分配比例，改变石油、天然气征税不合理的状况，保护资源地合法权益，争取开征可持续发展基金等。

2. 加快民营经济发展，为区域经济"跨越式发展"提供动力保障

（1）加大对民营经济的扶持力度，允许民营经济参与资源开发

从实地调研情况看，榆林市民营经济发展严重滞后，从上到下对发展民营经济的重要和紧迫性还缺乏足够的认识，因此，要促进区域经济的良性发展和提高经济活力，促进政府、企业、居民的收益改善和促进就业，必须以民营经济的快速发展为动力。

从全国范围来看，民营经济发展的状况直接决定着地区经济发展的大局和发展前景，无论是珠三角还是长三角，民营经济都已经成为地区经济发展的第一推动力；山东和内蒙古在没有国家特殊发展政策支持的情况下，根据当地情况和区位，因地制宜，走出了通过发展民营经济而振兴区域经济的发展之路；而区位和资源与榆林市大致相同的鄂尔多斯市更是通过致力于发展民营经济，使国民经济特别是工业经济爆发出前所未有的活力，全市综合实力由此跻身全国百强市第 53 位，其一、二、三产的比例由 1978 年的 45∶28∶27 调整到 2006 年的 5.7∶54.3∶40，实现了由以农牧业经济为主向以工业经济为主的历史性转变，走出了一条特色鲜明的区域经济快速发展之路。

对于榆林市而言，大力发展民营经济，主要做好六个方面的工作。

一是要尽快解放思想，转变观念。发展差距固然令人担忧，但是更令人担忧的却是认识上的差距、思想观念上的差距。目前，从国家层面上看，自 2005 年颁布《关于促进非公有制经济发展意见》以来，民营经济发展的大环境趋好；在东部发达地区，发展民营经济是发展的硬道理和第一要务，已经成为政府、企业和普通百姓的共识。

二是要尽快形成有利于创业的良好环境。民营经济是市场经济，是自然而然成长的经

济体。只要有适宜的土壤和环境，民营经济就会蓬勃发展，而政府的作用在于创造促进民营经济发展的良好环境。因此，榆林各级政府要解放思想，进一步消除制约民营经济发展的体制性障碍和政策性因素，进一步落实鼓励、支持和引导民营经济发展的政策措施。允许民营经济进入法律法规未禁止的行业和领域，鼓励和支持民营经济参与国有企业改革，进入金融服务、公用事业、基础设施等领域；完善金融、税收、信用担保、技术创新等方面的政策，改善行政执法和司法环境，加强和改进对民营企业的服务和监管。建议榆林市政府尽快组织力量对阻碍民营经济发展的法律法规和管理规定进行清理，鼓励百姓创家业，能人创企业，形成民营经济蓬勃发展的良好局面。

三是要允许民营经济参与资源开发。发展民营经济就是藏富于民，国家实施区域大开发战略，从根本上说就是尽快发展区域经济。榆林有丰富的自然资源，在开发资源的过程中一定要使当地经济尽快发展起来，一定要使当地人民尽快富裕起来。实践表明，大力发展民营经济是增加就业、解决民生、富裕百姓的一条有效途径。

四是建议政府出台相应政策，鼓励民间资本投资实业，特别是鼓励民间资本到南部进行投资，利用南北发展势能的落差和产业差异，促进南北地区产业发展的配套和耦合，改变南北发展的巨大差距，寻找南部特色经济、人文经济发展的新亮点和区域经济发展的新增长点。

五是大力鼓励民间资本投资于除能源产业以外的产业，为民间游资寻找产业入口和出口，以改变目前产业结构严重失衡问题和产业效率问题，并以民营经济的发展来带动就业增长、富民工程、地方财政增加、产业结构的调整、区域经济的平衡发展。

六是要在信贷、科技、人才等方面为民营经济发展提供政策支持。努力改变民营企业融资困难、科技能力不足以及人才缺乏等难题，为民营经济发展提供实在的政策支持。

（2）完善招商引资机制，调整招商引资方向

招商引资是区域经济发展的巨大推动力，它能够缓解地区经济发展过程中的资金缺口问题，解决经济建设中由资金问题形成的瓶颈、带来产业结构优化的动力，为地区的剩余劳动力创造更多的就业岗位，促进对外贸易和对外经济合作的发展等。近年来，榆林市在招商引资工作中取得了许多成绩，同时也存在着许多问题。一些地方不考虑区域社会经济发展战略，对于不符合本地利益以及可能会导致环境恶化、产业结构趋同、区域间资源争夺加剧等的项目不加以限制，招商引资项目缺乏评估和论证。例如，在上大项目和有大带动观念的指导下，往往对成本，对本地生态、环境与可持续发展本身的制约和需要考虑不足，结果招来了大量中省级外地能源开发企业，在为当地区域经济发展带来效应的同时，也带来了一些负面效应。

要实现区域经济的发展，必须完善招商引资政策，调整招商引资方向。

一是应树立正确的招商理念，明确招商目的，根据自身条件和自身需要，有针对性地对外招商引资，使招商引资工作收到实效。

要调整招商引资的方向，确定本地招商引资的重点产业，走"特色经济"招商之路。基于本地的市场需求、要素供给、企业结构，打造一定数量、具有现实或潜在比较竞争优势的产业或项目，围绕本地区比较优势或最具发展潜力的产业要求来选择招商引资项目，努力引进高新、环保技术，与当地物产结合紧密的轻工业产业等，以便形成自己的特色产业集群，促进本地区产业结构的优化升级，避免低水平的重复建设。要加大对本地资本的利

用，以社会公开招标等多种形式吸引本地游资。要积极培育上市公司，打造本地"航母"企业，激活民间资本。政府须明确职能定位，各级地方政府应该在思路上对"招商引资"进行跨越式调整，特别是改变以往单纯以项目招商引资的思路，避免急功近利的心态，谋定而后发，认真研究各国、各地区，特别是鄂尔多斯等周边发达地区在招商引资上的方法、政策、措施和渠道，结合本地情况特别是资源、社会、人文和政策环境，构建一整套适合本地的招商引资运作模式，使招商引资真正成为造福一方百姓的"民心工程"。要明确招商计划的对象。招商计划对象无论是国外相关行业企业、合作伙伴，还是潜在的借款人和投资人，都要进行细致的研究、论证，在招商引资的政绩考核体系中要引入就业、节能、环保、土地耗用量等量化指标，以顺应循环经济发展的客观要求。要选择那些真正能为榆林区域经济发展带来切实、长远利益的投资者，设立和抬高投资准入门槛，摒弃那些不能为当地经济发展带来切实利益的投资者，摒弃那些可能为当地带来环境恶化、生态灾难的投资者。

二是优化招商引资工作方式，进一步完善招商引资工作机制。

逐步提高"委托招商"比例，使招商引资专业化，弱化政府直接参与招商活动的行政功能，努力从机制上解决招商引资的高成本、低效益问题。目前可以借鉴的几种模式如下。

● 中介招商模式。这是指通过专业的投资中介机构，将招商项目推向相关投资市场，然后通过公开、公平、公正的严格程序，由专业机构为招商方选择合适的合作伙伴和投资者。与传统的政府主导型招商不同，中介招商目标的针对性很强，项目潜在投资人明确，操作更加专业化和精细化。从长远看，政府必然要淡出招商引资的直接活动，从全能型的运动员变成场外指导，但政府淡出招商活动只是调整政府介入招商活动的方式，依然要在其中充分地发挥监督和引导作用。

● 专业化招商模式。目前各地招商方式主要以行政区块划分，进行综合性项目招商，缺乏行业的专业化分工，对于专业性较强工业项目，沟通效果欠佳；而专业化招商模式提倡条块结合，以条为主，是政府现有招商工作资源的重新组合，易于操作。

● 媒体招商模式。应为招商引资工作搭建信息平台，在数据更新、信息互动、外文版面等方面予以强化，实现与企业和客商的信息互动。另外，利用国际媒体、广告标牌进行城市形象宣传也是提高榆林知名度的有效手段。

三是加强软硬环境建设。

良好的投资环境是招商引资工作的基础，以内蒙古自治区为例，近年外地企业之所以落户，是因为能源、电力等投资硬环境使区内优势产业发展的互补性日益显现，而各盟市不断提高自身服务水平，配套各种基础设施和网络，这形成了招商引资的"政策磁力"。相对于全国其他地区，榆林市在招商引资方面既有优势条件，又存在着许多不足，因此，应该谋长久之计，在投资回报率、城市功能、规范服务、市场环境、产业发展环境等方面下工夫，而不能仅靠电力、煤炭资源和廉价劳动力来吸引投资。

四是积极出击。

对于沿海地区某些企业较集中（特别是产业集群中的企业）、拟向中西部地区转移的企业，可以考虑积极出击，由榆林市政府出面，与可能成为转出地的政府建立合作关系，促进产业配套条件和"亲商"环境的形成，减少以至消除外地转入企业的后顾之忧，促成产业的转出和转入，实现两地"共赢"的机制。

五是"以商引商"和"产业链招商"。

从国内很多地区成功的经验来看，企业主导的"以商引商"、"产业链招商"才是各地提高招商引资实效的有效途径。

从"以商引商"来看，龙头企业一般都有众多的配套企业和合作厂商，许多企业之间有多年的合作关系，如果在本地有新的投资和发展机会，配套企业和合作厂商一般会随龙头企业而动；只有企业最了解市场需求，因此办工业园区或科技园区，在园区规划阶段就要完全站在企业的角度考虑问题，在园区发展目标定位、设施配套等方面要适合企业的需要；企业之间的契约关系具有更强的约束力，相对于某些地方政府多变的政策以及人为因素，企业的招商具有更高的可信度；企业作为市场主体，更擅长做市场营销，在招商方式上也更加灵活多样；企业与企业同在一个体系中，沟通更易，达成共识更易。

从"产业链招商"来看，通过产业集聚吸引上游龙头企业入区投资，可以带动中下游企业到开发区投资，能够保证工业的持续发展。未来各开发区也可以采用孵化器招商，发展高科技产业：利用高校的一些研发成果，吸引风险投资，建立科技型企业孵化器，将一些尚未成形的科技企业入园孵化，走企业发展的初期培育高科技企业、企业成长壮大后反哺开发区发展的模式。

六是采取积极灵活的产权形式招商引资。

确定重点产业后，要针对这些产业的具体情况确定本地区比较适合的投资类型：是新建合资或合作经营企业，是建立外商独资企业，还是鼓励外商收购和兼并本地的企业。从榆林市的实际情况看，域内民资充裕，其投资方式灵活，采取积极灵活的产权形式招商引资有利于充分利用市场、技术和人才资源，加快区域内企业成长。

七是采取灵活务实的融资方式促进基础设施建设的招商引资。

经济与社会的快速发展，对基础设施提出了更高的要求。要加速基础设施的建设与发展，必须鼓励民间资本积极参与，为民间资本进入城市基础设施领域消除障碍，在体制上、制度上、机制上、法规上为民间资本铺平道路。对非经营性项目还可通过筹资渠道适度举债、也可以通过资本市场发行股票或债券、通过政府投资公司募集社会闲散资金或通过发行建设彩票等方式募集资金进行建设；对经营性基础设施项目，应采取社会投资建设方式，投资主体可以是国有企业，也可以是民营企业、外资企业等，要进行公开、公平的招投标，融资、建设、管理及运营均由投资方自行决策，所享受的权益也归投资方所有；还可采取BOT、TOT和投资拍卖等方式，有偿转让城市基础设施建设项目的经营权。通过转让经营权、收益权和股权直接融资，盘活资本存量，不断扩充城市建设的资金来源，使榆林市基础设施建设进入投资—回收—再投资—滚动发展的良性循环。

3. 加强生态环境建设，为区域经济"跨越式发展"提供环境保障

（1）从指导思想上把生态系统作为基础设施来建设

在区域经济发展中，基础设施具有极为重要的作用，任何一个地区的基础设施跟不上，区域发展就一定跟不上，即使区域发展暂时上去了，从长远来看，仍要落后。基础设施是经济发展中的重要保障。从全球范围来看，把生态系统作为基础设施进行建设已成为世界关注的重大问题，生态系统的服务能力已经成为考验一个地区投资环境的重要因素。在指导思想上，榆林市应高度关注生态系统对区域可持续发展的基础性作用，把生态环境与交通基础设施、通信基础设施以及其他方面的基础设施置于同等重要的地位。坚持走生态建设产业化、产业发展生态化的路子，加强生态环境建设。

（2）尽快组织权威机构对能源开发造成的生态环境影响进行评估

榆林市地处毛乌素沙地南缘与黄土高原北沿，长城沿线以北是滩塬风沙区，风沙自然灾害比较频繁，南部是丘陵沟壑区，水土流失非常严重，加上气候干燥，年降水量少且时空分配不均，使榆林成为我国生态环境最为脆弱的地区之一。水土流失、土壤沙化、草场退化、土地盐渍化是本地主要的生态问题。生态环境脆弱固然存在先天性不足的成分，但是大规模的资源开发更是其重要诱因：水资源遭到严重破坏；采空区地面塌陷，地质灾害频繁发生；湿地萎缩，生物多样性减少；植被破坏，土壤沙化，造成生态灾民众多；环境污染加重；突发性环境污染事故时有发生。随着煤化工、石油化工企业的大量建设，突发性环境污染事件越来越多。

总之，大规模开发自然资源导致的水位下降、水质恶化、采空区塌陷、地质灾害频繁发生、植被破坏、工业污染等问题层出不穷，使本来就相当脆弱的生态环境进一步恶化。未来一段时期，对自然资源开发的力度会进一步加大，生态环境也将面临更加严峻的考验。为了更合理地开发资源，保护环境，促进区域经济"跨越式发展"，我们建议，当务之急是尽快采取有效措施，组织国内甚至国际权威专家对能矿资源开发的生态环境影响进行评估，为进行生态补偿、争取能源利益和制定相关改进政策提供科学依据。

（3）建立健全环境补偿机制

关于建立健全环境补偿机制，国家已经有明确的政策和规定，关键是没有落到实处。榆林市生态环境先天不足，相当脆弱。而大规模资源开发对生态环境造成了巨大的破坏而得不到合理补偿，这个问题应该尽快解决。要改"谁破坏、谁治理"为"谁破坏、谁拿钱，政府统一治理"。目前矿区生态环境破坏和治理问题比较突出，建议尽快制定矿区环境治理补偿办法及细则。要强化大型企业赔偿意识，落实企业的出资义务和社会责任，将企业赔偿费用计入企业成本，将企业用于环境治理的育林基金、生态建设基金和土地复垦费等统一纳入矿区生态补偿费用中，集中管理，统一使用，提高生态补偿经费的使用效率。建立"地区灾害环境治理基金"制度，设立环保基金会，适当提高环境保护费标准。加强协调、监督、管理，无论哪种所有制企业，无论是中省企业，还是地方企业，都要同等对待，都要履行企业的社会责任和环境责任。

（4）要切实解决水的问题，消除"跨越式发展"的瓶颈

水资源短缺是榆林市区域经济"跨越式发展"所面临的最大瓶颈之一。一方面，榆林地处我国西北干旱和半干旱大陆性季风气候地区，气候干燥，降水较少，蒸发强烈。水资源贫乏且时空分布不均是突出矛盾，属于联合国有关组织认定的重度缺水地区。另一方面，人口的增长、工农业生产的发展，再加上资源开发过程中对水资源的严重破坏以及对水资源的浪费、污染和不合理利用，更加剧了水资源的短缺，使得区域经济"跨越式发展"中的水问题更加严峻。未来一段时期，榆林市将要面临城乡居民生活用水、工业发展用水与农业灌溉用水"三方争水"的局面。

制定和实施促进水资源合理利用和保护的政策，保护水资源，合理利用水资源，对榆林整体生态建设和环境保护、建设生态宜居城市具有特殊意义。要解决水的问题，必须抓住当前一些紧迫的关键问题。建议做好以下六件事。

一是要组织专家对全市资源进行一次普查，做到底清，心中有数。对水资源破坏情况进行评估鉴定。20多年特别是近年来，随着对自然资源的大规模开发，水情已经发生了很

大的变化。为了制定科学的发展战略，更好地促进区域经济"跨越式发展"，实现经济、社会、人口、资源、环境的科学和谐可持续发展，很有必要对目前水资源状况进行一次详查。

二是对水资源的利用进行翔实的规划，划定水源保护区，做到"量水而行"，以水定项目。在北部风沙区规划建立战略性水资源保护区。北部风沙区是煤炭、石油、天然气等矿产资源的主要富集区，是能源化工基地建设的重点区，同时也是水资源相对富集的地区，北六县（区）年产地表水 19.45×10^8 m^3，地下水 18.46×10^8 m^3，水资源总量为 26.39×10^8 m^3，占全市水资源总量的81.8%。北部风沙区河流径流量的年际变化相对较小，水资源开发利用条件相对较为优越，而且水资源与矿产资源分布一致，为建设国家能源化工基地提供了重要的水源保证。但是，过去在大力开发自然资源的过程中对水资源的保护不力，个别矿区对水资源还造成了严重破坏。为了更好地保护水资源，为建设国家能源化工基地提供水源条件，市政府应尽早规划，在北部风沙区选择若干区域（例如，榆阳区北部和神木县北部）建立战略性水资源保护区。针对战略性水资源保护区制定相关政策，对自然资源进行限制性开发和保护性开发，或者以资源开发促进生态环境建设。

三是要采取综合措施，加强水资源的保护工作，"宁舍千尺煤，不丢一寸水"，不在水源地垦殖用材林。制定和实施科学合理的水价政策，以水价的调整来减少水资源浪费和不合理利用的现象。要采取措施，加强研究如何对在资源开发利用过程中造成的水资源破坏进行合理补偿。加快建设污水处理系统，对工业废水、城市生活污水进行处理、回收和循环利用。

四是争取引黄工程立项。完善"盐环定工程"，原规划工程为定边配套供水 $2\,341 \times 10^4$ m^3/a，但由于后续工程不完善，目前只能用水 100×10^4 m^3/a。除此而外，还要争取在府谷实施调黄河水工程。

五是积极有效地推广节水措施，节约用水。在工业方面，大力发展循环经济，促进水资源循环利用；在农业方面，积极采取节水措施，严禁大水漫灌，扩大渗灌、滴流面积，大力发展节水农业，发展榆林特色农业。

六是加大宣传力度。广大城乡居民节水意识淡薄是导致水资源浪费的重要原因，而节水意识淡薄与政府宣传力度不够密切相关。政府相关部门应采取具体有效的措施，利用电视、广播、报纸、公益广告以及电子媒体如政府网站等，介绍水资源短缺的现状和节约用水的意义，推广节约用水的具体技术和设施。

4. 加强科技教育工作，为区域经济"跨越式发展"提供智力保障

（1）要高度重视教育问题，特别是高等职业教育问题

榆林市的基础教育和高等教育都需要得到更高的重视。总体上看，虽然仍有一定困难，但榆林市基础教育近年来应该说是不错的。而最突出的问题是，高等职业教育跟不上。在一个工业化密集的都市里，在经济实现了一次转型、将要实现二次"跨越式发展"的时候，加大这个地区实用人才的培养问题，也就是加大工业型人才的培养问题。现在的人才和产业结构不对称，需要的不培养，培养的不需要，这是我国高等教育面临的重大问题。建议认真研究规划榆林地区的高等职业教育体系。这些高等职业教育体系的建立，一定要面向一个迅速工业化的榆林市，而不是面向原来农业化的榆林市，现在满足农业产业化人才需求的高等教育结构已经不能适应快速工业化发展的需要，要彻底改变榆林高等职业教育的学科专业结构，不惜一切代价支持创办满足工业化发展的高等教育体系，这一点至关重要。

另外，在高等职业教育中还要强调只求所为、不求所有的人才观念。人才是有价的，人才只有流动才有价格，人才只有流动才能够获得更高的价值。如果固化了，他就落后了；如果让他长期待在一个地方，其价值一定会衰退。人才越流动越有价值，所以我们一定要在这样一个人才观念下，吸引外来的一切先进的文化，一切先进的技术，为我发展所用，为我建设所为。

（2）以人力资本、人文环境建设支撑"跨越式发展"

榆林的发展正处在经济腾飞的初期和历史的新起点，面临"跨越式发展"的转型。为获得未来更大的发展空间，榆林必须实现"跨越式发展"，成为晋陕蒙宁经济区域经济新的增长极，以求得先行先试、辐射周边的带动效应。要实现"跨越式发展"，必须首先从发展的人文环境入手，从思想、意识、观念、作风上求得跨越式突破，重点以人力资本建设实现"跨越式发展"。

一是推进干部培训创新，强化"跨越式发展"人才支撑。

建议对领导干部进行组织化培训，切实转变观念，开拓眼界，转变作风，打造能够切实承担"跨越式发展"任务的领导队伍和各种专业人才队伍。新作为要求新思维，"跨越式发展"首先必须冲破旧的思维框框，用新思路、新方法实现经济超常规的快速发展，具备跨越式思维。在新形势下，必须在发展模式、体制、对外开放、科学技术、企业管理、城市建设和管理等方面走在发展前列，这需要在思想观念方面走在前列，以新的理念、新的思路实现区域经济的新发展、新跨越。为推进"跨越式发展"服务，必须培养大批政治上靠得住、业务上有本事、作风上过硬、人民群众信得过的干部队伍，努力提高干部的素质和本领。结合"跨越式发展"的新使命，创新干部培训工作机制，不断提高培训质量，努力实现从侧重于知识传授转化为提高素质能力，做到"三个结合"。

● 坚持集中培训与自选培训相结合。强调培训内容与个人职业生涯发展密切结合，增强培训的针对性和实效性。在课程设置上建立符合各类领导干部岗位要求的必听专题课和兼顾个性需求的选听讲座，通过学员自主选课的"菜单式"教学机制，增强教学的有效性。

● 坚持讲授与研讨交流相结合。把区域经济发展改革开放和现代化建设的现场变成课堂，把素材变成教材，把实践者变成教师，通过这样的方式提高教学的生动性和有效性。针对当前工作的热点、难点问题，共同找问题、谈思路、寻对策，在教学相长、学学相长中提高分析问题、解决问题的能力。增强授课的权威性和前沿性，拓宽领导干部的视野，提高他们分析问题和解决问题的能力。

● 科学系统地进行全面规划，形成人才培训和人才评定的有效制度。整个干部队伍的培训工作是一项庞大复杂的系统工程，培训应当从当前和今后一段时期内各级干部所面临的形势和任务出发，科学制订各层次、各类别、各岗位干部的素质、知识、能力标准，分层次确定干部应具备的政治理论、文化知识和工作能力的基本标准，以及在不同工作岗位上各类干部的具体标准，从而构成一个完整的干部素质能力标准坐标系，将每一位干部按照其工作岗位的层次和分工放到坐标系中去对照，确定出每位干部的教育培训需求，再从整体上制订不同层次不同类别干部的培训规划。

二是规划实施"教育移民"工程。

推进城市化、生态化战略，规划实施"教育移民"工程，提高教育水平与人口流动性之间具有相关性。"教育移民"，是指结合开发扶贫实践，实施农村中长期教育发展规划，形成合理的教育资源体系，让生存、生活条件较差的农民子女都能接受从幼教到高中的连续性教育，以具备转移到条件相对较好地区学习、工作、生活的素质，从而形成良性互动的素质型"移民"机制。

"教育移民"的结果是"产业移民"，与产业结构调整相伴随的是从业人员结构变化，一户移民家庭出去一个受过教育和培训的孩子，就可能改善整个家庭的生活状况，带动全家甚至更多的人口走出山区；有了一技之长，即使是不离乡不离土也可以搞科技种养加工业，成为一个在农村劳动的产业化工人。因而加大教育扶贫力度，促进"教育移民"，可以从根本上解决经济和社会贫困，这是一种内涵广泛、层次更高的"扶贫"工程。这就要求人均受教育年限要增加，教育链条要拉长，人力资源开发要加大，而农村恰恰基础教育薄弱，师资力量缺乏，生源不足，职业培训先天发育不良，这已成为教育难以突破的瓶颈。因此政府应顺应居民对教育的旺盛需求，通过提高教育质量，吸引"教育移民"，加速人口向城市集中，以提升教育资源的效用，合理推进"教育移民"，加速教育资源的集约化。

构建新的教育培训体系，它是一种有效而公平的自然资源和社会资源配置方式，也是构建和谐社会的前瞻性措施。希望政府能少上或缓上几个项目，把一定量的钱用于发展农村教育。要办的大事很多，这里边存在一个轻重缓急、向谁倾斜的问题，但科教推进战略必须要拿出实实在在的举措来，虽然这不是可以马上有效益的工程，但却是一个在发展进程中须臾离不开的、实实在在的农民脱贫致富工程；同时，"教育移民"实现了政府主导和家长望子成龙愿望的结合，比具体给钱赠物发挥的作用更长远、更潜在。因此政府应用足用活扶贫开发政策，将各种扶持资金捆绑用在"教育移民"工程上，以引导家庭、社会、民间投资教育。

综合分析榆林的生态与产业结构、自然条件和城市化，可以看出，近20年来的扶贫攻坚，虽然取得了很大成就，但与现代社会、经济和生态发展目标相差甚远，大量农民居住于自然条件严酷的山区；地形破碎，干旱少雨，交通闭塞，基础设施落后，加之落后的农业经营方式对生态环境的胁迫作用继续加大，因而人口与贫穷、生态的矛盾成为核心问题。在各项动态和静态约束的承载力条件下，移民成为改变生态系统脆弱状况和优化产业结构的可行手段。教育移民有助于城市化建设和山区绿色生态建设，因而要和生态保护问题相结合，这包括方方面面的补贴和政府投入。以生态示范区的建设为例，只要通过相应的评估，就可以发展旅游及相关产业、发展非污染的产业，就可以获得政府方面的补贴和投入，这是一个系统工程，而不是单一的财政支付、财政补贴。要加大对基础教育的投入，把扶贫工作的重点转移到基础教育扶贫上来。对生态脆弱区农村基础教育实行"整村推进"的战略，确保这些地区的基础教育保障率，这些人口具备了足够的谋生能力，一般就不再愿意回村务农，就自然实现了"教育移民"。未来50年内，如果榆林市人口问题得到合理的解决，把人类活动强度限制在相应的范围内，植被恢复和生态重建就能顺利进行。因为无论是"退耕还林"，还是"退牧还草"，其实质都是"退人还自然"，即减少人类活动对自然环境的干扰和破坏，实施自然生态修复。

进城上学不仅仅是硬件设施和环境上的改善，更要解决转移人口的培训制度，仅仅是在政策层面强调转移人口培训的重要性还不够，必须有可操作的创新制度。要形成以城区教育为龙头，统筹学前教育、中小学教育、职业教育、成人教育的格局，让城乡适龄青少年都能系统地接受大学前的教育，特别是让贫困农民通过接受连续性教育，能够融入主流社会和市场经济。

优质的教育资源，反过来可以促进其他资源的聚集，会自然出现经商移民、打工移民的契机，因而"集中财力发展城区教育、增加市县人口、拉动消费、促进发展"能够成为城市化发展的可行办法。要鼓励农村学生进城读书，甚至给予一定的生活补助金，这既能满足居民对教育的需求，同时又能带动城区三产的发展，推动工业化进程，使教育与工业化、城市化进入良性互动状态。

实现有效的职教移民的关键是必须把教育培训与就业紧紧结合起来。在工业化密集的地区，大力发展面向工业化的高等职业技术教育体系；积极探索建立面向快速工业化的人才培养机制、模式和体系；要让企业唱主角，而政府应该在招工方面、安排就业方面提供帮助，和相关企业、学校建立长期合作关系，进一步推进和发展本地教育移民。

三是在人才使用和引进机制上实现"跨越式发展"。

在人才使用上要坚持科学的人才观，树立开放、公平、公正的人才选拔使用机制，纠正阻碍创新型人才成长的人才评价偏向，努力搭建创新创业平台，为创新活动提供公平竞争环境，在创新实践中培养创新人才，在创新事业中凝聚创新人才，在创新竞争中发现创新人才。切实做到"能者上、平者让、庸者下"，为广大科技人员提供充分的用武之地，使创新型人才在区域经济"跨越式发展"中大显身手，作出贡献。

在引进人才机制上，要通过创新方法，开辟人才引进新途径，如依托存量资产，放宽经营方式，引进一批精明能干的"经营型"人才；依托引进的企业，打造人才"洼地"，大力引进一批素质较高的"专家型"人才；等等。同时狠抓科技人才的引进和起用，尤其要鼓励专业技术人才通过兼职、定期服务、技术开发、项目引进、技术咨询等方式为社会服务，不求所有，但求所用，不求常住，但求常来，为经济社会跨越发展提供有力的智力支持。

（3）将科技创新和进步作为区域经济"跨越式发展"的着力点

产业是具有某种同类属性企业的总和，在市场上表现为由相同或相近的企业构成产业经济活动。产业概念有广义和狭义之分，广义的产业是指通常所说的三大产业；狭义的产业可以用不同的特征来区分，例如，生产同一种产品或使用同一种技术的企业会组成一个产业。影响产业成长的因素有很多，如市场需求、科技水平、政策和文化背景，等等。其中，科技是产业成长的基础支柱。

科技对榆林产业成长的支撑作用，主要表现在以下几个方面。

一是科技进步能带来生产能力的扩张。科技进步与产业的生产能力密切相关。新技术的应用或者生产工艺的改进，不仅可以提高生产效率，还能降低生产成本。此外，科技进步还能提高产品的附加值，丰富产品种类，使产品更好地满足市场需求，从而给生产者带来更多的利润，带来生产能力的扩张。

二是科技进步能加快产业化进程。产业化是产业成长的一个重要内容，它表现为生产过程中分工的深化、自动化程度的提高、市场范围的扩大等多个方面。产业化意味着社会生产从初始阶段那种产业链条断裂、分散、重复的竞争状态过渡到产业链的牢固、延伸、专业化、系统化。

资源型城市由于自身具备的资源优势，其产业化进程表现为围绕资源这个核心来进行。在这一过程中，科技是动力源泉，如第二产业的成长，从资源开发利用、深加工，到相关配套服务行业的发展，每一个环节都需要科技力量的支撑。可以说，科技进步的程度决定着产业化的水平。

三是科技进步有助于产业集聚。产业化发展到一定程度，很可能形成产业集群。产业集群是一种特定产业中相互关联的机构集聚在特定地理位置的现象，是某一特定领域内相互联系的企业及机构在地理上的集聚体，该集聚体内部存在产业链上企业的纵向联系和竞争企业与互补企业之间的横向联系。由产业集聚而形成的产业群企业和区域的竞争力，可提高产业内企业的生产效率、指明创新方向和提高创新速度，吸引更多企业进入集聚体和引导新企业的建立，从而加强集群本身的实力。

资源型城市的产业也经常呈现出集中的特征。这一方面是出于对某种自然资源的依赖而在地域上的集聚，另一方面也是受到了资源开采技术进步、技术扩散、技术学习、资本积聚等因素的影响。与自然资源的开发利用密切相关的领域，以及与资源利用技术和知识相关的组织，对科技的依赖程度都很高。

四是科技进步能促进产业结构的优化。产业结构优化，是指在国民经济产业结构中，一、二、三次产业的比例发生变化，即后两者，尤其是第三产业所占的比例提高。产业结构优化也包括各产业部门内部的结构优化，这可能引起经济增长方式发生质的飞跃。而科技进步会引起社会分工深化，使产业结构不断向技术化、集约化演进，生产方式将从资源和劳动密集型向资金和技术密集型过渡，从制造初级产品向制造中间产品、最终产品演变，从而更充分有效地利用资源，更好地满足经济发展的需要。

实践证明，社会经济各产业部门之间存在一种内在的技术关联。在产业化和产业集聚过程中，某些产业部门的兴起和发展或者衰退会对其他部门造成不同程度的影响。一些产业部门的生产技术体系的变化，会形成一批新的产业群，并引起相关部门的相应生产技术体系的变化，进而影响消费结构，对产业结构产生重大影响。

首先，科技进步能够改变榆林产业之间的关联方式，进而对各种产业的成长形成不同的影响。在科技推动下，有些产业会由于产品市场的扩大和配套产业的发展而得到更好的发展机会。

其次，科技进步可以淘汰榆林落后的生产能力，实现对传统产业的改造，从而促进传统产业的技术升级。企业之间的并购、重组、进入和退出等，必然是一个优胜劣汰的过程，它不可避免地会造成对原有产业构成模式的现实冲击和潜在影响，进而涉及相关产业。资源型城市的传统产业一般集中于传统农业、资源采掘和加工工业等领域，它们不可能在短时间内被现代化产业完全取代。利用科技的力量，对这些产业进行改造，可以有效降低成本，提高资源开采和利用效率，使传统产业向现代产业过渡。

最后，科技进步会催生新兴产业，从而改变榆林原有的产业构成比例。科技进步可以通过改变生产要素组合，采用新生产方式等途径，创造出新的产业部门和就业机会，培养出新的经济增长点和支柱产业。随着新兴产业的壮大，其在产业结构中将占据越来越大的份额，而产业成长会实现优胜劣汰，使产业结构会逐步趋向优化。

根据本书第四章的分析，榆林市科技发展现状对区域经济"跨越式发展"的支撑作用还远远不足，呈现出不同产业贡献率的失衡、科技作用领域过于狭小等问题，对产业内部结构的优化、产业链条的延伸以及整个区域经济体系的健全都有不利的影响，使科技与区域经济发展陷入一种不良循环之中。

要更好地发挥科技的支撑作用，使科技创新和进步成为区域经济"跨越式发展"的着力点，我们提出以下建议。

● 坚持"不求所有，但求所用"，采取"拿来主义"的思路，实施"四借工程"。即"借船出海"，推进产学研联合；"借脑生财"，鼓励引导优势骨干企业采取购买专利、技术入股等形式，加快科技成果引进、消化和吸收，通过引技术、带项目改造传统产业；"借鸡生蛋"，广聘人才为我所用；"借梯上楼"，积极促进科研成果转化，帮助企业解决生产中的工艺、设备等方面的关键性技术难题，加速新技术向现实生产力的转化。

● 强化"四个推广"，使科技带动产业发展。加强科技宣传、引导促推广，引导广大农村群众学科技、用科技、谋发展，帮助群众树立科学的思维方式、工作方法和生活方式，使先进技术得以普及推广；加大科技培训力度促推广，抓好实用技术培训，通过多形式、多层次的培训，提高群众依靠科技致富的能力，积极加快科技成果的引进和推广步伐；发展民间科技组织促推广，本着"民办、民管、民受益"的原则，以市场为导向，大力发展各种科技协会和研究会，充分发挥民营科技组织适应性强、群众基础好的优势，形成以市为龙头、以镇为纽带、以村为基础、以户为对象的科技社会网络；创办科技示范基地促推广，立足资源优势和各地产业结构调整趋向，按照"培植典型、以点带面"的思路，狠抓示范基地建设，带动相关产业发展。

● 建立"四项机制"，强化保障。即强化领导保障机制，建立"科技兴市"领导小组和科学技术顾问团，直接参与对全市重大技术引进、技术创新、技术改造项目的专家论证；强化政策保障机制，制定完善政策性文件，制定完善科技发展的长、中、短规划，明确目标，加强考核，强化落实，采取"一事一议"的优惠政策，鼓励扶持高新技术产业的发展；强化投入保障机制，坚持多元投入，拓宽发展科技进步事业的融资渠道，发挥市财政资金对民营科技创新的杠杆作用，建立以财政拨款、金融贷款、单位自筹为主的科技投入体系；强化人才支撑机制，按照"高级人才靠引进、中级人才靠起用、初级人才靠培训"的思路，抓好各层次科技人才队伍的建设，制定并切实落实优惠政策，以足够的开明广招人才，有效缓解人才的缺乏。

● 加强创新服务体系建设，营造良好发展环境。为此要建设好"三个平台"，即信息平台、高新技术项目引进平台、咨询服务平台，全面增强对民营创业科技创新的服务功能，支持技术转化企业的发展，提高科技成果的产业化水平。

● 大力发展科技中介组织。建设以技术交易所为中心、以技术转移为次中心、以企业为服务对象的技术扩散网络，有效促进科技成果的产业化，以提高科技成果转化效率，推动创新型区域建设，推动区域科技资源的开发。

参考文献及资料

【1】中共榆林市委，榆林市人民政府. 关于建设节约型农村的意见.

【2】榆林经济开发区简介.

【3】中共榆林市委，榆林市人民政府. 榆林市科学技术奖励办法.

【4】榆林市人民政府贯彻落实《陕西省人民政府贯彻国务院关于投资体制改革决定的实施意见》的意见.

【5】中共榆林市委，榆林市人民政府. 关于"十一五"期间榆林市政府投资建设重大社会事业项目实施的意见.

【6】中共榆林市委，榆林市人民政府. 坚持科学发展观，在富民强市构建和谐榆林的征程上实现新的跨越.

【7】中共榆林市委，榆林市人民政府. 榆林市兰炭行业结构调整意见.

【8】中共榆林市委，榆林市人民政府. 关于推进社会主义新农村建设的实施意见.

【9】榆林市人民政府. 政府工作报告(2007 年).

【10】政协榆林市委员会. 榆林政协(2006 年第 2 期).

【11】榆林市委研究室. 大力发展区域经济，提高区域竞争能力，推进榆林经济社会跨越式发展.

【12】榆林市统计局. 榆林统计年鉴(1990~2005 年).

【13】榆林市人民政府. 关于榆林市 2006 年国民经济和社会发展计划执行情况与 2007 年国民经济和社会发展计划草案的报告.

【14】陕西省发改委. 陕西省贯彻焦化行业结构调整实施意见.

【15】榆林市发改委. 榆林市投资产业指导目录.

【16】榆林市发改委. 榆林市 2007 年政府推进项目计划.

【17】榆林市科技局. 市科技局 2004 年工作总结.

【18】榆林市科技局. 2005 年工作总结暨 2006 年工作安排.

【19】榆林市科技局. 2006 年工作总结暨 2007 年工作要点.

【20】榆林市科技局. 榆林市全市科技工作基本概况.

【21】榆林市科技局. 工业企业科技工作状况.

【22】榆林市经济委员会. 2005~2007 年工作总结及工作要点.

【23】榆林市经济委员会. 强化扶持，努力缩短南北差距，促进区域经济跨越式发展.

【24】榆林市经济委员会. 工交生产月报.

【25】榆林市经济委员会. 2002~2004 年工作要点及工作总结.

【26】榆林市经济技术合作局. 经合局 2002~2004 年工作总结.

【27】榆林市投资环境 110 办公室三年工作情况通报(2004~2006 年工作总结).

【28】榆林市经济技术合作局. 2005 年工作总结及 2006 年工作思路.

【29】榆林市经济技术合作局. 坚持科学发展观，加快招商引资步伐.

【30】榆林石油化学工业局. 关于 2002~2006 年总结及 2007 年工作计划.

【31】榆林市商务局. 榆林市现代物流业发展情况汇报.

【32】榆林市商务局. 2004~2007 年工作要点及总结.

【33】榆林市商务局. 榆林市"十一五"现代物流业发展规划.

【34】榆林市人民政府. 关于促进流通业发展的若干意见.

【35】榆林煤炭工业局. 2002 年工作总结.

【36】榆林煤炭工业局. 2003 年工作总结.

【37】榆林煤炭工业局. 2004 年工作总结.

【38】榆林煤炭工业局. 2005 年工作总结.

【39】榆林煤炭工业局. 2006 年工作总结.

【40】榆林煤炭工业局. 榆林煤炭工业"十一五"发展规划.

【41】榆林煤炭工业局. 榆林市关于加强地方煤矿安全生产管理的实施意见.

【42】榆林市规划建设局. 榆林城市建设的思路与对策.

【43】榆林市规划建设局. 工作汇报材料.

【44】榆林市国土资源局. 在"榆林市区域经济跨越式发展研究"座谈会上的发言.

【45】榆林市国土资源局. 榆林市煤炭生产开发状况.

【46】榆林市国土资源局. 陕西省煤炭资源整合实施方案.

【47】榆林市国土资源局. 关于全面开展矿山储量动态监督管理的通知.

【48】榆林市国土资源局. 关于加强矿产资源补偿费征收通知.

【49】榆林市国土资源局. 榆林市 2006 年土地利用编号情况分析报告.

【50】榆林市国土资源局. 榆林市 2004～2007 年国土资源局工作总结及工作要点.

【51】榆林市国土资源局. 榆林市全面整顿和规范矿产资源开发秩序的实施方案.

【52】陕西省人民政府. 关于全面整顿和规范矿产资源开发秩序的通知.

【53】榆林市国土资源局. 榆林市煤炭资源整合实施方案.

【54】榆林市财政局. 财政信息(第 89 期、第 91～102 期).

【55】榆林市财政局. 榆林市区域经济跨越式发展研究座谈会汇报材料.

【56】榆林市财政局. 榆林市 2002～2006 年税收返还情况表.

【57】榆林市财政局. 2002～2006 年全市财政收入结构情况.

【58】榆林市财政局. 榆林市 2001 年财政工作总结.

【59】榆林市财政局. 2002 年工作要点.

【60】榆林市财政局. 2002 年工作总结.

【61】榆林市财政局. 2003 年工作要点.

【62】榆林市财政局. 2004 年工作要点.

【63】榆林市财政局. 2004 年工作总结.

【64】榆林市财政局. 2005 年工作要点.

【65】榆林市财政局. 2005 年工作总结.

【66】榆林市财政局. 2006 年工作要点.

【67】榆林市财政局. 2006 年工作总结.

【68】榆林市农业局. 榆林市社会主义新农村建设工作情况汇报.

【69】榆林市农业局. 榆林市特色产业发展分析.

【70】榆林市农业局. 用高新技术和先进适用技术改造提升传统农业的实施意见.

【71】榆林市农业局. 榆林市农业情况汇报提纲.

【72】榆林市农业局. 2004～2006 年三个"中央一号文件"中有关农业政策及我市的落实情况.

【73】榆林市农业局. 2002 年工作要点.

【74】榆林市农业局. 关于 2002 年农业工作的总结报告.

【75】榆林市农业局. 2003 年工作要点.

【76】榆林市农业局. 关于 2003 年农业工作的总结报告.

【77】榆林市农业局. 2004 年农业工作总结.

【78】榆林市农业局. 2005 年农业局工作要点.

【79】榆林市农业局. 2005 年农业工作总结报告.

【80】榆林市农业局. 2006 年工作要点.

【81】榆林市农业局. 2006 年工作总结.

【82】榆林市农业局. 榆林市"十一五"农业发展规划纲要.

【83】榆林市林业局. 关于加快林业发展的决定.

【84】榆林市林业局. 榆林市"十五"时期林业工作总结暨"十一五"期间林业发展规划.

【85】榆林市林业局. 榆林市林业产业化发展情况.

【86】榆林市畜牧局. 榆林市畜牧业发展情况汇报(2007 年 3 月 12 日).

【87】榆林市畜牧局. 榆林市畜牧业发展情况统计.

【88】榆林市畜牧局. 榆林市牛羊鸡等畜禽屠宰管理暂行办法(2006 年).

【89】榆林市畜牧局. 榆林市人民政府关于推进畜牧收益体制改革的实施意见.

【90】陕西省人民政府. 关于进一步加快畜牧产业化建设的意见.

【91】榆林市畜牧局. 榆林市畜牧业"十一五"发展规划.

【92】榆林市文化文物局. 建设特色文化大市，推进城市经济发展.

【93】榆林市文化文物局. 全市文化事业发展情况汇报提纲.

【94】榆林市文化文物局. 榆林市 2005 年文化文物新闻出版工作总结.

【95】榆林市文化文物局. 榆林市 2006 年文化文物新闻出版工作要点.

【96】榆林市文化文物局. 榆林市 2006 年文化文物新闻出版工作总结.

【97】榆林市文化文物局. 榆林市 2007 年文化文物新闻出版工作要点.

【98】榆林市环境保护局. 2002～2006 年工作总结.

【99】榆林市环境保护局. 2007 年榆林市环境保护工作要点.

【100】榆林市环境保护局. 榆林市清理整顿"五小企业"环境保护实施方案和验收标准.

【101】榆林市环境保护局. 项目环境保护审批验收工作程序.

【102】榆林市环境保护局. 加强环境保护，发展生态经济.

【103】榆林市环境保护局. 坚持科学发展观，努力构建资源节约型、环境友好型榆林.

【104】榆林市旅游局. 榆林市旅游业情况汇报.

【105】榆林市旅游局. 谈谈旅游业与城市经济.

【106】中华人民共和国国家旅游局. 关于推进发展"红色旅游"工作意见的报告.

【107】中共陕西省委. 关于深化旅游体制改革、加快旅游产业发展的决定.

【108】中共中央办公厅. 2004～2010 年全国红色旅游发展规划纲要.

【109】榆林市旅游局. 2002 年工作要点.

【110】榆林市旅游局. 2002 年工作总结暨 2003 年工作要点.

【111】榆林市旅游局. 2003 年工作总结暨 2004 年工作要点.

【112】榆林市旅游局. 2004 年工作要点.

【113】榆林市旅游局. 2005 年旅游工作要点.

【114】榆林市旅游局. 2005 年旅游工作总结暨 2006 年工作要点.

【115】榆林市旅游局. 2006 年工作总结.

【116】榆林市旅游局. 2007 年工作要点.

【117】人民银行榆林中心支行. 2005 年、2006 年榆林经济金融运行形势分析.

【118】人民银行榆林中心支行. 2002～2006 年工作总结报告.

【119】人民银行榆林中心支行. 2004 年榆林市银行业金融机构运行情况分析报告.

【120】榆林银监分局. 2005 年工作总结.

【121】人民银行榆林中心支行. 2005 年榆林市经济金融运行情况分析.

【122】人民银行榆林中心支行. 榆林市银行业运行情况汇报(2006 年).

【123】榆林银监分局. 2006 年工作总结.

【124】人民银行榆林中心支行. 2006 年榆林市经济及银行业运行情况分析.

【125】榆林市乡镇企业局. 2003 年乡镇企业工作要点.

【126】榆林市乡镇企业局. 2004 年乡镇企业工作要点.

【127】榆林市乡镇企业局. 2005 年乡镇企业工作要点.

【128】榆林市乡镇企业局. 2006 年乡镇企业工作要点.

【129】榆林市乡镇企业局. 2007 年乡镇企业工作要点.

【130】榆林市乡镇企业局. 关于 2002 年乡镇企业工作总结的报告.

【131】榆林市乡镇企业局. 关于 2003 年乡镇企业工作总结的报告.

【132】榆林市乡镇企业局. 关于 2004 年乡镇企业工作总结的报告.

【133】榆林市乡镇企业局. 关于 2005 年乡镇企业工作总结的报告.

【134】榆林市乡镇企业局. 关于 2006 年乡镇企业工作总结的报告.

【135】榆林市劳动和社会保障局. 榆林市城乡就业状况调研报告.

【136】榆林市水务局. 榆林市水资源与节水工作情况汇报提纲.

【137】榆林市水务局. 榆林市水资源开发利用情况汇报提纲.

【138】榆林市水务局. 榆林市水资源开发利用情况.

【139】榆林市交通局. 榆林市交通发展"十一五"规划及 2020 年远景规划目标.

【140】榆林市交通局. 榆林市公路建设十年发展规划及"十五"计划意见.

【141】榆林市交通局. 交通基础设施建设状况.

【142】榆林市交通局. 2002 年工作总结.

【143】榆林市交通局. 2003 年工作总结.

【144】榆林市交通局. 2004 年工作总结.

【145】榆林市交通局. 2005 年工作总结.

【146】榆林市交通局. 2006 年工作总结.

【147】榆林市盐务局. 榆林盐化工发展探讨.

【148】榆林市盐务局. 深化专营,依法治盐,全面发展.

【149】榆林市盐务局. 2002 年工作总结.

【150】榆林市盐务局. 2004 年工作总结.

【151】榆林市盐务局. 2005 年工作总结.

【152】榆林市盐务局. 2006 年工作总结.

【153】榆林市供电局. 榆林电网规划工程.

【154】榆林市供电局. 榆林电网"十一五"发展规划.

【155】榆林市节能降耗"十一五"规划.

【156】榆林市室内装饰行业概况.

【157】中华人民共和国国务院. 关于促进畜牧业持续健康发展的意见.

【158】榆林市统计局. 领导袖珍统计手册(2006 年).

【159】榆林市统计局. 榆林统计年鉴(1990～2007 年)

【160】榆林市统计局. 榆林四十年(1949～1988 年)

【161】榆林市统计局. 榆林"八五"时期统计资料(1991～1995 年)

【162】陕西省榆林市. "九五"计划和 2010 年远景目标纲要汇编.

【163】陕西省发改委. 科学、跨越、和谐——2006～2010 年榆林市国民经济和社会发展第十一个五年规划汇编.

【164】2008 年榆林市国民经济和社会发展统计公报.

【165】新榆林(2006 年第 2 期).

【166】榆林经济(2006 年第 2～6 期).

【167】榆林政协(2006 年第 2 期).

【168】榆林市城市总体规划(2006～2020 年).

【169】榆林土地利用规划.

【170】榆林土地资源利用与评价.

【171】土地资源开发与区域协调发展——基于陕西榆林市典型实证研究.

【172】农牧交错区土地退化机制与优化配置——陕西榆林典型区实证研究.

【173】榆林市榆阳区国民经济和社会发展第十一个五年规划汇编.

【174】2004 年国民经济和社会发展统计资料汇编(榆阳区).

【175】榆阳"十五"时期统计资料(2005 年).

【176】榆阳区领导袖珍统计手册(2005 年).

【177】神木县经济发展局. 神木县国民经济和社会发展第十一个五年规划纲要.

【178】神木县经济发展局. 神木县"十五"计划纲要.

【179】神木县经济发展局. 经发局 2006 年工作总结.

【180】神木县经济发展局. 关于神木县 2006 年国民经济与社会发展计划执行情况和 2007 年国民经济与社会发展计划草案的报告.

【181】神木县科技局. 神木县科技政策和产业发展相关资料.

【182】神木县国土资源局. 神木县土地资源情况汇报.

【183】神木县国土资源局. 神木县水资源状况.

【184】神木县国土资源局. 神木县矿产资源及环境状况分析.

【185】神木县旅游局. 神木县旅游产业发展状况.

【186】神木县统计局. 1990 年国民经济统计资料.

【187】神木县国土资源局. 1995～2000 年国民经济统计资料.

【188】神木县国土资源局. 2001～2005 年神木统计综合年鉴.

【189】府谷县统计局. 1991 年国民经济和社会发展的统计公报.

【190】府谷县统计局. 府谷县"八五"期间国民经济和社会发展的分析及今后的战略思考.

【191】府谷县统计局. 2000 年国民经济和社会发展的统计公报.

【192】府谷县统计局. 2001 年国民经济和社会发展的统计公报.

【193】府谷县统计局. 2002 年国民经济和社会发展的统计公报.

【194】府谷县统计局. 2003 年国民经济和社会发展的统计公报.

【195】府谷县统计局. 2004 年国民经济和社会发展的统计公报.

【196】府谷县统计局. 府谷县土地资源情况.

【197】府谷县统计局. 2003 年工作总结.

【198】府谷县统计局. 2005 年工作总结.

【199】府谷县统计局. 2006 年工作总结.

【200】府谷县统计局. 府谷县 2005 年国民经济统计资料(1989～2005 年).

【201】府谷县统计局. 府谷县第一次经济普查资料汇编(2004 年).

【202】府谷县委政策研究室. 我县非公有制经济发展现状、存在问题及对策建议.

【203】府谷县委政策研究室. 麻镇沿川地区大力发展套管井调查 古城乡扶贫工作调查.

【204】府谷县委政策研究室. 府谷沿黄公路建设调查.

【205】府谷县委政策研究室. 我县投资软环境中存在的问题及对策.

【206】府谷县委政策研究室. 我县农业的出路在哪里.

【207】府谷县委政策研究室. 府谷县海则庙乡经济发展研讨会.

【208】府谷县委政策研究室. 我县退耕还林（草）中应注意解决的几个问题.

【209】府谷县委政策研究室. 哈镇大力实施封山禁牧、舍饲养羊的调查.

【210】府谷县委政策研究室. 对干部作风建设的几点建议.

【211】府谷县委政策研究室. 研究室问卷调查综述.

【212】府谷县委政策研究室. 我县城区环境状况不容乐观.

【213】府谷县委政策研究室. 我县民营经济发展面临三大难题.

【214】府谷县环境保护"十一五"专项规划.

【215】府谷县卫生事业发展"十一五"专项规划.

【216】府谷县非公有制经济发展"十一五"专项规划.

【217】府谷县信息化"十一五"专项规划.

【218】府谷县生态环境建设"十一五"专项规划.

【219】府谷县农业发展"十一五"专项规划.

【220】府谷县科技局. 我县科技事业发展状况与存在问题.

【221】府谷县科技局. 2002～2006 年工作总结及 2007 年工作要点.

【222】府谷县水利局. 府谷县 2003 年水利水保工作总结.

【223】府谷县水利局. 府谷县 2005 年水利水保工作总结.

【224】府谷县水利局. 府谷县 2006 年水利水保工作总结.

【225】府谷县水利局. 府谷县水资源开发利用情况简要分析.

【226】府谷县经贸局. 2006 年工作总结.

【227】府谷县经贸局. 2005 年工作总结.

【228】府谷县商贸办公室. 2006 年工作总结.

【229】府谷县商贸办公室. 2002 年工作总结.

【230】府谷县商贸办公室. 2005 年工作总结.

【231】府谷县商贸办公室. 2003 年工作总结.

【232】府谷县经济发展局. 2003～2006 年工作总结.

【233】府谷县煤炭工业局. 2002～2005 年工作总结.

【234】府谷县 2006 年经济社会发展主要指标.

【235】府谷县轻工办. 工业产业结构情况汇报.

【236】府谷县轻工办. 2002～2006 年工作总结.

【237】府谷县国土资源局. 2003～2006 年工作总结.

【238】府谷县国土资源局. 2002 年工作总结.

【239】府谷县文化局. "十五"期间文化、旅游事业发展状况.

【240】府谷县文化局. 2002～2006 年工作总结.

【241】府谷县财政局. 2002～2005 年工作总结.

【242】府谷县财政局. 神木府谷两县财税收入差距的分析对比与思考.

【243】府谷县农业局. 府谷县"十一五"农业发展专项规划.

【244】府谷县农业局. 府谷农业的形势和任务.

【245】府谷县农业局. 2004～2006 年农业工作总结.

【246】府谷县农业局. 2002～2003 年农业工作总结.

【247】府谷县林业局. 2007 年林业工作要点.

【248】府谷县林业局. 2006 年林业工作总结.

【249】府谷县林业局. 2005 年林业工作总结.

【250】府谷县林业局. 2004 年林业工作总结.

【251】府谷县林业局. 2003 年林业工作总结.

【252】府谷县林业局. 林业产业稳步发展农民收入有了较大增长.

【253】府谷县畜牧局. 2002～2006 年畜牧工作总结.

【254】府谷县畜牧局. 2004 年畜牧业工作计划.

【255】府谷县畜牧局. 关于 2006 年畜牧业工作要点.

【256】府谷县畜牧局. 关于 2007 年畜牧业工作计划.

【257】府谷县畜牧局. 府谷县畜牧业发展分析报告.

【258】府谷县畜牧局. 特色产业发展状况.

【259】府谷县环境保护局. 2002 年工作总结.

【260】府谷县环境保护局. 2004 年工作总结.

【261】府谷县环境保护局. 2003 年工作总结.

【262】府谷县环境保护局. 2005 年工作总结.

【263】府谷县环境保护局. 2006 年工作总结.

【264】府谷县环境保护局. 府谷企业资源和环境污染问题以及污染治理政策与分析报告.

【265】中共府谷县委, 府谷县政府. 关于对重大项目和重点企业实行投资环境优化管理的规定.

【266】中共府谷县委, 府谷县政府. 生态工业园区建设情况.

【267】中共府谷县委. 2006 年工作总结.

【268】府谷县委. 2005 年工作总结.

【269】府谷县人民政府. 关于印发府谷县固定资产投资管理办法的通知.

【270】中共府谷县委, 府谷县政府. 府谷县招商引资奖励办法.

【271】中共府谷县委, 府谷县政府. 关于印发县辖商业银行存贷款情况的考核奖罚办法.

【272】中共府谷县委, 府谷县政府. 府谷"三农"问题.

【273】府谷县科技三项费管理实施办法.

【274】府谷县科技人员目标责任制管理办法.

【275】府谷县科学技术进步奖励办法.

【276】府谷县国民经济和社会发展第十个五年计划.

【277】府谷县国民经济和社会发展第十一个五年计划.

【278】中共府谷县委, 府谷县政府. 关于鼓励和吸引优秀人才积极参与非公有制积极活动的若干规定.

【279】府谷县招商引资优惠政策.

【280】府谷县武家庄乡基本情况.

【281】府谷县 2006 年货币政策执行情况.

【282】府谷县 2005 年经济金融运行形势分析.

【283】府谷县金融生态对金融资源配置影响的调查与思考.

【284】府谷金融调研.

【285】府谷县金融系统 2002 年至 2006 年发展情况.

【286】府谷县农村金融服务对县域经济支持情况的调查.

【287】府谷县支行 2006 年工作要点.

【288】府谷县支行 2002～2006 年工作总结及工作要点.

【289】榆林银监分局府谷办事处 2005 年工作总结.

【290】府谷监管办 2006 年工作总结.

【291】府谷县乡镇企业局. 关于 2002 年乡镇企业工作总结的报告.

【292】府谷县乡镇企业局. 关于 2003 年乡镇企业工作总结的报告.

【293】府谷县乡镇企业局. 关于 2004 年乡镇企业工作总结的报告.

【294】府谷县乡镇企业局. 关于 2005 年乡镇企业工作总结的报告.

【295】府谷县乡镇企业局. 关于 2006 年乡镇企业工作总结的报告.

【296】府谷县乡镇企业局. 乡镇企业 2006 年经济运行分析报告.

【297】府谷县人事和劳动社会保障局. 2003 年至 2006 年工作总结.

【298】府谷县交通局. 交通系统 2002 年度工作总结.

【299】府谷县交通局. 交通系统 2003 年度工作总结.

【300】府谷县交通局. 交通系统 2004 年度工作总结.

【301】府谷县交通局. 交通系统 2005 年度工作总结.

【302】府谷县交通局. 交通系统 2006 年度工作总结.

【303】府谷县交通局. 府谷农村公路"十一五"规划及 2020 年远景目标规划.

【304】府谷县交通局. 府谷县公路建设基本情况.

【305】府谷县盐务管理局. 2002～2006 年工作总结.

【306】定边县统计局. "九五"以来定边县国民经济统计资料.

【307】定边县统计局. "十五"时期定边县国民经济统计资料.

【308】靖边县国民经济和社会发展第十一个五年规划纲要.

【309】靖边县统计资料汇编——辉煌的历程(1949～2000 年).

【310】靖边县统计年鉴(2001～2007 年)

【311】奋进的五十年(横山县).

【312】绥德统计年鉴(2001～2002 年).

【313】绥德县统计局. 领导袖珍统计手册(2003～2005 年).

【314】米脂五十年(1949～2000 年).

【315】米脂县二十年国民经济统计资料(1979～1998 年).

【316】米脂县国民经济统计资料(1995 年、1997～2000 年、2002～2005 年)

【317】陕西省佳县四十年国民经济统计资料(1949～1988 年).

【318】佳县统计年鉴(1995～2005 年).

【319】吴堡县统计局. 国民经济主要指标统计资料(1995～1998 年).

【320】清涧县国民经济统计资料(1980 年、1985 年、1995～2003 年、2005 年).

【321】清涧统计年鉴(2004 年).

【322】中国神华神东煤炭分公司基本情况汇报.

【323】榆林移动分公司发展概况.

【324】榆林网通发展情况.

【325】榆林市 2006 年重点考核 50 户用能企业名单.

【326】神府经济开发区简介.

【327】神府经济开发区管委会汇报材料(2007 年 3 月)

【328】陕西国华锦界能源有限公司简介.

【329】中国联通榆林分公司发展情况简介.

【330】陕西神木化学工业有限公司.

【331】榆林经济开发区简介.

【332】榆林经济开发区招商项目简介.

【333】非公有制经济发展基本情况汇报(鄂尔多斯市).

【334】国民经济和社会发展第十一个五年规划纲要(鄂尔多斯市).

【335】2005 年国民经济和社会发展统计公报(鄂尔多斯市).

【336】2008 年国民经济和社会发展统计公报(鄂尔多斯市).

【337】2005 年国民经济和社会发展统计公报(银川市).

【338】2007 年国民经济和社会发展统计公报(银川市).

【339】2008 年国民经济和社会发展统计公报(银川市).

【340】2005 年国民经济和社会发展统计公报(庆阳市).

【341】2005 年国民经济和社会发展统计公报(忻州市).

【342】2005 年国民经济和社会发展统计公报(延安市).

【343】2005 年国民经济和社会发展统计公报(大同市).

【344】2005 年国民经济和社会发展统计公报(吕梁市).

【345】关于陕北能源开发中三大利益冲突的研究报告.

【346】陕西省统计局. 2007 年上半年全省国民经济运行情况及全年展望.

【347】毗邻地区发展对榆林的几点启示.

【348】《黄河上游河套生态经济区建设》研究大纲.

【349】第四次陕北能源化工基地建设座谈会纪要.

【350】《黄河上游河套生态经济区建设》课题宁夏、内蒙古、陕西三省协作会.

【351】2004 年中央"一号文件"精神学习宣讲读本.

【352】2005 年中央"一号文件"精神学习宣讲读本.

【353】2006 年中央"一号文件"精神学习宣讲读本.

【354】2007 年中央"一号文件"精神学习宣讲读本.

附录一

图目录

附录二

表目录